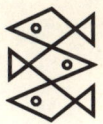

Wirtschaftswunder und Sozialstaat garantierten über Jahrzehnte hinweg den Erfolg des »Modells Deutschland«. Seit die Zeit des ungebremsten Wachstums jedoch vorbei ist, geraten auch die traditionellen Instrumente der sozialen Sicherung in die Krise. Ursprünglich ausgelegt für eine Gesellschaft, in der praktisch alle Bürger verheiratet waren, Kinder hatten und 45 Arbeitsjahre lang vollzeitbeschäftigt waren, grenzen sie mittlerweile immer größere Teile der Bevölkerung aus, anstatt sie in Krisenlagen solidarisch zu unterstützen. Auf massenhafte Armut ist das System nicht vorbereitet – daher die Neigung, sie aus unserem Gesichtsfeld zu verbannen.

Die phantasielose Antwort auf die Krise heißt »Standortdebatte«: Unter dem Vorwand, den Sozialstaat »umzubauen«, wird sein schleichender Abbau betrieben. Zukunftsfähig ist eine solche Politik nicht.

Die Autoren dieses Bandes zeigen, wie eine phantasievolle, politisch verantwortungsbewußte und solidarische Reaktion auf die Veränderungen im sozialen Gefüge unseres Landes aussehen müßte. Sie plädieren für eine Rückkehr zur Solidarität auf Gegenseitigkeit, die die Hilfeempfänger nicht entmündigt, sondern gemäß ihren Kräften fordert.

Friedhelm Hengsbach SJ und *Matthias Möhring-Hesse* arbeiten und lehren am Oswald-von-Nell-Breuning-Institut der Philosophisch-Theologischen Hochschule Sankt Georgen in Frankfurt.

Angaben zu allen Autoren finden sich am Ende des Bandes.

Eure Armut kotzt uns an!

Solidarität in der Krise

Herausgegeben von
Friedhelm Hengsbach und
Matthias Möhring-Hesse

Fischer Taschenbuch Verlag

Lektorat: Oliver Thomas Domzalski

4.–5. Tausend: April 1996

Originalausgabe
Veröffentlicht im Fischer Taschenbuch Verlag GmbH,
Frankfurt am Main, Dezember 1995

© 1995 Fischer Taschenbuch Verlag GmbH, Frankfurt am Main
Gesamtherstellung: Clausen & Bosse, Leck
Printed in Germany
ISBN 3-596-12945-1

Gedruckt auf chlor- und säurefreiem Papier

Inhalt

Friedhelm Hengsbach SJ / Matthias Möhring-Hesse
Solidarität in der Krise

Ein alter Polo quält sich den Elzer Berg hoch. Auf dem mittleren Fahrstreifen kann er eigentlich nicht mithalten; doch weder Lichthupen noch Blinker haben ihn auf die LKW-Kriechspur abdrängen können. Hinter ihm stauen sich die Mittel- und Oberklassewagen; entnervt versuchen Otto-Normal- und Super-Bleifrei-Verbraucher auf die linke Spur auszuscheren, um dann – vielleicht mit einem volkspädagogischen Handzeichen – vorbeizuziehen. Die allgemeine Wohlstandsentwicklung hat des Polos Insasse wohl verpaßt – und darum nun das Nachsehen. Auf der Rückscheibe fehlt die Plakette des Allgemeinen Deutschen Automobil-Clubs; doch schmückt neben Lackschäden und Roststellen ein Aufkleber die Hinterfront: *Eure Armut kotzt uns an!* Eine paradoxe Intervention auf der Bundesautobahn A3 Frankfurt–Köln: Der Polofahrer stört und weiß, daß er stört, nimmt die Ablehnung der anderen vorweg und hält sie ihnen kühn vors Gesicht. »Ich bin ein Hindernis in Eurem fließenden Verkehr, in dem unsereins nicht erwünscht ist!« Doch sein Aufkleber sagt noch mehr, zeigt nämlich das Allgemeine im Besonderen an: Der Elzer Berg ist überall!

Eure Armut kotzt uns an!

»Wohlstand für alle« hatte einst der Wirtschafts»wunder«minister Erhard versprochen – und im großen und ganzen Wort gehalten. Nach ihrer militärischen Befreiung und einigen harten Jahren der Armut und der Entbehrungen hatten die Bundesdeutschen den Wiederaufbau geschafft – und einen Kuchen gebacken, von dem sich mehr oder weniger alle ein Stück abschneiden konnten. Die Bundesrepublik wurde zur Wohlstandsgesellschaft; man erwirtschaftete einen zuvor undenkbaren Reichtum, verteilte den zwar äußerst ungleich, aber immerhin so, daß Unterversorgung ausgeschlossen oder vereinzelt blieb, zumindest aber nicht öffentlich wurde. Das Antlitz der Armut sahen die Bundesdeutschen nur noch in ihren Geschichtsbüchern – und in immer ferneren Ländern im wohlverdienten Urlaub. Und im Vergleich des pro Kopf der Bevölkerung erwirtschafteten Bruttosozialprodukts nimmt die bundesdeutsche Gesellschaft immer noch eine weltweit führende Stellung ein. Aber nach jahrzehntelanger Abwesenheit ist die Armut zurückgekehrt: In den letzten beiden Jahrzehnten ist die Armutsrate dramatisch angestiegen und hat sich auf hohem Niveau festgesetzt. Ein relevanter Bevölkerungsteil bleibt ohne Anteil am bundesdeutschen Wohlstand.

Auch mit der »neuen Armut« bleibt die Bundesrepublik eine Wohlstandsgesellschaft. Normal ist in dieser Republik, daß man hat, was man braucht, sich also um das nackte Überleben keine Sorgen machen muß, um so mehr aber um das Leben, das man leben will – mit all den Dingen, die man hat oder haben kann. Die Wohlstandsgesellschaft sichert einen solchen Wohlstand aber nicht mehr für alle, sondern nur noch für die meisten. So verschwinden diejenigen, deren Armut mehr oder weniger länger andauert, aus der normalen Gesellschaft, also aus den sozialen Räumen und Zusammenhängen, die für die Bevölkerungsmehrheit normal sind. Nicht nur weil ihnen das Geld für Fahr- und Eintrittskarten, für das Bier beim Kegelabend und für *Spiegel* oder *Kicker* fehlt, können die Armen am normalen Leben dieser Republik nicht teilnehmen – sie ertragen auch den Kontakt mit der Bevölkerungsmehrheit nicht mehr, führt ihnen doch deren Wohlstand eine Welt vor Augen, der sie nicht mehr angehören und der sie dann manchmal – resigniert oder frustriert – auch nicht mehr angehören wollen.

In der Bundesrepublik gibt es Arme, aber – zumindest noch – kein Armutsproblem. Zwar haben die von Armut Betroffenen Probleme zuhauf, ihr Leben unter den Bedingungen der Unterversorgung zu organisieren; und daß die Armen dies manchmal auf die ein oder andere gesellschaftlich nicht sonderlich erwünschte Weise versuchen, ist auch für die WohlstandsbürgerInnen ein Problem – nicht aber die Tatsache, daß Armut in der Bundesrepublik zurückgekehrt ist. Wen wundert's? Die Armut der anderen ist für die einen überaus funktional: Nur weil einer – wenn auch wachsenden – Minderheit der Anteil am gesellschaftlich verfügbaren Reichtum vorenthalten wird, kann der Rest, immerhin die weitaus größte Mehrheit, seine Wohlstandsanteile sichern und verteidigen. Nachdem der Traum des fortwährenden »Wirtschaftswunders« ausgeträumt ist, nachdem also »Wohlstand für alle« nicht mehr durch einen ständig wachsenden Kuchen, sondern nur durch die Umverteilung eines bereits gebackenen und aufgeschnittenen Kuchens realisiert werden könnte, scheint man sich auf den »Wohlstand für mich« und die Armut für die anderen einzustellen. Obwohl gerade in der Bundesrepublik die Ressourcen zur Überwindung von Armutslagen vorhanden sind, wird Armut mitsamt ihren individuellen und sozialen Folgen gesellschaftlich in Kauf genommen. Gelernt hat daher die bundesdeutsche Bevölkerung, was sie vor zwei Jahrzehnten nur im Auslandsurlaub können mußte, nämlich: im Angesicht der Armut anderer den eigenen Wohlstand zu leben.

Dennoch fühlen sich die meisten von der Armut der Armen inmitten ihrer Wohlstandsgesellschaft gestört. Aus den politischen Debatten grenzt man die von Armut Betroffenen aus, man leugnet ihre Armut und verdächtigt sie des unrechtmäßigen Bezugs von sozialstaatlichen Leistungen. Die Armen beuten – so heißt es – die Menschen im Wohlstand schamlos aus. Sozialpolitisch mit Erfolg unter Verdacht gestellt, wird ihnen auch als MitbürgerInnen nicht mehr so recht getraut: Im Interesse eines normalen Schalterverkehrs waren die Banken bis vor kurzem fest entschlossen, SozialhilfeempfängerInnen das Girokonto zu verweigern; Kaufhäuser sichern ihren Kunden das ungestörte Einkaufserlebnis – mit Wachmännern vor den Türen, die unliebsamen Personen den Eintritt verwehren; Städte sorgen sich um Obdachlose – im Rahmen einer kommunalen Gefahrenabwehr, das Kölner Domkapitel dagegen sorgt sich um seinen Dom – und läßt den Vorplatz obdachlosenfrei räumen. Das alles und noch viel mehr macht man, um sich die Armen möglichst weit vom Leibe zu halten. Diese zum Teil schleichende, zum Teil aber äußerst aggressive Ausgrenzung der von Armut Betroffenen wird nur selten ausdrücklich beabsichtigt, sie liegt eher in der Logik einer Wohlstandsgesellschaft, die den »Wohlstand für alle« nicht mehr sichern kann.

Vielleicht weigern sich die BundesbürgerInnen, die Armut im Land zum eigenen Problem zu machen, weil sie selbst den Versprechungen ihrer Wohlstandsgesellschaft mißtrauen. Erworbene Wohlstandspositionen sind nämlich weitaus weniger sicher als öffentlich zugegeben. So werden die WohlstandsbürgerInnen im Schicksal der Armen einer Armut ansichtig, vor der auch sie prinzipiell nicht gefeit sind. Immerhin verbergen sich hinter der bundesdeutschen Armutsrate enorme Ab- und Zugänge, so daß in der Bundesrepublik weitaus mehr Menschen wenigstens einmal in ihrem Leben in Unterversorgung leben, als die statistischen Zahlen verraten.

»Solidarität am Standort Deutschland«

In Reaktion auf die unselige »Standortdebatte« haben über hundertfünfzig Sozialwissenschaftlerinnen und -wissenschaftler im »Superwahljahr« 1994 die Erklärung »Solidarität am Standort Deutschland«[1] veröffentlicht. Mit dieser Erklärung haben sie eine politische Initiative gestartet, die die »neue Armut« als das herausragende Problem der Bundesrepublik angehen will. In der »neuen Armut« drückt sich nämlich das Versagen der überkommenen Instrumente bundesdeutscher Wirtschafts- und Sozialpolitik aus; sie ist Symptom dafür, daß die Bundesrepublik mit ihren sozialstaatlichen Sicherungssystemen nicht adäquat auf die sozialstrukturellen Veränderungen der Gegenwart hat reagieren können. In dem Maße, wie sich die »neue Armut« bei bestimmten Bevölkerungsgruppen festsetzt, wird die weitere Spaltung der bundesdeutschen Gesellschaft vorangetrieben, indem die dauerhaft von Armut Betroffenen aus den normalen Zusammenhängen der Wohlstandsgesellschaft ausgeschlossen werden. Die etablierten Sicherungssysteme brechen angesichts der zunehmenden Spaltung nicht zusammen; im Gegenteil: Sie verstärken die Prozesse der Ausgrenzung. Gemessen jedoch am demokratischen Selbstverständnis der Bundesrepublik ist diese Spaltung problematisch, weil die »neue

Armut« *die* Voraussetzung demokratischer Gesellschaften beschädigt, nach der sich *alle* Gesellschaftsmitglieder in den für sie relevanten Lebens- und Arbeitszusammenhängen selbst vertreten können. Auch wenn es die Bevölkerungsmehrheit noch nicht realisiert hat: Die »neue Armut« ist für die Bundesrepublik *das* herausragende Problem; zu ihrer Bewältigung muß die alte Verteilungsfrage neu gestellt werden.

Die SozialwissenschaftlerInnen haben mit ihrer Erklärung »Solidarität am Standort Deutschland« auf die Verkürzungen der unseligen »Standortdebatte« reagiert. In ihr wurde ja mit dramatischen Worten und Gesten eine »Generalinventur« der bundesdeutschen Wirtschafts- und Sozialpolitik angemahnt, doch drohte dabei die Bundesrepublik zum Standort und die soziale Sicherung zum Standortnachteil zu verkümmern. Die Erklärung erinnert dagegen an das demokratische Selbstverständnis der Bundes*republik* und mahnt eine Reform der Wirtschafts- und Sozialpolitik an, mit der diese Republik als demokratische Gesellschaft über die gegenwärtige Krise ihrer wirtschafts- und sozialpolitischen Instrumente hinaus gesichert werden kann. Die Erklärung wendet sich weniger an die parlamentarischen Akteure, die diese Reformen politisch um- und durchsetzen müssen, als vielmehr an die gesellschaftliche Öffentlichkeit; dort muß nämlich der politische Wille für die mit diesen Reformen unvermeidlich verbundene »Umverteilung« organisiert werden. Entsprechend endet die Erklärung: »Um den bundesdeutschen Sozialstaat als unerläßlichen Bestandteil einer ›sozialen Demokratie‹ zu festigen, braucht es einen neuen Gesellschaftsvertrag zwischen allen Bundesbürgern und -bürgerinnen. Dieser Vertrag umfaßt die wechselseitige Verpflichtung, die gesellschaftliche Spaltung gemeinsam und nach persönlichem Leistungsvermögen anzugehen und zu überwinden. Dies liegt im gemeinsamen Interesse aller und bestätigt den zivilen Charakter der Bundesrepublik. Ein solcher Gesellschaftsvertrag läßt sich staatlich nicht erzwingen, sondern kann nur aus öffentlichen Meinungs- und Willensbildungsprozessen als freiwillige Übereinkunft aller entstehen.«

Im Vergleich zu ähnlichen Papieren konnte die Erklärung eine nachhaltige Aufmerksamkeit erzielen. Auch nach Abschluß des »Superwahljahres« stößt sie auf Interesse – vor allem in sozialpolitischen Initiativen und den verschiedenen Wohlfahrtsverbänden. Offenbar finden sie ihre Erfahrungen und Interessen in der Erklärung besser auf den Begriff gebracht als in den zur gleichen Zeit kursierenden »Standortpapieren« oder den sozialpolitischen Verteidigungsschriften wider den »Sozialabbau« der Regierung Kohl.

Andererseits wurden mittlerweile auch sozialpolitische Studien veröffentlicht, die die Diagnose dauerhafter Armutslagen relativieren und daher auch eine scharfe Spaltung der Bundesrepublik bestreiten. Armut ergibt sich immer seltener aus kollektiven und für die industrielle Arbeitsgesellschaft typischen Lebenslagen, sondern sie resultiert zunehmend aus neuen und individuellen Risiken. Immer mehr Menschen geraten in Armut, weil sie mit ihren individuellen Lebensentscheidungen – gemessen an ihren eigenen Erwartungen – scheitern oder weil sie in ihrer individuellen Lebensplanung für mehr oder weniger kurze Zeitspannen Armutslagen in Kauf nehmen. Für sie hält der Sozialstaat nur die Sozialhilfe als »laufende Hilfe zum Lebensunterhalt« bereit, die sie zur Überbrückung ihrer kurzfristigen Armutslage nutzen. So individuell die Ursachen für Armut, so heterogen sind auch die mit dem Begriff »Armut« bezeichneten Lebenslagen. Die in Armut lebenden Menschen haben wenig gemein, außer eben, daß sie in Armut leben müssen. Heterogen sind aber auch die Wege, auf denen es den Betroffenen gelingt, aus ihrer Armut auszubrechen und erneut am gesellschaftlichen Wohlstand zu partizipieren. Zumeist jedoch kommen die Betroffenen aus der Armut heraus, weil sie ihren Weg finden – und nicht etwa, weil die sozialen Sicherungssysteme ihnen die notwendige Unterstützung geben.

Diese neueren Untersuchungen ergänzen die in der Erklärung »Solidarität am Standort Deutschland« vorgelegte Analyse: *Erstens* wird deutlich, daß die überkommenen Sicherungssysteme gegenwärtig nicht nur an der verfestigten Massenarbeitslosigkeit scheitern, sondern darüber hinaus auch auf die veränderten Lebenslagen der BundesbürgerInnen nicht adäquat reagieren können. Gegenüber den Risiken, die mit dem Zwang zur Individualisierung und der sich in der Folge einstellenden Pluralisierung von Lebenslagen verbunden sind, bleiben die bundesdeutschen Sicherungssysteme blind – und berücksichtigen daher auch die aus diesen Risiken erwachsenden Armutskarrieren nicht. *Zweitens* wird die Diagnose gesellschaftlicher Spaltung zumindest so weit relativiert, daß die Verstetigung der hohen Armutsrate offenkundig noch nicht zur Konzentration der Armut auf eine stabile Armutspopulation geführt hat.

Aus systematischen Gründen ist jedoch die in diesen Untersuchungen häufig unterstellte Erwartung wenig verläßlich, es werde den von Armut betroffenen Menschen auch in Zukunft gelingen, nach einer mehr oder minder kurzen Zeit aus ihrer Armut auszubrechen. Wenn es nicht gelingt, wirtschafts- und sozialpolitisch umzusteuern, wird die bereits beobachtbare Konzentration von Unterversorgung zunehmen, wird sich Armut bei denen festsetzen, die aus eigener Kraft den Wiedereinstieg in den Wohlstand nicht schaffen. Vorbereitet wird diese Verstetigung von Armut wesentlich durch die dauerhafte oder wiederkehrende Ausgrenzung auf dem Arbeitsmarkt. Selbst wenn in den nächsten Jahren die Beschäftigung zunehmen wird und auf diesem Wege das hohe Beschäftigungsdefizit etwas abgebaut werden kann, werden von dieser Entwicklung gerade nicht die Langzeitarbeitslosen und »Job-Hopper« profitieren können; die Massenarbeitslosigkeit wird sich – so alle ernsthaften Prognosen – in Zukunft noch schärfer auf diesen Personenkreis konzentrieren.

Die bundesdeutsche Gesellschaft steht erst am Beginn dieser Entwicklung. Daher wird mit dem Begriff der »gespaltenen Gesellschaft« weniger eine gesellschaftliche Realität beschrieben, als ein politischer Skandal benannt: Gewagt wird eine für Strukturprobleme sensible Diagnose der in der Bundesrepublik seit zwei Jahrzehnten geduldeten Armutsentwicklung, die zu einer weiteren Verstetigung und Konzentration von Armut in dauerhaften Lebenslagen und folglich in die gesellschaftliche Spaltung münden wird, *wenn* sie nicht reformpolitisch angegangen und bewältigt wird. Den Zeitgenossen wird mit dieser Diagnose die politische Verantwortung für Prozesse der gesellschaftlichen Spaltung übertragen, deren Resultate und Folgen sie sich *noch* nur ausdenken müssen, wenngleich sie bereits viele Phänomene ihrer Gegenwart nur als Symptome einer sich spaltenden Gesellschaft verstehen können.

Zu den vornehmsten Aufgaben von SozialwissenschaftlerInnen gehört es, ihren Zeitgenossen gesellschaftliche Entwicklungen rechtzeitig vor Augen zu führen und Handlungsbedarf möglichst frühzeitig anzuzeigen. Genau dies haben die Unterzeichnerinnen und Unterzeichner mit der Erklärung »Solidarität am Standort Deutschland« versucht. Sie haben nicht nervös Alarm geschlagen, sich nicht mit bedrohlichen Prognosen von sozialen Katastrophen und »Anomien« interessant gemacht. Die Erklärung nennt lediglich die gesellschaftspolitische Alternative der Gegenwart: durch grundlegende Reformen die demokratische Entwicklung der Bundesrepublik auch für die Zukunft zu sichern – oder aber mit dem beharrlichen »Weiter so!« die zunehmende gesellschaftliche Spaltung in Kauf zu nehmen und die schleichende Erosion der demokratischen Standards in dieser Republik zu tolerieren.

Solidarität in der Krise

Gute Gründe sprechen dafür, moderne Gesellschaften demokratisch zu organisieren; gute Gründe sprechen dann aber auch dafür, sich nicht mit den gegenwärtigen Prozessen der Ausgrenzung und Spaltung abzufinden. Es besteht akuter Reformbedarf – zumindest für die Menschen, die es mit dieser Demokratie ernst meinen. Die anstehende Reformpolitik lebt aber »von unten« – von der Bereitschaft der BundesbürgerInnen, in der Vergangenheit bewährte Institutionen zu überprüfen und wo nötig auch »umzubauen« und dabei den Reichtum zugunsten derer umzuverteilen, denen bislang der Zugang zum gesellschaftlich verfügbaren Wohlstand verweigert wird. Herausgefordert ist die Solidarität unter DemokratInnen, die sich gegenseitig auch die materiellen Voraussetzungen gesellschaftlicher Teilhabe sichern wollen, weil es ihnen gemeinsam wichtig ist, in einer demokratischen Gesellschaft zu leben. Solidarität ist also die Antwort auf die Strukturkrise der bundesdeutschen Wirtschafts- und Sozialpolitik und zugleich die gesellschaftliche Vorlage für den anstehenden »Umbau« des Sozialstaates. Sofern die BundesbürgerInnen mehrheitlich die Bereitschaft zum »Umbau« und zur Umverteilung noch nicht aufbringen, ist die Solidarität der

DemokratInnen in der Krise; es ist eben noch offen, ob sie sich auch dann noch gegenseitig die gesellschaftliche Mitwirkung ermöglichen wollen, wenn sie dazu auf eigene Anteile am Wohlstand zugunsten anderer verzichten müssen. Andererseits ist diese Solidarität der DemokratInnen die wichtigste Ressource, um die gegenwärtige Strukturkrise in Richtung einer demokratischen Entwicklung der Bundesrepublik zu bewältigen.

In diesem doppelten Sinn von »Solidarität in der Krise« haben wir einige der Unterzeichnerinnen und Unterzeichner der Erklärung »Solidarität am Standort Deutschland« eingeladen, deren Diagnose und Reformperspektive zu präzisieren. Zunächst werden die gegenwärtigen Spaltungs- und Ausgrenzungsprozesse untersucht: Die gleichzeitige Entwicklung von Armut und ethnischer Diskriminierung diagnostiziert *Thomas von Freyberg* – und demgegenüber Prozesse der Reichtumsvermehrung und -konzentration. Wenn auch Verarmung und ethnische Diskriminierung noch nicht zu einer gespaltenen Gesellschaft geführt haben – die Ausgrenzung hat in den Köpfen schon längst begonnen, so seine Kritik der »Standortdebatte« und der »dynamischen Armutsforschung«. Es droht die Verstetigung von Armut – und in deren Folge eine soziale, ethnische und räumliche Ausgrenzung der davon betroffenen Bevölkerung. Mit den Differenzierungsprozessen in den neuen Bundesländern beschäftigt sich *Katharina Bluhm*. In einer für die osteuropäischen Transformationsgesellschaften untypischen Weise wurden soziale Ungleichheiten zwar während der »deutschen Einigung« gedämpft, nun aber holen die Spaltungs- und Ausgrenzungsprozesse der alten Bundesrepublik auch die neuen Bundesländer ein. Dort wiederholt sich gegenwärtig die Krise des bundesdeutschen Erwerbsarbeitssystems; die davon betroffenen Menschen werden in ihren Lebensmöglichkeiten durch die unerledigten »Altlasten« der alten Bundesrepublik beschnitten. Einen Kontrapunkt dazu bietet *Gerhard Schulze*: Warum in der bundesdeutschen Wohlstandsgesellschaft die Armut der Armen nicht vorkommt, beantwortet er aus der Ideologie der »Erlebnisgesellschaft«. Eingenommen durch die Rationalität ständiger Möglichkeitssteigerung, können die WohlstandsbürgerInnen Armut, also die Knappheit an Lebensmöglichkeiten, nicht erfahren, sie sich nicht vorstellen, zumal wenn sie die Armut der anderen ist. Daher ist die gegenwärtige Armut neu und bedeutet mehr als nur den materiellen Gegensatz zu Reichtum. In der »Erlebnisgesellschaft« mit eingebauter »Steigerungsvernunft« heißt arm sein: nicht selbstbestimmt, exkommuniziert, tabuisiert und ohne tragende Milieus.

Aber auf welche normativen Grundlagen kann sich eine Reformpolitik noch verlassen, die die Herausforderung der zunehmenden Ausgrenzung und Spaltung anzunehmen sucht? Gegen die modische Klage über die grassierende »Ellenbogengesellschaft« bilanziert *Hans Joas*, daß gegenwärtig traditionelle Gemeinschaften zwar ersatzlos zusammenbrechen, gleichzeitig aber Gemeinschaftsbindungen mit großer Resistenz überleben und neue Formen von Gemeinschaft entstehen. So reproduziert sich der soziale Mindestkonsens, den die Bundesrepublik als demokratische Gesellschaft braucht, wenngleich dieser Mindestkonsens noch nicht die öffentliche Aufmerksamkeit genießt, die er verdient. Die soziale Sicherung hat in Deutschland eine lange Tradition und findet in der Bundesrepublik breite Zustimmung. Inzwischen könne jedoch – so wird geklagt – der bundesdeutsche Sozialstaat Geben und Nehmen nicht mehr ausbalancieren. Gegen diese Kritik erkundet *Matthias Möhring-Hesse* die sozialstaatlich vermittelte Solidarität auf Gegenseitigkeit und kommt zu dem Ergebnis: Nach den Veränderungen in den Arbeits- und Lebensverhältnissen läßt sich die gegenseitige Verbundenheit der BundesbürgerInnen nur als Solidarität zwischen DemokratInnen vital halten, die sich wechselseitig die Möglichkeit zur gesellschaftlichen Mitwirkung einräumen. Den Kontrapunkt zu diesem Teil steuert *Sibylle Raasch* bei: Der für die Bundesrepublik geschlossene Gesellschaftsvertrag ist ein Vertrag unter Männern – und geht daher zu Lasten Dritter, nämlich der Frauen. Konnte in den letzten Jahrzehnten zumindest die formalrechtliche Gleichstellung der Frauen vorangetrieben werden, drohen sich in der verfestigten Massenarbeitslosigkeit die Verteilungskonflikte zwischen den Geschlechtern zu verschärfen. Weil damit die Geschlechterfrage wieder deutlicher auf den Plan tritt, besteht gegenwärtig jedoch auch die Chance, in einem neuen Gesellschaftsvertrag die geschlechtsspezifischen Schieflagen endgültig zu überwinden. Vor allem muß das Verhältnis zwischen bezahlter und unbezahlter Arbeit sowie die Verteilung beider Arten von Arbeit auf die Geschlechter neu ausgehandelt werden.

Schließlich werden einige Perspektiven einer solidarischen Reformpolitik skizziert. »Nur was produziert wird, kann auch verteilt werden« – diese ökonomische Volksweisheit stellt *Friedhelm Hengsbach* auf den Kopf: Die Verteilung des gesellschaftlich verfügbaren Wohlstands entscheidet wesentlich darüber, wie und was produziert wird – und so auch darüber, was am Ende gesellschaftlich verteilt werden kann. Wird die Tabuisierung der Verteilungsfrage aufgebrochen, kann die derzeit betriebene sozialstaatliche und marktliberale Umverteilung so umgesteuert werden, daß ein höherer Beschäftigungsstand erreicht wird. *Mechthild Veil* hebt die gesellschaftspolitische Reichweite des gegenwärtig so heftig debattierten »Umbaus« des Sozialstaates hervor: Etablierte Gleichheits- und Ungleichheitsvorstellungen sind zerschlissen, ein neuer gesellschaftlicher Konsens über Gleichheit und Differenzen muß gefunden und sozialpolitisch organisiert werden. Am Beispiel der Rentenversicherung problematisiert sie dabei die enge Verknüpfung von Erwerbsarbeit und sozialer Sicherung; am Beispiel der Familienförderung hebt sie hervor, daß der bundesdeutsche Sozialstaat gegenwärtig die Pluralisierung von Familien und Familienauffassungen nicht bewältigen kann. Weil sich das Rad der Geschichte nicht zurückdrehen läßt, müssen nicht nur die sozialstaatlichen Instrumente überdacht, sondern auch die normativen Grundlagen der Sozialpolitik neu ausgehandelt werden. Als Kontrapunkt dazu reagiert *Bert Rürup* auf die »Standortdebatte« und stellt sich der darin kultivierten Sorge um die internationale Wettbewerbsfähigkeit. Nach der Globalisierung aller wirtschaftlichen Aktivitäten bleibt nur die menschliche Arbeit als volkswirtschaftlicher Faktor, der in der Bundesrepublik durch entsprechende Anstrengung wettbewerbsfähig gehalten werden muß – nicht durch Preisdumping, sondern durch aufwendige Investitionen in die »brain-power«.

In der Erklärung »Solidarität am Standort Deutschland« wurde die internationale Dimension der eingeforderten Solidarität nur kurz angesprochen, für viele LeserInnen: zu kurz. Die »soziale Frage« ist längst eine globale Frage! Die sozialen Sicherungssysteme der Nationalstaaten verlieren – so die Diagnose von *Elmar*

Altvater – durch zwei säkulare Trends ihre Kompetenz und Stabilität: erstens durch die Globalisierung wirtschaftlicher Aktivitäten und zweitens durch die Monetarisierung weltwirtschaftlicher Aktivitäten (»Casino-Kapitalismus«). Das Versprechen, durch Freihandel könnten die Länder und Regionen der sogenannten dritten Welt zum westlichen Lebensstandard aufschließen, erweist sich jedoch als Illusion; gegenwärtig verschärft sich statt dessen die globale Spaltung. Eine Weltsozialpolitik, die die Lebensbedingungen der Menschen in den armen Regionen dieser Welt verbessern hilft, ist deshalb notwendig – allein schon deshalb, weil die Weltökonomie des »Casino-Kapitalismus« der gesellschaftlichen Einbettung bedarf. Als Kontrapunkt kehrt *Eckhard Stratmann-Mertens* die Einteilung der Welt um: Unter der Zieloption »nachhaltigen Wirtschaftens« ist die Bundesrepublik – wie auch die anderen hochindustrialisierten Gesellschaften – ein Entwicklungsland. Trotz hehrer Selbstverpflichtungen bleibt sie auf dem Pfad der Wachstums- und Wohlstandsmehrung, während die globale Überwindung von Armut und der Schutz des Globus zum Restposten ihrer Weltgipfeldiplomatie verkommt. Notwendig aber wären weitreichende Strukturanpassungen in den Industriegesellschaften und letztlich der Abschied vom Wirtschaftswachstum. Der Übergang zum nachhaltigen Wirtschaften wird in der Bundesrepublik eingespielte Gewohnheiten im Konsumverhalten wie auch in den wirtschaftspolitischen Instrumenten aufbrechen müssen.

Die vorgestellten Beiträge suchen untereinander nicht den Streit, auch wenn die Autorinnen und Autoren andernorts vielleicht mit Hingabe streiten würden. In Fortsetzung der mit der Erklärung »Solidarität am Standort Deutschland« begonnenen Initiative stehen die Beiträge vielmehr in einer Linie: Wie muß in der gegenwärtigen Strukturkrise eine Reformpolitik aussehen, die die »soziale Demokratie« voranbringt und die zivile Entwicklung der Bundesrepublik ermöglicht. Auch die »Kontrapunkte« suchen nicht den Widerspruch zu den jeweils vorangehenden Beiträgen; sie bereichern vielmehr die durch die Leitidee der »sozialen Demokratie« vorgegebene Grundlinie jeweils um einen neuen Aspekt. Trotz dieser Linie setzen die Autorinnen und Autoren ihre eigenen Akzente, gehen ihren individuellen Aufmerksamkeiten nach – und pflegen ihre ganz persönliche Sprache. Auch finden sich in den Beiträgen unterschiedliche und z. T. auch widersprüchliche Positionen. So wird vor allem die Krise der Erwerbsarbeit und die Pluralisierung von Lebenslagen von den Autorinnen und Autoren sehr unterschiedlich behandelt und eingeschätzt. Gemeinsam ist ihnen aber, daß sie ihre sozialwissenschaftlichen Kompetenzen in die politischen Debatten um eine zukünftige Wirtschafts- und Sozialpolitik einbringen wollen, wofür sie auf die akademischen Absicherungen, also auf die sozialwissenschaftliche Expertensprache, auf komplizierte Literaturverweise und auf spitzfindige Differenzierungen verzichten. Wir legen also ein *politisches* Buch von Sozial*wissenschaftlerInnen* vor – in der Hoffnung, uns mit diesem ungewöhnlichen Spagat weder in den politischen Debatten noch in den sozialwissenschaftlichen Diskursen zu blamieren. Den Autorinnen und Autoren sowie *Oliver Thomas Domzalski*, unserem Lektor im Fischer Taschenbuch Verlag, danken wir dafür, daß sie diesen Versuch mit uns unternommen haben.

Anmerkungen

1 Solidarität am Standort Deutschland. Eine Erklärung von Sozialwissenschaftlerinnen und Sozialwissenschaftlern, in: *Blätter für deutsche und internationale Politik*, 6/1994, S. 669–684.

Teil I
Gesellschaftliche Spaltung
der Bundesrepublik

Thomas von Freyberg
...im ganzen also sehr widerwärtig...

Verleugnen, Verleumden, Ausgrenzen:
Vom Umgang mit der Armut

Zwei unangenehme Themen haben sich zurückgemeldet, lautstark und beunruhigend; Themen, von denen wir jahrelang glaubten, sie »hinter uns« zu haben. Armutsentwicklungen, Verteilungskämpfe und Fragen sozialer Ungleichheit und Ausgrenzung prägen wieder die öffentlichen und politischen Debatten, und gleichzeitig, meist davon getrennt, stehen Ausländerhaß, Rassismus und die Probleme der Integration und Ausgrenzung ethnischer Minderheiten auf der Tagesordnung. Deutschland hat ein zunehmend bedrückendes Armutsproblem, und es hat ein nicht weniger beunruhigendes Minderheitenproblem. Die Frage nach sozialer Gerechtigkeit und Toleranz gegenüber den fremden Armen und den armen Fremden findet – endlich – die Aufmerksamkeit von Medien, Parteien, Verbänden und Kirchen. Endlich, denn seit zwanzig Jahren gibt es in der Bundesrepublik eine dynamische Armutsentwicklung und mit ihr die Probleme sozialer Spaltung, Ausgrenzung und Polarisierung; endlich, denn seit zwanzig Jahren bilden sich in Deutschland aus den »importierten Gastarbeitern« ethnische Minderheiten heraus und mit ihnen die Probleme ethnischer Diskriminierung, Spaltung und Segregation. Vielleicht hat die Wut, mit der gegenwärtig über diese beiden unangenehmen Themen öffentlich gestritten wird, etwas mit der kollektiven Verleugnung zu tun, die jahrelang entschlossen aufrechterhalten wurde und deren Restbestände sich noch in der Trennung der beiden Themenbereiche zeigen. Dagegen ist heute zu halten: Wer über ethnische Diskriminierung nicht reden will, sollte über Armutsentwicklungen in Deutschland besser schweigen; und wer über soziale Ausgrenzung schweigen will, sollte über ethnische Spaltung nicht reden. Denn zu eng und zu vielfältig sind beide Themen verknüpft.

...eine gewisse Angst warnt sie davor, mit ihm im geringsten zu schaffen zu ha-
ben, denn er ist einer beunruhigenden Eigenschaft, nämlich der Armut, verdäch-
tig, damit aber auch gleichwohl noch schlimmerer Dinge...

Bekannt ist mittlerweile, daß die in den vergangenen dreißig Jahren
eingewanderten Arbeitnehmergruppen in ganz besonderem Maße
von Armutsrisiken betroffen sind. Das kann nicht überraschen,
sind es doch schließlich die Arbeitsmarktbedingungen, die über die
soziale Lage von Lohnabhängigen entscheiden – und hier waren die
»Gastarbeiter« von Anfang an und bis heute systematisch benachteiligt. Es war die Aufgabe der »Gastarbeiterbeschäftigung«, die
konjunkturellen Engpässe auf dem Arbeitsmarkt auszugleichen,
die Lohnkosten relativ zu senken und in Krisenzeiten eine »flexible
Reservearmee« zu bilden, die problemlos entlassen und wieder in
die Heimat geschickt werden konnte. Die ausländischen Beschäftigten hatten diesem Konzept entsprechend immer die Hauptlast
der Arbeitslosigkeit zu tragen. Und es spielte sich – gleichsam automatisch – ein, daß die Migranten weitgehend jene Arbeiten über-
nahmen, die deutsche Arbeitnehmer nicht mehr akzeptierten:
unqualifizierte, körperlich und nervlich besonders belastende,
schmutzige und unfallgefährdete Tätigkeiten mit geringer Bezahlung, niedrigem Ansehen und hoher Arbeitsplatzunsicherheit. Und
bis heute hat sich da nur wenig verändert. Kein Wunder also, wenn
der Armutsbericht des DGB und des Paritätischen Wohlfahrtsver-
bands 1994 feststellen muß, daß die eingewanderten ethnischen
Minderheiten in Westdeutschland die am stärksten von Armut betroffenen Gruppen sind. 16,7 Prozent der Ausländer sind einkom-
mensarm, 44,2 Prozent sind wohnraumunterversorgt, 27,2 Prozent
verfügen über keinen allgemeinbildenden Schulabschluß, und
mehr als die Hälfte, 55,7 Prozent, haben keinen beruflichen Abschluß. 37,2 Prozent der Ausländer waren 1992 in mehreren Bereichen gleichzeitig »unterversorgt« – die Wissenschaft nennt das die
»kumulative Armutsquote«, und die liegt bei den in Deutschland
lebenden Ausländern etwa fünfmal so hoch wie beim Durchschnitt
der Westbevölkerung insgesamt: »Mehr als jedes andere Merkmal
weist damit die Nationalität einen engen Zusammenhang mit Un-
terversorgungsrisiken in der Bundesrepublik Deutschland auf.«

Dieser enge Zusammenhang von Armuts- und Minderheiten-
problemen in Deutschland spiegelt sich wider in der Dynamik und
Stoßrichtung ethnischer und sozialer Diskriminierung. Die Welle
von ausländerfeindlicher Gewalt und Diskriminierung in Deutschland zielte von Anfang an auf die armen Ausländer, auf Asylbewerber, Flüchtlinge, Arbeitslose, Sozialhilfeempfänger. Der Begriff des
»Wohlstandschauvinismus« meinte genau diese aggressive Abwehr
fremder Habenichtse und ihrer − realen oder vermuteten − Ansprüche, »an unserem Wohlstand« teilzuhaben. Die Konflikte zwischen der deutschen Mehrheitsgesellschaft und ihren ethnischen
Minderheiten haben sicher zahlreiche Ursachen. Ebenso sicher
aber ist, daß die langfristigen Entwicklungen von »Armut im Reichtum«, daß Massenarbeitslosigkeit und Wohnungsnot dazu führten,
daß die Verteilungskämpfe in unserer Gesellschaft generell und
zwischen den untersten sozialen Schichten ganz besonders an
Schärfe gewonnen haben. In diesem − oft nur präventiv geführten −
Kampf um knappe Güter ist die aggressive Ausländerfeindlichkeit
»von unten« ein Mittel, um soziale Ungleichheit zu verteidigen und
mögliche Konkurrenten auszuschließen. Mit dem wütenden »Ausländer raus« von unten korrespondiert jedoch von oben die kalte
Politik von Asylverweigerung und Abschiebung. Nachdem die politische Klasse in Westdeutschland zwanzig Jahre lang verleugnete,
daß unsere Gesellschaft ein Einwanderungsproblem hat, das der
gesetzlichen und gesellschaftlichen Regulierung dringend bedarf,
wurden unter dem Vorwand des Asylmißbrauchs die Opfer von
Bürgerkrieg, Verfolgung und Hungersnot zu Tätern gestempelt
und im wahrsten Sinne des Wortes ausgegrenzt. Der Rede vom
Asylmißbrauch folgt prompt die vom Sozialmißbrauch − ebenfalls,
nachdem über Jahrzehnte der Tatbestand einer Armutsentwicklung in Deutschland regierungsamtlich entschlossen geleugnet
wurde.

Auf den Bahnsteigen des Hauptbahnhofs in Hannover − eines
jener modernisierten Bahnhöfe mit großen Einkaufspassagen − sind
mannshohe Plakate zu sehen, hinter Glas, hell erleuchtet und far-
benprächtig. Die Aufschrift: »BUNTE GESCHÄFTE REIN −
DUNKLE GESTALTEN RAUS!« Die modernisierte Form der
Ausgrenzung ist weltoffen, multikulturell und geschäftstüchtig;

nicht biologische, sondern soziale Kriterien dienen der Diskriminierung und Segregation – nach außen wie nach innen. Geblieben ist, um was es geht: die Legitimation von Ungleichheit, Ungerechtigkeit und Ausschluß. Wer die fatale Standortdebatte des Jahres 1994, wer die ebenso fatalen Diskussionen um Sozialabbau und Lohnabstandsgebot verfolgte, konnte miterleben, wie »im herrschenden Diskurs« die wirtschaftliche Rezession mißbraucht wurde, um die Grundwerte unserer Gesellschaft umzudeuten: Aus der genuin demokratischen Frage, wieviel Chancengleichheit, wieviel soziale Gerechtigkeit und wieviel Minderheitenschutz unsere tolerante, offene Gesellschaft brauche, um ihre demokratischen, sozialen und ökologischen Dimensionen zu bewahren, wurde fast unisono die Debatte darüber, wieviel an sozialer Ungleichheit und Ausgrenzung unsere Gesellschaft braucht, damit »Leistung sich wieder lohnt«, die Wirtschaft wieder floriert und der Standort Deutschland wieder attraktiv wird. Die Ausgrenzung von Armut aus der Wohlstandsgesellschaft hat zumindest in den Köpfen längst begonnen.

... und somit scheint es der Gesellschaft am weisesten, über ein solches Fehlprodukt ihrer Ordnung wie blind hinwegzusehen. ›Armut‹, heißt es wohl, ›ist keine Schande‹, aber es heißt nur so ...

Wo wachsende Armut zum Thema wird, liegt nahe, daß auch über Reichtum geredet wird. Dem vorzubeugen, findet die Ausgrenzung der Armut immer auch in der Sprache statt. Der Konkurrenzkampf um Deutungen und Interpretationen, um Begriffe – und generell darum, worüber öffentlich geredet werden soll und worüber nicht, ist ein wichtiger Nebenschauplatz der Verteilungskämpfe: Die Rede über Armut soll durch die über Sozialmißbrauch übertönt werden, die über Reichtum soll durch die Formel vom Sozialneid im Keim erstickt werden. Armut ist in Deutschland »relative Armut«, Armut also in Relation zum Wohlstand, und meint dann, was in unserer Gesellschaft noch als menschenwürdiges Leben, wenn auch auf niedrigstem Niveau, gelten kann. Darüber läßt sich prächtig streiten, was ja auch geschieht – besonders leidenschaftlich bei denen, die auf diesem Niveau selber noch nie ihre Menschenwürde haben erproben müssen. Relative Armut kann man auch begreifen als Armut in Relation zum Elend in der dritten Welt, in den Elendszonen von Kairo, Mexico-City oder Kalkutta – und dann gibt es bei uns keine Armut. Es heißt dann »bekämpfte Armut« und wird zum Loblied auf unsere Sozialhilfe. Auch im Kampf um die Sprachregelungen ist erfolgreich, wer reich ist: Das soziale Netz wird zur sozialen Hängematte und läßt die Südsee assoziieren, die Massenarbeitslosigkeit heißt dann kollektiver Freizeitpark. Zwangsarbeit für Langzeitarme wird zum solidarischen Sozialdienst umgewidmet, und die weitere Senkung der Niedrigstlöhne – und parallel dazu der Sozialhilfesätze – geschieht im Gehorsam gegenüber dem Lohnabstandsgebot, als gehe es hier um Recht und Gesetz.

In einem Brief an den Münchener Oberbürgermeister schrieb eine Frau: »Herr Oberbürgermeister, arm zu sein unter Armen, das kann man ja ertragen, aber arm zu sein unter protzenhaftem Reichtum, das ist unerträglich.« Zu ergänzen wäre: »Reichtum in einer wohlhabenden Gesellschaft, das kann man ja ertragen, aber wachsender Reichtum in einer Gesellschaft mit einer dynamischen Armutsentwicklung, das ist unerträglich« – für die Armen und für die Wohlhabenden, vor allem für eine tolerante, demokratische Gesellschaft und ihren sozialen Zusammenhalt. Deutschland hat nicht nur ein dringliches Armutsproblem, es hat auch ein zunehmend schwieriges Reichtumsproblem. Denn die Konzentration von Reichtum in privater Hand wird nicht nur zum Ärgernis und Skandal angesichts der Verarmung breiter Minderheiten und damit zur Quelle sozialer, ethnischer, politischer Spaltung und Polarisierung. Darüber hinaus wird sie zum unkalkulierbaren Risiko für den demokratischen Prozeß in einer Gesellschaft, in der alle öffentlichen Haushalte in den Kommunen, Ländern und im Bund bis an die Grenzen der Handlungsunfähigkeit verschuldet – und damit erpreßbar sind.

Die höchst ungleiche Verteilung von Vermögen und Einkommen ist kein Novum. Ein Hundertstel der Bevölkerung besaß Anfang der achtziger Jahre fast ein Viertel, und das oberste Drittel verfügte über 90 Prozent des gesamten Vermögens in der Bundesrepublik – und ähnlich war es in den dreißiger und fünfziger Jahren auch schon. Neu aber ist, daß Reichtum seit etwa zwanzig Jahren offensichtlich nur noch zu vermehren ist, indem Armut produziert wird, Armut bei den privaten und Armut bei den öffentlichen Haushalten. Und hier beginnt Reichtum zum gesellschaftlichen Problem zu werden, denn die Konzentration von Reichtum ist immer auch eine von Macht, die nun in den schärfer werdenden Verteilungskämpfen eingesetzt wird.

Die achtziger Jahre waren in Westdeutschland geprägt von einer geradezu gigantischen Umverteilung zugunsten der Unternehmen und der Selbständigen. Die Einkommen aus Unternehmertätigkeit wuchsen zwischen 1980 und 1989 netto um 75 Prozent, die verfügbaren Monatseinkommen der Selbständigen konnten zwischen 1979 und 1989 real um 47 Prozent gesteigert werden; das real verfügbare Einkommen der Arbeitnehmerhaushalte stagnierte dagegen in den achtziger Jahren. Obwohl der Anteil der abhängig Beschäftigten an der Erwerbsbevölkerung in den achtziger Jahren erheblich anstieg, sank ihr Anteil am Volkseinkommen. Die Effekte dieser Umverteilung waren aber nun nicht – wie allenthalben laut versprochen wurde – Steigerung der Investitionen, Schaffung neuer Arbeitsplätze, Abbau von Arbeitslosigkeit. Im Gegenteil, die Investitionsquote der achtziger Jahre blieb weit zurück hinter der der sechziger und siebziger Jahre, dafür wuchs die Selbstfinanzierungsquote und erhöhten sich die nicht investierten Rücklagen im Unternehmensbereich. Bei den Selbständigen erreichte die Sparquote einen absoluten Höhepunkt. Gewinner und Verlierer der Umverteilungspolitik der achtziger Jahre sind eindeutig zu identifizieren: hier die Unternehmen, die Bezieher von Vermögenseinkommen und die Selbständigen (außer Landwirtschaft), dort die Arbeiter, die Kinderreichen und Alleinerziehenden und die Ausländer.

...denn sie ist den Besitzenden höchst unheimlich, ein Makel halb, und halb ein unbestimmter Vorwurf, im ganzen also sehr widerwärtig...

Die langfristigen Ursachen der Reichtums- und Armutsentwicklungen in Deutschland sind eigentlich bekannt. Der moderne Produktionsprozeß – früher hätte man von der kapitalistischen Wirtschaft gesprochen – polarisiert und spaltet seit etwa zwanzig Jahren die Arbeitsmärkte und sortiert die Arbeitnehmer in »Arbeitsplatzinhaber« und »Arbeitsplatzlose«, in halbwegs gesichert und in prekär Beschäftigte, in Gutqualifizierte und Fehlqualifizierte. Nicht nur die wirtschaftliche Krise, auch Aufschwung und Hochkonjunktur sind geprägt durch immer weniger Normalarbeitsverhältnisse, immer mehr flexible, prekäre, ungeschützte Beschäftigung und durch eine dauerhafte, wachsende Arbeitslosigkeit. Und die Politik von Kommunen, Ländern und Bund hat in vielen Fällen diese Polarisierungs- und Spaltungsprozesse eher verschärft und beschleunigt. Mit dem Ziel, die wirtschaftliche Dynamik zu stärken, die Standortbedingungen zu verbessern und so die Voraussetzungen für neue Arbeitsplätze zu schaffen, wurde zum einen eine Politik der Steuerentlastung und Subventionierung »der Wirtschaft« betrieben, fanden zum anderen tiefe Einschnitte in das soziale Leistungssystem statt – mit den bekannten Folgen: Die Verschuldung der öffentlichen Haushalte nahm rasant zu, die Armutsentwicklung wurde nicht gebremst, die Systeme sozialer Sicherung wurden immer mehr belastet; dafür aber häuften sich in Westdeutschland auf Konten, Sparbüchern und Wertpapierdepots mehr als drei Billionen Mark, und alljährlich werden mehr als 200 Milliarden Mark zusätzlich gespart.

In der schweren wirtschaftlichen Rezession der neunziger Jahre wurde dann deutlich, wer die Deutungs- und Interpretationsmacht besitzt: Mit einer lautstarken Standortdebatte wurden die Ängste geschürt und der Abbau des Sozialstaats gefordert. Edzard Reuter, damals noch Vorstandsvorsitzender der Daimler-Benz AG, wußte im Sommer 1993 plötzlich, was jahrelang geleugnet worden war, nämlich »daß wir an einer zweistelligen Arbeitslosenziffer selbst dann nicht vorbeikommen, wenn die allgemeine Konjunkturentwicklung zu einer deutlichen Wiederbelebung der Nachfrage führen sollte«; da aber »wir« – und das meint wohl »Staat und Wirtschaft« – »alle Ressourcen auf eine große Kraftanstrengung zum Erhalt unserer globalen Wettbewerbsfähigkeit konzentrieren« müssen, sei es »der Mühe wert, zu überlegen, wie den krankhaft wachsenden Sozialverwaltungen endlich eine Schlankheitskur aufgezwungen werden könnte«. Anfang 1995 schaltet sich der neue Bundespräsident »in die Debatte über das Sozialsystem« ein und fordert, »der Abstand zwischen bezahlter Arbeit und Sozialleistungen müsse größer werden«, damit Arbeit für den Bürger sich wieder lohne. Die *Süddeutsche Zeitung* kommentiert – ohne relativierendes Fragezeichen – am gleichen Tag: »Der Sozialstaat – ein Auslaufmodell«. Zehn Tage später fordert der Bundesbankpräsident das »Durchforsten des Sozialstaats« und meint »nachhaltige Ausgabenkürzungen«, um »Anreize zur Aufnahme einer Erwerbstätigkeit zu setzen«. Dem schließt sich tags darauf der neue Präsident des BDI an. Der Sozialstaat habe die »Grenzen seiner Finanzierbarkeit durchbrochen«, und staatlicher Beistand müsse sich künftig auf die »wirklich Bedürftigen« konzentrieren. Damit wären die Probleme von Arbeitslosigkeit, Staatsverschuldung und Rezession wieder dort, wo sie hingehören – bei jenen, die massenhaft dem Sozialmißbrauch nachgehen statt einer geregelten Arbeit. Worum es ihnen allen geht, machten die Präsidenten der Spitzenverbände der deutschen Unternehmer Ende Januar 1995 beim Treffen mit Kanzler Kohl deutlich. Sie forderten geringere Einstiegslöhne und einen »Niedriglohnbereich«, natürlich ausschließlich, »um die Langzeitarbeitslosigkeit zu bekämpfen«; und noch einmal, damit es der letzte begreift: »Eine wachstumsfördernde Wirtschaftspolitik müsse vor allem die Investitionsfähigkeit der Unternehmer verbessern durch eine Senkung der Steuer- und Abgabenbelastung…, durch Rückführung der überbordenden gesetzlichen Personalzusatzkosten und durch Reduzierung der Finanzierung versicherungsfremder Leistungen durch Sozialbeiträge.«

Wie gesagt: Wer die Macht hat, muß sich um die Fakten wenig sorgen, wie zum Beispiel darum, daß im Jahr 1994 in Westdeutschland ein Wirtschaftswachstum von 2,3 Prozent von einem weiteren Abbau von Arbeitsplätzen um 1,2 Prozent begleitet wurde; oder darum, daß der Produktivitätsschub von 3,6 Prozent im gleichen

Jahr zwar dazu diente, die Stückgewinne durchschnittlich um 10,5 Prozent und die unternehmerischen Gewinne brutto um 13 Prozent, netto – dank des »Standortsicherungsgesetzes« – sogar um 17,5 Prozent zu steigern, gleichzeitig aber die durchschnittlichen Arbeitseinkommen nach Abzug der staatlichen Abgaben und der Inflationsrate um 2,5 Prozent zu senken; oder schließlich darum, daß es die Exporte waren, die den westdeutschen Konjunkturaufschwung Ende 1994 auslösten, was die Standortdebatte als das bloßstellt, was sie von Anfang an war, nämlich eine Waffe im Kampf um die veröffentlichte Meinung, eine Waffe im Verteilungskampf also, der zunehmend auf soziale Spaltung und Ausgrenzung setzt.

…und zu unangenehmen Weiterungen mag es führen, sich mit ihr einzulassen.
(Thomas Mann, Bekenntnisse des Hochstaplers Felix Krull)

Wer sich professionell mit Armut beschäftigt, an dem bleibt immer etwas kleben. Die Einkommen von Sozialarbeitern sind kaum zu vergleichen mit denen von Anwälten, Maklern, Bankern; und auch die »Armutsforscher« gehören eher zu den Schmuddelkindern des Wissenschaftsbetriebs, wobei sich hier sicherlich zwei Dinge verstärken: die gesellschaftliche Weigerung, anzuerkennen, daß Armut überhaupt ein bedeutsames, und das heißt immer auch: förderungswürdiges Thema der Forschung ist; und das Thema selbst, das abfärbt, wenig attraktiv ist und über keinen Unterhaltungswert verfügt. Es liegt also für alle, die hier forschen, nahe, ihr Forschungsgebiet aufzuwerten, die Bedeutung von Armutsentwicklungen zu pointieren und zu dramatisieren, wo alle eher verdrängen und verleugnen. Daß dabei handfeste ökonomische Motive mitspielen, schließlich geht es auch um knappe Forschungsmittel, muß nicht gegen jedes Dramatisieren sprechen. Wo Prozesse sozialer Spaltung und Ausgrenzung mit unkalkulierbarer Dynamik und unabsehbaren Folgen sich anbahnen, gleichzeitig ein allgemeines gesellschaftliches Klima dafür sorgt, daß diese Entwicklungen eher verharmlost oder geleugnet werden, und deshalb die Datenlage, die statistische Situation und die ökonomische Ausstattung von Forschung so kläglich sind, daß die öffentliche Verdrängung des Armutsthemas sich auch noch auf »den Stand der Wissenschaft« berufen kann, dort ist das Dramatisieren die einzig verantwortliche Reaktion.

Spätestens aber mit der Rezession der neunziger Jahre hat sich diese Konstellation gründlich geändert. Armut läßt sich nicht länger verleugnen, dafür sorgen schon die immensen sozialen und finanziellen Kosten der Armutsentwicklung. Die zähe Gleichgültigkeit der Öffentlichkeit dem Armutsthema gegenüber löst sich auf. Es wird gestritten, man sortiert sich in kontroverse, feindselige Lager, und plötzlich wird der Ruf nach Wissenschaft laut, als Lieferant von Munition im Gefecht der Kontrahenten. So folgt dann der Polarisierung »am Grunde« der Gesellschaft mit gehöriger zeitlicher Verzögerung die Polarisierung im »Götterhimmel« des Wissenschaftsbetriebs, und da geht es, wie damals in Troja, nicht unbedingt vornehmer zu.

Eine neue Generation der Armutsforscher tritt auf, fähig zum »klaren«, zum »nüchternen Blick«, zur »gewissenhaften Prüfung«, und Feind aller »vorschnell moralisierenden Zugehensweisen«. Vorurteilsfrei, allein der Wahrheit und Wissenschaft verpflichtet, vor allem aber jung und dynamisch, rechnet diese »junge Generation der Armutsforscher« mit ihren altgewordenen Vorgängern ab und sorgt zumindest dafür, »der wissenschaftlichen wie der sozialpolitisch motivierten Armutsdebatte neuen Elan zu vermitteln«. Die Verfahren der Auseinandersetzung mit der »traditionellen Armutsforschung« ähneln auf verblüffende Weise dem auch sonst üblichen Umgang mit den lästigen Armen in dieser Gesellschaft: Es wird verallgemeinert – so sind sie alle; es wird anonymisiert – man kennt sie ja, wozu Namen nennen; es wird mit vorurteilsvollen Unterstellungen gearbeitet – wir wissen doch, was sie im Schilde führen, wir haben sie durchschaut; es wird diskriminiert – sie sind Fälscher, Hochstapler, Lügenanwälte; und das mit dem kaum verborgenen Ziel der Ausgrenzung, des Ausschlusses der Gegner aus der »Gelehrtenrepublik«. Ein Popanz wird aufgebaut, um die Verdrängung lästiger Konkurrenten zu legitimieren.

Wie das aussieht – dazu eine kleine Auswahl: Michael M. Zwick führt in einer ansonsten ebenso wichtigen wie lesbaren Aufsatzsammlung aus dem Jahr 1994: »Einmal arm, immer arm?« die alten

Gegner vor. Statt Wissenschaft zu treiben, produzierten und verfestigten sie »tief eingelebte Klischees« wie jenes von der »armen alten
Frau, die ihre kärgliche Rente mit Sozialhilfe aufbessern muß«,
oder »auch das... der überwiegend weiblichen Armutsbetroffen-
heit«. Statt kritisch-aufklärend folgten sie opportunistisch dem »guten Ton [...], den Skandal der Armut in Deutschland zu beklagen«,
arbeiteten dabei mit »klassentheoretischen Unterstellungen« bzw.
mit »klassentheoretisch unterstellten« Vorurteilen, was immer das
sei. Das hat hohen Unterhaltungswert in der Öffentlichkeit und
beruhigt zugleich jene, die sich von »linken Dramatisierern« haben
irritieren lassen. Ein wenig vornehmer die Mentoren der »dynamischen Armutsforschung«: Die ZEIT vom 18.11.1994 gibt Stephan
Leibfried und Lutz Leisering Raum, »das neue Bild der Armut« vor-
und die traditionelle Armutsforschung an den Pranger zu stellen:
»Linke Dramatisierer kennen Arme nur als Opfer und die Sozialhilfe als Kontrolle«, wird einleitend befunden; der »dynamischen
Armutsforschung« sind beide ein Greuel, die selbsternannten linken »Sozialanwälte« und die »rechten Finanzanwälte«. Denn von
wissenschaftlicher Wahrheit sind »linke wie rechte Weltsichten«
gleich weit entfernt. Endgültig wird auf den Müllhaufen der Geschichte befördert, was Armutsentwicklungen noch mit »Klassen-
spaltung« und »Klassenkampf« in Verbindung bringen könnte: »das
Modell einer Zweidrittelgesellschaft«. Die Botschaft an eine leicht
beunruhigte Öffentlichkeit ist willkommen, wenn auch vielleicht
nicht ganz so eindeutig als »frohe Botschaft« gemeint – aber wer ist
schon dafür verantwortlich, wie andere seine Botschaft aufnehmen: »Die Sozialhilfe ist besser als ihr Ruf: sie trägt viele Menschen
über Lebenskrisen hinweg [...]. Armut ist [...] oft eine Übergangszeit in kritischen Lebensphasen. Sie kann geradezu Teil der Lebens-
gestaltung sein, etwa bei alleinstehenden Müttern mit Kindern
[...]. Sie nutzen die Hilfe produktiv, um eigene Lebensziele zu verwirklichen... Nach Jahren vermochten sie es, die Sozialhilfe unbe-
schädigt zu verlassen [...]. Andere, die keine Chance in der Arbeitsgesellschaft mehr hatten [...], fanden in ein lebbares Leben
mit der Sozialhilfe hinein.«

So sortieren sich »Arm und Reich« auch im Wissenschaftsbetrieb.
Einer »dramatisierenden« Armutsforschung, die im Geruch stand,

sich mit den Armen gemein zu machen, tritt die vornehme Kritik einer hoffähigen »dynamischen Armutsforschung« gegenüber, die ihre Contenance nur dort verliert, wo sie sich nach unten abgrenzen muß. Wie dem auch sei, Forschungsansatz und -fragestellung dieser »dynamischen Armutsforschung« sind so wichtig, daß es sich lohnt, den Ärger über die fragwürdige Ausgrenzungspolemik zu vergessen und genauer hinzuschauen, was sich an wichtigen Befunden hinter dem Pulverdampf und Kanonendonner verbirgt. Schauen wir uns also an, was bislang von der dynamischen Armutsforschung am häufigsten und lautesten »ins Feld geführt« wurde, die berühmte Bremer Untersuchung über »Sozialhilfekarrieren«: 1983 wurde eine 10-Prozent-Stichprobe aller Neuzugänge in die Bremer Sozialhilfe (Hilfe zum Lebensunterhalt) ausgewählt; das waren 514 Fälle oder Akten, die in den folgenden sechs Jahren, bis 1989 also, »verfolgt« wurden. Die Befunde lauteten: 57 Prozent dieser Neuantragsteller von 1983 waren sogenannte Überbrücker, Kurzzeitbezieher mit einer durchschnittlichen Bezugsdauer von vier Monaten; 17 Prozent waren »Mehrfachüberbrücker«, Sozialhilfebezieher, die im untersuchten Zeitraum häufig, aber jeweils nur wenige Monate Leistungen bezogen; 7 Prozent waren »Pendler«, die im Durchschnitt während der Hälfte der Untersuchungsphase, verteilt über mehrere »Episoden«, Leistungen bezogen; 4 Prozent waren »Ausbrecher«, die zwar für eine lange Zeit – im Durchschnitt 34 Monate – auf Sozialleistungen angewiesen waren, danach aber »dauerhaft«, d. h. für den Rest der sechs Jahre aus der Sozialhilfe ausstiegen; und 14 Prozent schließlich waren Langzeitbezieher mit einer durchschnittlichen Bezugszeit von 63 Monaten innerhalb der 72 verfolgten Monate.

Ein paar Fragen fallen auch dem Laien spontan dazu ein:

- Ist diese Stichprobe von 1983 typisch für Bremen, wie verhielten sich vergleichbare Stichproben in den Jahren vor und nach 1983, welche langfristigen Veränderungen in der Stärke der Teilgruppen gibt es?
- Ist die Bremer Stichprobe von 1983 typisch für vergleichbare andere deutsche Städte, für ländliche Gebiete; welche räumlichen Unterschiede gibt es, was die zahlenmäßige Stärke der »Karrieregruppen« anbelangt?

- Woher kamen die »Überbrücker«, »Pendler« und »Ausbrecher«, wo gingen sie hin, wie nahe an der Armutsgrenze lebten sie in den Phasen ohne Sozialhilfebezug, und was hat sich da in den letzten Jahrzehnten geändert?
- Sind die 14 Prozent Langzeitbezieher eher viel oder eher wenig, wie groß war ihr Anteil in den zehn Jahren zuvor, wie in den folgenden zehn Jahren?
- Wie viele Sozialhilfeberechtigte haben 1983 keinen Unterstützungsantrag gestellt, wie hat sich die Zahl dieser »verdeckten« Armen langfristig verändert, und wie sind bei dieser Gruppe die »Karrieretypen« verteilt?
- Auch wenn »nur« etwa 15 Prozent aller jährlichen Neuzugänge in die Sozialhilfe »Langzeitbezieher« sind, wie groß ist deren Anteil am Gesamtbestand der Sozialhilfeabhängigen – 40 – 50 – 60 Prozent?

Daß diese Fragen wichtig sind, dürfte auf der Hand liegen, daß sie im Rahmen des Bremer Projekts nur zum Teil beantwortet werden können, ist den Forschern nicht vorzuwerfen. Warum aber bei soviel offenen Fragen dieser bombastische Theaterrummel?! Nicht einmal das wichtigste und am lautesten vorgetragene Ergebnis der dynamischen Armutsforschung steht sicher: Langzeitarme seien die Ausnahme, das neue Bild der Armut habe »die übliche Sicht« widerlegt, nach der »Armutslagen... immer länger« dauern, »die Betroffenen sich in einem Teufelskreis« befinden, »aus dem sie nicht mehr herauskommen« und »Armut in der Regel schwerwiegende soziale und psychische Folgen« habe. Wir wissen einfach nicht, wie groß der Anteil von Langzeitarmen unter den Sozialhilfebeziehern ist, vernünftige Schätzungen vermuten etwa 40 Prozent. Noch weniger wissen wir, wie das vor zehn Jahren war und wie es in zehn Jahren sein wird. Und über die Entwicklung von Langzeitarmut jenseits der »bekämpften« Armut ist unser Wissen noch dürftiger. Eben weil wir hier so wenig Gesichertes wissen, sind Untersuchungen wie die der Bremer so wichtig, ist der Ansatz der dynamischen Armutsforschung so unverzichtbar und ist die polarisierende Polemik so töricht und überflüssig.

Was also ist festzuhalten? »Armut hat viele Gesichter: sie ist lang und kurz, verfestigt und überwindbar, weiblich und männlich und betrifft ›Randgruppen‹ und andere Bürger und Bürgerinnen bis hinein in mittlere soziale Schichten.« Nun, damit war zu rechnen. Seit Mitte der siebziger Jahre, also erst seit zwei Jahrzehnten, breitet sich Armut in Deutschland wieder aus, nimmt von niemandem erwartete Dimensionen an, trifft alte und neue soziale Gruppen und ist, wie alle wissen, ganz wesentlich verursacht von einer langfristigen und unabsehbaren Strukturkrise der Arbeitsmärkte. Die Herausbildung stabiler Armutsgruppen und die Entstehung ausgegrenzter Armutszonen braucht Zeit. Ein bis zwei Generationen mindestens sind nötig, und das ist gut. So hat Sozialpolitik in einem reichen Land alle Möglichkeit und Zeit, die sie braucht, um die fatale soziale, ethnische und räumliche Verfestigung von Armut zu bekämpfen – wenn sie rechtzeitig die Zeichen der Armutsentwicklung erkennt und ernst nimmt. Darauf hinzuweisen, laut und pointiert, hat mit ideologischer Dramatisierung nichts zu tun, eher etwas mit der politischen Verantwortung, die auch Sozialwissenschaftler haben.

Noch steht die Armutsentwicklung in Deutschland am Anfang; noch gibt es eine breite stabile Mittelschicht, und auch innerhalb des von Armut bedrohten und betroffenen unteren gesellschaftlichen Drittels ist der Kern von dauerhaft Verarmten noch relativ klein. Noch sind die sogenannten sozialen Brennpunkte in deutschen Ballungsgebieten nicht vergleichbar mit den Elendsvierteln der USA oder Großbritanniens, und noch sind die meisten derjenigen, die in Deutschland neu unter die Armutsgrenze fallen, in der Lage, sich aus eigener Kraft und mit staatlicher Hilfe aus der Armutsfalle wieder zu befreien; noch verfügt diese Gesellschaft im Überfluß über finanzielle und moralische Ressourcen für eine gerechtere Verteilung des immensen Reichtums, auch ohne allzu schwere Belastungen der wohlhabenden Hälfte der Gesellschaft wäre das System sozialer Sicherung und Hilfe den gewandelten Bedingungen anzupassen. Darauf hinzuweisen ist auch das Verdienst der neuen »dynamischen Armutsforschung«.

Geradezu fatal und verantwortungslos aber ist es, die »noch« recht günstigen Befunde aus den achtziger Jahren einfach in die Zukunft zu verlängern und eine wachsende »Demokratisierung« der Armutsrisiken zu suggerieren: als sei Armut eine meist kurze, vorübergehende Episode im Leben der meisten Menschen, deshalb auch nicht verbunden mit Diskriminierung und Ausgrenzung und auch für die Betroffenen nicht mit tiefen Kränkungen und Verletzungen verbunden, etwas durchaus Normales also, das jeden treffen kann wie eine Grippe. Zu deutlich sind die Hinweise, daß gegenwärtig sich Muster sozialer, ethnischer und räumlicher Ausgrenzung herausbilden, daß die verschiedenen Dimensionen von Unterversorgung sich bei bestimmten sozialen Gruppen und in bestimmten städtischen Räumen häufen. Die lokale Armutsforschung beginnt überhaupt erst seit wenigen Jahren, solche Segregationslinien zu untersuchen. Daß die Langzeitarbeitslosigkeit wächst – und mit ihr die wichtigste Quelle von Langzeitarmut –, ist nicht zu bestreiten, und daß die Armutsentwicklung ihre größte Dynamik bei Kindern und Jugendlichen hat, ebenfalls nicht. Beides sind entscheidende Hinweise dafür, daß wir es in Deutschland in Zukunft immer mehr mit den Problemen und Folgen von Langzeitarmut zu tun haben werden und in ihrer Folge mit der sozialen, ethnischen und räumlichen Ausgrenzung eines eher wachsenden Teils der Bevölkerung. Die Frage, wieviel soziale Ungleichheit eine tolerante und demokratische Gesellschaft sich leisten will und kann, ohne ihre humanen, moralischen Ressourcen zu verspielen, steht aktuell auf der Tagesordnung.

Katharina Bluhm
Wer darf mit ins West-Boot?
Geteilte Integration in die westdeutsche Arbeitsgesellschaft

Der gesellschaftliche Umbruch und die staatliche Einigung führten in Ostdeutschland zu einer rasanten Auf- und Abwertung sozialer Positionen. Neue gesellschaftliche Rollen wurden erzeugt, die es zu besetzen galt, und es wurde für kurze Zeit das Fenster für eine umfangreiche Neuverteilung sozialer Chancen geöffnet. Dazu gehören auch soziale und kulturelle Differenzierungsprozesse, die der DDR als einer wenig ausdifferenzierten Gesellschaft mit unterdrückten soziokulturellen Darstellungsmöglichkeiten von Distinktion und Ungleichheiten ebenso unbekannt waren wie die Erfahrung der Arbeitslosigkeit. Bereits nach drei Jahren deutscher Einigung waren – laut Institut für Arbeitsmarkt und Berufsforschung – fast zwei Drittel der Ostdeutschen nicht mehr in ihren alten Betrieben beschäftigt. Diese Zahl gibt einen Eindruck davon, wie sehr die vormals immobile DDR-Gesellschaft seit 1989 in Bewegung geraten ist.

Subjektiv bleibt das Bewußtsein vermeintlich ähnlicher Startbedingungen lange Zeit präsent – auch in den konkreten Lebensumständen, etwa weil der frisch aufgestiegene Personalchef und die von ihm entlassenen Kollegen noch Tür an Tür in denselben Plattenbauten eines Neubaugebietes wohnen. Freilich plant ersterer schon seinen Auszug. Um so erstaunlicher ist es, daß entlang der neuen Differenzierungslinien kaum innerostdeutsche Spannungen und Frustrationen zutage treten und öffentlich werden. Eine Erklärung liegt nah: Durch die staatliche und wirtschaftliche Vereinigung und den Institutionentransfer von West nach Ost ist der Transformationsprozeß weitgehend extern gesteuert, d. h. durch Akteure und Regeln aus einem anderen gesellschaftlichen Kontext. Wie keine andere Transformationsgesellschaft können deshalb die Ostdeutschen die wirtschaftlichen und sozialen Folgeprobleme auf externe Verursacher zurückführen. Dies trug zweifelsohne zur Aufladung der Ost-West-Differenzen bei, entschärfte aber zugleich potentielle interne Konflikte der ostdeutschen Transformationsgesellschaft. Die rasche staatliche, wirtschaftliche und sozialpolitische Integration Ostdeutschlands hat zum einen bestimmte Entwicklungspfade neuer Ungleichheit abgedämpft bzw. mit einer kräftigen Ost-West-Konnotation versehen, zum anderen hat sie aus dem Westen bereits bekannte Ungleichheitsmuster zugespitzt. Dies gilt insbesondere für die Integrationschancen in die neue Arbeitsgesellschaft unter der Bedingung von Massenarbeitslosigkeit. Das Ergebnis unterscheidet sich deutlich von den Entwicklungen in den osteuropäischen Reformstaaten, ist aber auch keine 1:1-Übersetzung westdeutscher Verhältnisse.

Dämpfung und Deckelung sozialer Differenzierung

In den östlichen Reformstaaten ist die soziale Differenzierung in unten und oben deutlicher als in den neuen Bundesländern. Ostdeutschland erscheint im Vergleich der Transformationsgesellschaften wegen der Übertragung des westdeutschen Wohlfahrtsstaates und des damit verbundenen Finanztransfers meist als privilegierter Sonderfall, der am Rande verhandelt wird. Die rasche Funktionsfähigkeit der sozialen Sicherungssysteme verhinderte trotz Deindustrialisierung und Massenarbeitslosigkeit eine massenhafte Verarmung der ostdeutschen Bevölkerung und bot im großen Stil Auffangmöglichkeiten wie Frühverrentung, Arbeitsbeschaffungsmaßnahmen und Umschulung. Während in den Reformstaaten das Existenzminimum Arbeitsloser nur unzureichend gesichert ist, zog die deutsche Währungsunion und das rasche, von der Produktivität abgekoppelte Ansteigen der Löhne den einmaligen Effekt nach sich, daß die Kaufkraft auch für viele Arbeitslose oder Kurzarbeiter im Vergleich zu ihrer Lebenssituation in der DDR stieg. Der Verlust von Arbeit, die Entwertung von geleisteter Arbeit und Qualifikation und die damit einhergehende persönliche Sinnkrise waren also gerade in der Anfangsphase von einer deutlichen Erweiterung der Konsummöglichkeiten begleitet.

Im Unterschied zu den Dämpfungseffekten am unteren Ende sind die Deckelungseffekte sozialer Differenzierung am oberen Ende kaum Thema. Aber auch sie waren Konsequenz der extern, von westdeutschen Akteuren und Institutionen geformten Systemtransformation. Aufgrund der Integration in ein bestehendes Staatsgebilde war die Phase institutioneller Unsicherheit außerordentlich kurz, d. h. jene Phase, in der die bisherigen gesellschaftlichen Regeln ihre Bindekraft verloren haben, neue aber noch nicht durchgesetzt sind. Damit blieben auch die in Übergangssituationen typischen Handlungsspielräume zum Anhäufen materiellen Reichtums eng bemessen. Anders als in Polen oder Ungarn, wo die Transformation als ein längerer Reformprozeß verläuft, kam es in der Endphase der DDR z. B. kaum zu unerwünschten Umverteilungen staatlichen Eigentums oder zu einer von Industriemanagern selbst organisierten »spontanen« Privatisierung im Vorfeld ordentlicher Privatisierungsverfahren. Der Währungshandel nach der Maueröffnung etwa oder die Vereinigungskriminalität im Umfeld der Währungsunion waren nur ein schwacher Abglanz des unter anderen Bedingungen Möglichen. Die Restitutionspolitik der Bundesregierung, das hohe Tempo der Privatisierung und ihre Ausrichtung auf möglichst etablierte westliche Unternehmen taten ein übriges, um bei der Umwandlung des Staatseigentums die Ungleichheit zwischen den Ostdeutschen nicht allzu groß werden zu lassen. Ein Blick auf die Privatisierungsbilanz verdeutlicht dies. Lediglich sechs Prozent der privatisierten industriellen Basis gingen an Ostdeutsche; im Dienstleistungsbereich fällt das Resultat noch drastischer aus, da die ehemaligen Staatsmonopolisten in den Bereichen Banken, Handel und Versicherungen von westdeutschen Großunternehmen übernommen wurden.

Nicht zu vergessen ist schließlich die Neubesetzung der Entscheidungsfunktionen in Wirtschaft, staatlicher Administration und Wissenschaft – zum einen durch westdeutsche Akteure, also durch den Eliten-»import« an der Spitze, zum anderen durch ostdeutsche Aufsteiger, die man aber meist erst in der zweiten Reihe antrifft. Dieser massive und im Vergleich zu den europäischen Reformstaaten einmalige Austausch der alten Funktions- und Machteliten hat in Ostdeutschland einen Prozeß abgebremst, der sonst gerade in der Übergangsphase zu beobachten ist, nämlich die Nutzung privilegierter sozialer Positionen im alten System (in Kombinaten, Ministerien, Planungsbehörden, Außenhandelsgesellschaften etc.) und der damit verbundenen Beziehungsnetze für die Bildung von ökonomischem Kapital oder Vermögen. Dem widerspricht nicht, daß sich der neue (kapitalschwache) Mittelstand auch aus dieser Klientel rekrutiert. Höhere Bildung, flexible Qualifikationen und Organisationserfahrungen sind ohne Zweifel wichtige Startvoraussetzungen in die – nicht selten erzwungene – Selbständigkeit. Dabei handelt es sich aber im wesentlichen um kulturelles Kapital (Bildung, Wissen), weniger um besondere soziale Ressourcen wie Status und Position, die in ökonomisches Kapital umgewandelt werden können.

Mag man dies nun beklagen oder befürworten, im Ergebnis läßt sich festhalten, daß durch die rasche Westintegration bestimmte innerostdeutsche Differenzierungsprozesse abgebremst wurden, nicht nur durch die sozialen Sicherungssysteme und den Finanztransfer, sondern auch durch die skizzierten Deckelungseffekte. Dabei ist wohl unbestreitbar, daß diese Entschärfung gerade im Umgang mit dem Eigentum der DDR von verschärften Ost-West-Frustrationen begleitet ist. Die arbeitsmarktpolitische Abfederung und die erweiterten Konsummöglichkeiten waren hingegen politisch durchaus wirkungsvoll, denkt man nur an den mehrmals angekündigten, aber doch stets ausgebliebenen »heißen Herbst«. Dies ist jedoch nicht mit einer gelungenen sozialen und politischen Integration gleichzusetzen.

Bekannte Ungleichheitsmuster in neuer Qualität

Der gebremsten sozialen Differenzierung in den neuen Bundesländern stehen zugleich krasse Spaltungstendenzen gegenüber. Sie kristallisieren sich allerdings nicht um die Etablierung der neuen Eigentumsordnung, sondern verfestigen sich entlang der Zugangsprobleme zur neuen, arbeitsmarktvermittelten kompetitiven Arbeitsgesellschaft, die die paternalistische Arbeitsgesellschaft staatssozialistischer Prägung abgelöst hat. Die Spaltungslinie zwischen jenen, die sich vermittels Erwerbsarbeit einen anerkannten Platz in der neuen Gesellschaft sichern können, und den davon Ausgeschlossenen scheint in den neuen Bundesländern sogar schärfer gezogen zu sein als in anderen Transformationsgesellschaften. Durch die niedrig bewerteten Währungen und geringere Löhne wirkt dort der Druck zu Produktivitätssteigerung und Personalabbau weniger abrupt und massiv. Außerdem scheint es mehr Zwischenformen (weder Arbeit noch Nicht-Arbeit) zu geben als im regulierten deutschen System, schon deshalb, weil viele Osteuropäer mehrere Jobs ausüben müssen, um ihren Lebensunterhalt zu verdienen.

Die alten Bundesländer kennen seit Jahren das Phänomen von Dauerarbeitslosigkeit und damit die Probleme der Reintegration in den Arbeitsmarkt. Auch daß es besondere Risikogruppen wie Ältere und Frauen (besonders solche mit Kindern) gibt, ist bekannt. Angesichts der extremen Verknappung des Arbeitsplatzangebots verwundert es daher nicht, daß sich diese Phänomene auch in Ostdeutschland rasch ausgebreitet haben. Sie haben aber neue quantitative wie qualitative Zuspitzungen erfahren. So ist es wohl historisch einmalig, daß nahezu eine ganze Generation, nämlich die über 55jährigen, durch den massiven Personalabbau und die Vorruhestandsregelungen der Bundesregierung aus dem Arbeitsleben ausgemustert wurde – eine Generation, die sich vor kurzem noch als Leistungsträger der DDR-Arbeitsgesellschaft sehen durfte. Noch problematischer ist aber die Situation für die 45- bis 55jährigen. Sie sind zwar in den geschrumpften Betrieben nicht zuletzt aufgrund des sozial geregelten Personalabbaus besonders stark vertreten; ihr Arbeitsplatz bleibt jedoch gefährdet. Gelingt es ihnen nicht, einen möglichst direkten Wechsel auf einen anderen Arbeitsplatz zu vollziehen, tragen sie ein besonders hohes Risiko, für immer aus dem ersten Arbeitsmarkt ausgegliedert zu werden. Man traut ihnen weniger als den Jüngeren zu, mit den geforderten Anpassungs- und Lernprozessen fertig zu werden. Zugleich können die Betroffenen noch nicht auf die gesellschaftlich anerkannte Alternativrolle eines Frührentners mit entsprechender Grundsicherung zurückgreifen. Es wird daher ein weiteres Ansteigen des ohnehin hohen Anteils dieser Altersgruppe an der sich aufbauenden Sockelarbeitslosigkeit erwartet.

Neben dem Alter spielt bekanntlich das Geschlecht bei der Benachteiligung am Arbeitsmarkt eine zentrale Rolle, was auch in den neuen Bundesländern rasch zu einem typischen Ungleichheitsmuster geworden ist. Es trifft hier aber auf einen hohen Anteil ehemals berufstätiger Frauen, die nach wie vor Erwerbsarbeit als einen normalen Bestandteil ihrer Biographien ansehen und nicht selten in Lebensentwürfen stecken (z. B. alleinstehend mit mehreren Kindern), die auf gesicherte ökonomische Selbständigkeit durch Erwerbsarbeit aufgebaut sind. Gerade diese Frauen tragen bekanntlich ein hohes Armutsrisiko. Als »Zweit- oder Zusatzverdienerinnen« sind Frauen nach 1990 vielfach die ersten gewesen, die nach den »Bummelanten« und »Taugenichtsen« ihren Arbeitsplatz räumen mußten. 1994 lag die durchschnittliche Arbeitslosenquote der Frauen in den neuen Bundesländern doppelt so hoch wie die der Männer, und 77 Prozent der Langzeitarbeitslosen waren weiblich. Besonders betroffen sind ältere (Fach-)Arbeiterinnen; aber auch Frauen mit Kindern unter zwölf Jahren tragen ein erhöhtes Arbeitslosigkeitsrisiko, und zwar unabhängig von Ausbildung oder Branche. Darüber hinaus müssen sich Frauen viel häufiger den Wiedereinstieg in das Erwerbsleben durch Dequalifizierung und schlechtere Beschäftigungsverhältnisse erkaufen. Die trotz der typischen Doppelbelastung der Frauen in der DDR durch Haushalt und Beruf und trotz der hohen Arbeitslosigkeit über dem westdeutschen Durchschnitt liegende »Erwerbsneigung« von Frauen verdeutlicht, daß die angebotene »Alternativrolle« Hausfrau in geringerem Maße angenommen wird, als mitunter mit Blick auf den überfüllten Arbeitsmarkt erhofft wird. Beschäftigungsprognosen, die einen weiteren Rückzug ostdeutscher Frauen vom Arbeitsmarkt zugrunde legen, können eigentlich nur zynisch auf einen erzwungenen Wertewandel setzen. Würde man umgekehrt die ostdeutsche »Erwerbsneigung« auf die ganze Bundesrepublik übertragen, verdoppelte sich – nach Schätzungen des Instituts für Wirtschaftsforschung Halle (IWH) – die gegenwärtige Zahl der registrierten Arbeitslosen auf rund 6,5 Millionen.

Arbeitslosigkeit in der Bundesrepublik ist auch bei längerer Dauer nicht unmittelbar oder zwangsläufig mit Armut verknüpft. Arbeitslosigkeit bedeutet aber – vor allem, wenn sie anhält – neben

Einkommenseinbußen Entwertung von Qualifikation sowie Entzug von gesellschaftlicher Anerkennung und sozialen Kontakten. Da die modernen Industriegesellschaften auf Erwerbsarbeit als wesentliche Achse sozialer Integration zentriert sind, bedroht Arbeitslosigkeit auch das gesellschaftliche Dasein der Betroffenen. Der Wechsel des Gesellschaftssystems lädt diese Problemlage zusätzlich auf. Viele Qualifikationen und soziale Positionen verlieren allein schon durch den Systemwechsel und den damit einhergehenden umfassenden Strukturwandel an gesellschaftlichem Wert, und zwar in einem Ausmaß, das in den räumlich oder sektoral begrenzten Strukturkrisen des Westens nicht bekannt ist. Dabei geht es nicht selten um den Wert einer ganzen Berufsbiographie, der etwa davon geprägt ist, wo man gearbeitet hat, in welcher Stellung, in welchem Beruf. Gelingt kein rascher Wiedereinstieg in ein neues Beschäftigungsverhältnis oder über Qualifizierungsmaßnahmen in einen neuen Beruf, so wird diese Entwertung zu einem dauerhaften Wettbewerbsnachteil und kann für die Betroffenen zu einer »lebensgeschichtlichen Krise im strengen Sinne«[1] werden.

Transformationsspezifisch ist auch, daß der Verlust von Erwerbsarbeit den Ausschluß aus wesentlichen Lern- und Anpassungsprozessen bedeutet, die die »Neubürger« gleichsam in einer Art nachholender Sozialisation vollziehen müssen. Dies betrifft den – neben der formalen Qualifikation – wichtigen Bereich der veränderten gesellschaftlichen Verhaltensstandards und -strategien, die eine allgemeine Wettbewerbsbedingung in der westdeutschen Arbeitsgesellschaft darstellen – wie z. B. Verhaltensstrategien in einer Bewerbungssituation. Nicht selten sind sie für konkrete Berufsbilder westlichen Zuschnitts, etwa den kaufmännischen Angestellten in der privaten Wirtschaft, unabdingbar. Viele dieser Qualifikationen lassen sich nur schwer jenseits geregelter Erwerbsarbeit und praktizierter Arbeitsrollen erlernen, vor allem dann, wenn man nicht zuvor das Ausbildungssystem dieser Gesellschaft durchlaufen hat. Die zunehmende kulturelle Differenzierung in der ostdeutschen Bevölkerung zwischen einem Teil, der sich im Verhaltensstil westdeutschen Mustern annähert und sich kulturell in diese Richtung orientiert, und jenen, die viel stärker noch ostdeutsche Identität zu verkörpern scheinen, ist nicht nur eine Generationsfrage und ein Problem individueller Disposition. Sie hängt auch mit den Chancen auf soziale Integration in die neue Arbeitsgesellschaft zusammen, die dem einzelnen zur Verfügung stehen, d. h. mit den Möglichkeiten des einzelnen, sich neue oder veränderte gesellschaftliche Rollen anzueignen und über sie gesellschaftliche Anerkennung zu erlangen. Je prägender die veränderten Verhaltensstandards für einzelne Berufsgruppen, Berufspositionen, Branchen oder Sektoren sind, um so wichtiger werden sie als Wettbewerbsfaktor und damit auch als Einstiegsbarrieren. Wenn etwa einer der ersten Ostdeutschen in der Führungsetage eines westdeutschen Unternehmens im *Spiegel* Anfang 1995 herauskehrt, daß man ihm den »Ossi« nicht mehr anmerke, verdeutlicht das, wie stark die westdeutschen Muster bei der beruflichen Neuorientierung wirken können und wie sie kulturelle Differenzierungslinien zwischen den Ostdeutschen formen. Für die bereits erwähnten kaufmännischen Angestellten diagnostizieren Holle Grünert und Burkart Lutz eine regelrechte Dichotomisierung zwischen jenen, die in den Betrieben verblieben und sich durch interne Qualifizierung und Praxis den neuen Standards anpassen konnten, und denjenigen, die überhaupt erst wieder in derartige Beschäftigungsverhältnisse hineinkommen wollen.[2] Auch die Geschäftsführerin eines mittleren Unternehmens betonte schon 1992 in einem Interview eine sich auftuende »kulturelle Kluft«, welche die Beschäftigten in ihrem Betrieb, die den Übergang zu Marktwirktschaft, Reorganisation und Privatisierung mitvollzogen und die neuen Verhaltensstandards erworben haben, von den anderen trennt, die von diesem Prozeß ausgeschlossen blieben.

Potenzierte Krise der Arbeitsgesellschaft

Für den zukünftigen Umgang mit ostdeutschen Arbeitsmarktproblemen spielt die Situationsdeutung eine wesentliche Rolle. Handelt es sich also »bloß« um die Folgekosten der Transformation einer unvorbereiteten Gesellschaft und maroden Wirtschaft, die eben Zeit braucht und damit auch eine längere arbeitsmarktpolitische Überbrückungsphase? In diesem Sinne waren die Maßnahmen aktiver Arbeitsmarktpolitik zumindest von seiten staatlicher Akteure und der Unternehmensverbände definiert, die auf die neuen Bundesländer übertragen und um wichtige neue Elemente, wie das umfangreiche Netzwerk an Beschäftigungsgesellschaften und deren Trägerstrukturen, erweitert wurden. Der rasche Aufbau eines Sockels von Langzeitarbeitslosen trotz dieser Maßnahmen und trotz Abwanderung in den Westen sowie die eher düsteren Prognosen haben inzwischen die Hoffnung auf ein ausgewogeneres Verhältnis von Arbeitsplatzangebot und -nachfrage zunichte gemacht. Selbst ein kräftiger Boom der Wirtschaft in den neuen Bundesländern wird voraussichtlich die Beschäftigungsprobleme nicht lösen. Doch auch für die alten Bundesländer wird das Konzept reiner arbeitsmarktpolitischer Überbrückung immer fragwürdiger (was natürlich nicht den gegenwärtig erhobenen Forderungen nach zeitlicher Begrenzung der Arbeitslosenhilfe oder Kürzung des Arbeitslosengeldes das Wort reden soll). Hatten die 50er und 60er Jahre der Bundesrepublik durch die Verkoppelung von Massenproduktion und kontinuierlichen konsumwirksamen Lohnzuwächsen und individuellem Konsumzuwachs der Bundesrepublik »einen kurzen Traum immerwährender Prosperität« (B. Lutz) beschert, so sind seit Mitte der 70er Jahre Angebot und Nachfrage nach Arbeit mehr und mehr aus dem (allemal dynamischen) Gleichgewicht geraten. Der zunehmende Sockel an Arbeitslosen wurde durch einzelbetriebliche Modernisierungsstrategien nicht aufgefangen, sondern verbreitert. Seit Ende der 80er Jahre kommt hinzu, daß bisher relativ sichere Märkte der (west-)deutschen Industrie, in denen sie nicht durch Kostenvorteile, sondern durch Qualität, Flexibilität und Kundennähe konkurrierte, von früheren Massenproduzenten in Südostasien erobert werden. Nach dem Zusammenbruch des Ostblocks bieten sich zudem qualifizierte, billige Arbeitskräfte unmittelbar vor der Haustür an, die vor dem Hintergrund der neuen internationalen Konkurrenz zunehmend interessant werden.

Die gegenwärtige Verschärfung der Debatten um Deregulierung, die Zukunft des Flächentarifvertrages, neue Arbeitszeitmodelle ohne Lohnausgleich oder die untertarifliche Beschäftigung von Langzeitarbeitslosen verdeutlichen, daß es um mehr geht als um konjunkturelle Anpassungen – es stehen vielmehr große Teile des institutionellen und damit auch des sozialen Gefüges der alten Bundesrepublik auf dem Prüfstein. Der Übergang Ostdeutschlands in die kompetitive westdeutsche Arbeitsgesellschaft ist daher nicht nur durch deren Ungleichheitsmuster geprägt, sondern geht mit einem Umbruchprozeß dieser Arbeitsgesellschaft selbst einher und forciert ihn mit. Insofern verliert die Situation in den neuen Bundesländern zwar nicht ihre Besonderheiten, sie hört aber mehr und mehr auf, ein reines Sonderproblem zu sein, das man mittels Finanztransfer und durch situative Anpassung »bewährter« Instrumentarien bewältigen kann. Freilich ist die Lage in den neuen Bundesländern durch das Wegbrechen der industriellen Basis besonders zugespitzt. Sie ist es aber auch, weil der Transformationsprozeß einerseits mit einem Strukturwandel im Westen zusammenfällt, der einer bloßen nachholenden Modernisierung gerade für die ostdeutsche Industrie nur begrenzte Erfolgsaussichten einräumt, und weil andererseits die ostdeutsche Industrie aufgrund ihres Privatisierungs- und hohen Investitionsbedarfs besonders hart von dem konkurrierenden Angebot an industriellen Standorten und qualifizierter, billigerer Arbeit in Osteuropa getroffen wurde, der aus dem Zusammenbruch des sozialistischen Weltwirtschaftssystems insgesamt erwachsen ist. Anfängliche Hoffnungen, durch die Entwicklung des Dienstleistungssektors die Arbeitsplatzverluste in der Industrie zumindest teilweise kompensieren zu können, wurden bisher enttäuscht. Beschäftigungsseitig schlägt darüber hinaus negativ zu Buche, daß dort, wo in den neuen Bundesländern im Industriesektor investiert wurde, wesentlich »schlankere« Betriebe entstanden sind, als man dies von westdeutschen Produktionsstandorten kennt. Die Neugründungssituation und der Systemumbruch haben oftmals die Umsetzung moderner Unternehmenskonzepte wie »lean production« leichter gemacht als in gewachsenen westdeutschen Betrieben. Zu diesen strukturellen Effekten kommt, daß die in den neuen Bundesländern vorhandene Arbeit auf weniger Beschäftigte verteilt wird, da durch die Übergangsregelungen weniger Urlaubstage und längere Arbeitszeiten vorgesehen sind, ganz abgesehen von der weiten Verbreitung untertariflicher Bezahlung und unbezahlter Überstunden.

Ostdeutsche Solidaritätspotentiale?

Angesichts der »geteilten« Integration in die neue Arbeitsgesellschaft und der unvorbereiteten Erfahrung von Arbeitslosigkeit mit ihren Besonderheiten lohnt sich die Frage, ob nicht die Ostdeutschen im Gegenzug auch über besondere Solidaritätsressourcen verfügen. Die Antwort darauf muß freilich ambivalent bleiben. Gewiß, die Abwesenheit von Arbeitsmärkten und Konkurrenz in der DDR, die vielfachen sozialen und kulturellen Funktionen der staatlichen Betriebe und die inszenierte Kollektivität haben eine engere Verknüpfung (oder größere Durchlässigkeit) von Arbeits- und Privatsphäre ermöglicht, als man sie im Westen kennt. Ein darauf gegründeter intensiverer sozialer Zusammenhalt mag – solange man noch im Betrieb ist und alte Arbeitszusammenhänge erhalten bleiben – fortwirken. Wenn Gewerkschafter klagen, daß etwa im Großhandel Beschäftigte mit ohnehin niedrigen Löhnen freiwillig und an der Organisation vorbei auf Teilzeitarbeit gehen, um Entlassungen zu vermeiden, so spricht das für mobilisierbare Solidarität. Allerdings ist schwer zu ermessen, inwieweit ein solches Verhalten im Osten ausgeprägter ist als im Westen. Diese Solidarität ist jedoch stark an die gemeinsame Arbeitswelt gebunden. Sie beruht auf individuellem Handeln, individueller Lösungssuche für bekannte Personen oder Personengruppen in einem konkreten Kontext (seien es nun Kollegen in einer Arbeitsgruppe oder Partner in einem quer zu den formalen Strukturen liegenden informellen Netzwerk).

Mit dem Verlust des Arbeitsplatzes verlieren die Betroffenen meist auch den Kontakt zu ihren bisherigen Kollegen, da die gemeinsame Basis der Arbeitswelt verlorengeht. Hilflosigkeit, Scheu und Ohnmacht im Umgang mit dem neuen Problem sind die Folgen, für das der mitgebrachte Verhaltensvorrat keine Muster bereithält. Die Erfahrungen aus der DDR-Gesellschaft enthalten daher für die neue Situation im Kern nichts Auszeichnendes, keine besonderen Solidaritätspotentiale. Mehr noch, an der Schnittstelle von Betrieb und Umwelt registrieren die Gewerkschaften sogar mangelnde Solidarität und eine Spaltung ihrer Mitglieder in die regulär Beschäftigten, die Beschäftigten in Arbeitsbeschaffungs- und Qualifizierungsmaßnahmen sowie die völlig Ausgegliederten. So stößt die gewerkschaftliche Orientierung auf einen Abbau von Überstunden mit dem Ziel, Neueinstellungen zu befördern, auf wenig Gegenliebe bei den Beschäftigten. Im Gegenteil, ein Gewerkschafter stellt etwas resigniert fest: »Es werden Überstunden auf Teufel-komm-raus geschrubbt.« Es sei dahingestellt, ob solche Forderungen in der alten Bundesrepublik unter ähnlichen Bedingungen erfolgreicher sein würden. Wichtig ist, daß es dabei um Solidarität geht, die sich im Medium von Politik bewegt und über intermediäre Organisationen (wie Gewerkschaften) vermittelt wird. Für diese Art von Solidarität gab es in der DDR keinen vom Staat unabhängigen kollektiven Modus.

Ein politischer Rückgriff auf eine vermeintliche ostdeutsche Identität als gemeinsame Solidaritäts- und Mobilisierungsressource bietet da kaum eine Alternative. Die Schwäche originär ostdeutscher Organisationsansätze, etwa der rasch erschlafften Komitees für Gerechtigkeit, belegen dies. Auch das Fehlen gerade der mittleren Jahrgänge bei den PDS-Mitgliedern ist ein Indiz dafür. Zu stark sind die sozialen und kulturellen Differenzierungs- und Spaltungstendenzen in den neuen Bundesländern – trotz der skizzierten Entschärfung innerostdeutscher Spannungslinien.

Auf der anderen Seite gibt es durchaus deutliche Unterschiede im Umgang mit Arbeitslosigkeit. Arbeitslosigkeit wird infolge ihrer weiten Verbreitung primär als kollektives Schicksal erfahren und erscheint viel weniger als individuelles Leistungsversagen. Diese Kollektiverfahrung trägt zweifellos zu einem breiteren Verständnis der sozialen Umwelt für die Lebenssituation der Betroffenen bei. Arbeitslosigkeit wirkt daher weniger stigmatisierend, vergleichbar vielleicht mit der Situation in den langjährigen Krisenregionen Westdeutschlands. Eine Mobilisierung von Solidaritätsressourcen folgt daraus aber noch nicht.

Besonders bemerkenswert ist, daß ein beachtlicher Teil der Vorruheständler, Arbeitslosen und Beschäftigten des zweiten Arbeitsmarktes an ihrer Gewerkschaftsmitgliedschaft festhalten. Bei der sächsischen Industriegewerkschaft Metall liegt dieser Anteil bereits bei über 50 Prozent, und auch andere Einzelgewerkschaften weisen einen hohen Anteil auf. Das ist ein absolutes Novum, auf das sich Gewerkschaftspolitik verstärkt einstellen muß, wenn sie dieses

Organisationsreservoir ernst nimmt; und es schiebt das Solidaritätsproblem viel stärker in die Organisation hinein – zumindest vorläufig.

Die Überstundenproblematik verdeutlicht, wie rasch dabei Interessenkonflikte zutage treten und damit die Gewerkschaften vor ein schwer lösbares Dilemma zwischen Interessenheterogenität und Solidaritätsanforderungen stellen. Dieses Beispiel zeigt auch, daß praktische Lösungsansätze von den »Arbeitsplatzbesitzern« mitgetragen werden müssen, und zwar auch dann, wenn der eigene Betrieb nicht unmittelbar auf der Kippe steht; sonst sind sie leicht zu unterlaufen. Das geht aber dauerhaft nur, wenn sie attraktiv sind. Ob solche Lösungsansätze gefunden werden, hängt jedoch nicht allein vom Organisationspotential der Gewerkschaften oder dem Willen der Tarifparteien insgesamt ab, sondern auch von der Veränderung des institutionellen Umfeldes, das den Gestaltungsspielraum möglicher Lösungen strukturiert. Denkbar wäre z. B. die stärkere Entkoppelung der sozialen Sicherungssysteme (wie das Rentensystem) von der Erwerbsarbeit, so daß Teilzeitbeschäftigung, Qualifizierungsurlaub oder gar ein schrittweiser Ausstieg aus dem Arbeitsleben für Ältere in Hinblick auf die Altersversorgung weniger riskant sind bzw. überhaupt erst möglich werden.

Der Druck auf die Institutionen der (west-)deutschen Arbeitsgesellschaft ist gegenwärtig so hoch wie nie in ihrer Nachkriegsgeschichte. Und vieles deutet darauf hin, daß durch institutionelle Veränderungen die Spaltung der Gesellschaft eher noch verschärft wird, bei der ein immer kleiner werdender Teil von Beschäftigten – in West wie Ost – in den fortgesetzten Mechanismus von Modernisierung, Produktivitätszuwachs und individuellem Konsumzuwachs eingebunden bleibt, während ein wachsender Teil durch Arbeitslosigkeit, aber zunehmend auch durch schlechtbezahlte und sozial prekäre Jobs davon ausgeschlossen wird.

Eine gesellschaftliche Reformperspektive, die der Zementierung der Spaltungsprozesse begegnen will und zugleich neue Entwicklungspfade sucht, wäre ein Weg aus der Schieflage der deutschen Einigung, die auf der einen Seite ohnmächtigen Frust über das Handeln der »externen« Transformationsakteure produziert hat, was auf der anderen Seite als Mangel an Dankbarkeit interpretiert wird.

In jedem Fall jedoch, so läßt sich festhalten, hat die Integration der Ostdeutschen viel weniger mit bloßer Assimilation in eine Gesellschaft mit gesichertem Status quo zu tun, als dies politisches Programm war.

Anmerkungen

1 Kronauer/Vogel (1995).
2 Grünert/Lutz (1994), S. 7.

Literaturhinweise

Brinkmann, Christian/Eberhard Wiedemann, Zu den psychologischen Folgen der Arbeitslosigkeit in den neuen Bundesländern, in: Aus Politik und Zeitgeschichte, B 16/94, 1994, S. 16–28.

Dathe, Dietmar (Hg.), Wege aus der Krise der Arbeitsgesellschaft. Beiträge und Ergebnisse der 4. Tagung »Sozialunion in Deutschland«. Berlin 1995.

Diewald, Martin/Annemette Sørensen, Entwertung und Umwertung von Laufbahnkapital? Erwerbsverläufe und soziale Mobilität von Frauen und Männern in Ostdeutschland, Max-Planck-Institut für Bildungsforschung, Berlin, Arbeitsbericht 13/1994.

Grünert, Holle/Burkart Lutz, Transformationsprozeß und Arbeitsmarktsegmentation, in: Hildegard Maria Nickel et al. (Hg.), Erwerbsarbeit und Beschäftigung im Umbruch, Berlin 1994, S. 3–28.

Kronauer, Martin/Berthold Vogel, Arbeitslos im gesellschaftlichen Umbruch. Zu einigen grundlegenden Unterschieden in den Arbeitslosenerfahrungen Ost und West, in: Hans-Jürgen Andreß (Hg.), Fünf Jahre danach. Zur Entwicklung von Arbeitsmarkt und Sozialstruktur im vereinten Deutschland, Berlin/New York 1995 (i. E.).

Lindig, Dieter/Gabriele Valerius, Neue Selbständige in Ostdeutschland. Eine Skizze intragenerationaler Mobilität und der Konturen einer Gruppenkonstitution, in: Rainer Geißler (Hg.), Sozialer Umbruch in Ostdeutschland, Opladen 1993, S. 179–196.

Wiesenthal, Helmut (Hg.), Einheit als Interessenpolitik. Studien zur sektoralen Transformation Ostdeutschlands, Frankfurt am Main/New York 1995.

Gerhard Schulze
Kontrapunkt:
Armut in der Kultur des Reichtums

Bedrohliche Globalisierung

Je kälter der Wind wird, welcher der gutsituierten Milliarde der Menschheit ins Gesicht bläst, desto entschiedener werden alle eventuellen Beeinträchtigungen des schönen Lebens als undenkbar abgetan. In der Psyche der Wohlhabenden ist es nur ein kleiner Schritt von der Gemütlichkeit zur Hysterie. Es kann nicht wahr sein, daß die Knappheit vor der Tür steht. Fast schlagartig vollzieht sich gegenwärtig die Globalisierung des Arbeitsmarktes; um den Reichen bedrohlich zu werden, brauchen die Armen nicht einmal mehr ins Land zu kommen, denn das Kapital kommt zu ihnen. In den klassischen Industrienationen wird auf einmal das Geld für Investitionen knapp, weil es in den Boomregionen der Welt mehr einbringt. Was aber vom Kapital übrigbleibt, wird für drastische Rationalisierungsmaßnahmen eingesetzt. In einer neuen Studie schätzt Adrian Wood die so entstandenen Arbeitsplatzverluste der entwickelten Länder auf bisher zwanzig Prozent, und er sieht den Prozeß erst am Anfang.

Eine Atmosphäre unterdrückter Panik ist entstanden, in der die Mentalität gedeiht, alles zu tun, um die eigene Haut zu retten – wenn es mit Stärke nicht geht, dann eben mit Verdrängung. Die geschwächten Starken träumen sich aus der Wirklichkeit. Als ließe sich im Zeitalter der Raubkopie und der blitzschnellen Verbreitung von Innovationen eine Neuentwicklung längere Zeit monopolisieren, redet man von »neuen Produkten« wie von einer Wunderwaffe. Nur zu gerne glaubt man den Mythos: Damit werden wir es ihnen zeigen, damit werden wir wieder die alten Verhältnisse herstellen!

In der Werbung wird die Ungestörtheit des gelobten Landes mit einer Inbrunst beschworen, die an Fanatismus grenzt: Fundamentalismus der guten Laune für alle Zeiten. Während schon die Fundamente der Zweiklassenwelt bersten, regiert in den Köpfen noch eine Art Paradiesmythos der Käseglocke. Das Herumbasteln an Grenzsicherungsmaßnahmen, das zähe Festhalten an Handelsschranken und an strategischen Allianzen der Reichen gegen die Armen entspringt derselben Denkungsart wie das SDI-Projekt zu Reagans Zeiten: ein Hollywoodtraum vom ewigen Leben in Überfluß und Frieden unter dem Schirm wehrhafter Satelliten. Daß der Kongreß der USA 1995 seinen Willen zum Ausdruck brachte, das Unternehmen Star Wars wieder aufzugreifen, mag man als politische Episode belächeln, nicht aber die dahinterstehende Geisteshaltung: Diese liegt im Trend.

Mitten im Globalisierungsschub der neunziger Jahre ist nichts populärer als der Versuch, Enklaven des Glücks einzuzäunen. Die Entgrenzung der Welt vollzieht sich so rasant, daß man mit dem Denken nicht mehr hinterherkommt. Alles soll so weitergehen wie bisher – denn was sollten schon die Alternativen sein? Wider besseres Wissen glaubt man im gefährdeten Reich der Autobahnen, Warenhäuser und Kataloge an den Fortbestand der schon in Zersetzung begriffenen Weltordnung mit der Kraft des Wunschdenkens.

Das für die Kultur des Reichtums grundlegende Denkmuster tritt in der gegenwärtigen Krise noch einmal besonders deutlich hervor, fast als leuchtete es ein letztes Mal auf, bevor es ausgebrannt ist. Dieses Denkmuster wird im folgenden als »Steigerungsvernunft« beschrieben. Im Spätstadium einer langen Steigerungsgeschichte hat sich die Steigerungsvernunft nach innen gewendet. Armut ist in dem mit dieser Mentalität verbundenen Wirklichkeitsbild nicht vorgesehen. Durch die Bedrängnis, in welche die Kultur des Reichtums geraten ist, wird das Knappheitstabu jedoch nicht etwa gebrochen, sondern sogar noch befestigt. In den nächsten Abschnitten werden diese Thesen erläutert.

Steigerungsvernunft, nach innen gewendet

In dem Dokumentarfilm »Cannibal Tours« von Dennis O'Rourke, gedreht 1987, sieht man ein Boot mit Touristen auf einem Abenteuertrip durch den Urwald von Papua-Neuguinea; das Gespräch dreht sich um die Einheimischen. »Wir müssen auf die Dörfer gehen wie die Missionare, um sie zu überzeugen und ihr Verhalten zu ändern. Sie brauchen unsere Hilfe.« Die Missionare tragen Sonnenbrillen, fotografieren die Kultstätten und kaufen Berge von Andenken, nicht ohne den Preis kräftig nach unten zu handeln. Worin aber besteht die Mission? »Wir müssen ihren Ehrgeiz wecken, so zu werden wie wir. Sie können von uns lernen, von unserem Verhalten und von der Art, wie wir uns anziehen, als Touristen.«

Die Touristen empfinden sich als Missionare einer Philosophie, die den einzelnen in den Mittelpunkt stellt. Der Sinn des Lebens liegt darin, es auszukosten, und das beste Rezept dafür heißt *Situationsmanagement*. »Tun, was einem gefällt«, bedeutet in unserem Alltagsleben »Auswählen, was man will«. Jeder versucht, die Umstände so zu arrangieren, daß sich erwünschte Erlebnisse einstellen. Reisen, Kaufen, Fernsehen, Computerspiele, Sport, Musik, Beziehungen, Sex – alles wird einer persönlichen Empfindungsplanung unterworfen. Man komponiert seine private Außenwelt so zusammen, daß sie angenehme innere Wirkungen verspricht. Spannung und Entspannung, Lachen oder Rührung, Coolneß oder Orgasmus – der Idee nach soll das Innenleben Ergebnis einer rationalen Organisation situativer Gegebenheiten sein.

Wie verwirklicht man das Projekt des schönen Lebens? Indem man zwischen verschiedenen Optionen wählt. Je mehr Wahlmöglichkeiten man hat, desto schöner kann man sich das Leben machen: Was wäre einleuchtender? Also arbeitet man ständig daran, die Wahlmöglichkeiten zu steigern. Im Verlauf der letzten zwei Jahrhunderte ist uns die Steigerungsvernunft in Fleisch und Blut übergegangen.

Wir haben das Gefühl, eine Tradition fortzusetzen – und irren uns gründlich. Unterderhand nämlich haben wir das ursprüngliche Ziel der Steigerungsvernunft durch ein anderes ersetzt. An oberster Stelle stand am Anfang das Ziel der Naturbeherrschung, nun aber

geht es mehr und mehr um die Herrschaft über das eigene Innenleben – um psychophysische Selbststeuerung. Vom Überleben
zum Erleben, so könnte man die Tendenz des Wandels abgekürzt
beschreiben.

Obwohl diese Denkweise nur in ein von Möglichkeiten über-
flutetes Ambiente hineinpaßt, ist sie inzwischen auch in solchen
Weltgegenden angekommen, wo den meisten schon die Frage
absurd erschiene, welcher Fruchtsaft ihnen wohl am besten
schmeckt, weil allenfalls verschmutztes Wasser zu haben ist. Die
Idee erlebnisorientierter Möglichkeitssteigerung ist zur Ultima ra-
tio aller ökonomischen Entwicklung geworden. Magisch zieht das
Lebensziel der Wohlhabenden gerade die Abgeschlagenen an,
energisch behaupten die schon Angekommenen ihren Platz.

Das Knappheitstabu

Die Kultur des Reichtums schließt eine Bereitschaft zur Verdrängung von Armut ein. Vordergründig geht es den Bessergestellten
darum, ihr Gewissen und ihr Budget von den Ansprüchen der Bedürftigen zu entlasten, aber das Kernmotiv liegt tiefer: in der Ideologie der Erlebnisgesellschaft.

Wem würde angesichts des Vorgehens deutscher Kommunalver-
waltungen, die Stadtstreicher polizeilich aus der Innenstadt entfer-
nen lassen, nicht das Wort »Säuberung« in den Sinn kommen? Kölner Domplatz obdachlosenfrei! Ganz ohne Verunreinigungen geht
es im normalen Leben natürlich nicht ab, doch man kann ja etwas
dagegen unternehmen. Kriminalität und Armut, wenn die Wahrnehmung überhaupt noch zwischen beidem unterscheidet, erscheinen öffentlich als etwas Ähnliches wie der Schmutz unter
dem Fingernagel, unvermeidlich, normal, wenn auch ein bißchen
peinlich. An die Stelle des Mitleids und der Fürsorge tritt die öffentliche Hygiene.

Wo auch immer unsere Gesellschaft öffentlich wird, in Fußgän-
gerzonen, Kneipen, Bahnhöfen, Flughäfen, auf den Autobahnen,
im Fernsehen, nirgendwo hat die Armut einen Ort, an dem sie
nicht höchst unpassend erschiene. Wohl begegnet man Obdach-

losen, Bettlern, Alkoholikern, Drogenabhängigen, doch die Heruntergekommenen bleiben Randfiguren, die das Bild von der armutsfreien Gesellschaft eher bestätigen als widerlegen.

Es ist der Anspruch auf ein schönes, interessantes, intensives Leben, der in unserer Gesellschaft nicht weniger rigide den Ton angibt, als man es seit 1968 mit überlegenem Lächeln der traditionellen Moral unterstellt. Aber die Inbrunst, mit der man heute »Tu, was du willst!« skandiert, ist ebenfalls Moral – mit starken Tendenzen zur Verbürgerlichung. Um zu erkennen, welcher Konformismus im Vorzeigen des Nonkonformismus steckt, welche Fixierung in der Behauptung von Ungebundenheit, genügt es, eine Illustrierte durchzublättern, eine Talkshow anzusehen, Kontaktanzeigen zu studieren.

In der Kultur des Reichtums wird der Imperativ »Tu, was du willst!« in Produkte übersetzt. Wir haben unser Ambiente als Menü von unendlich vielen Wahlmöglichkeiten arrangiert. Es kommt nicht in erster Linie darauf an, reich zu sein, sondern die richtigen, das heißt subjektiv befriedigenden Alternativen zu wählen. Natürlich braucht man dafür Geld, aber nur als ökonomisches Mittel für Erlebniszwecke. Was ist der Gegenbegriff zur Armut? Nein: Reichtum ist zuwenig – er ist nur notwendig, nicht hinreichend. Der bloß materielle Gegensatz zwischen Arm und Reich gehört ins 19. Jahrhundert. Die neue Polarität heißt: arm im Gegensatz zu selbstbestimmt.

Ohne die aktive Mithilfe der Betroffenen könnte die Verdrängung der Armut allerdings kaum gelingen. Die unsichtbare Mehrheit der Armen betreibt Selbstverdrängung, Selbstentfernung, Selbstverschleierung. Nur zum Teil läßt sich dies damit erklären, daß man seine Bedürftigkeit nicht mehr öffentlich machen muß – es genügt ja, sich in der verschwiegenen Schattenwelt der Formulare und Verwaltungsakte zu offenbaren, fast wie in der Beichte. Andererseits offenbaren die Menschen vieles von durchaus zweifelhafter Mitteilungswürdigkeit, warum nicht auch materielle Not?

Armut hat intimeren Charakter angenommen als Sexualität. Die Neubewertung des Reichtums im Rahmen einer Lebensphilosophie, die vom Haben zum Sein vorgedrungen ist, von den materiellen Bedingungen des Glücks zum Glück selbst, wirkt auf den Populärbegriff der Armut zurück. In der Kultur des Reichtums wird nicht mehr das Überleben als Hauptproblem der Armen gesehen, die Abwehr von Hunger, Krankheit, Obdachlosigkeit, sondern der Ausschluß von der Massenreligion des schönen, interessanten und deshalb sinnvollen Lebens. Arm sein bedeutet Exkommunikation.

Semantische Sozialhilfe

Das Knappheitstabu hat die paradoxe Wirkung, daß die Armut im eigenen Land als um so weniger real angesehen wird, je mehr sie im Zuge der Globalisierung zunimmt. In den letzten Jahren haben sich die Maßstäbe für »arm« verschoben. Mit freundlicher Skepsis fragen viele: Gibt es bei uns denn wirklich Arme? Ja, ja – man glaubt den Versicherungen der Experten selbstverständlich, und doch... Durch die neue Gleichzeitigkeit von nationaler und internationaler Anschauung verändern sich die Wahrnehmungsbedingungen. Immer wurde Armut bisher als lokales Phänomen gesehen und nach lokalen Maßstäben definiert. Die Bedeutung von »Arm« und »Reich« orientierte sich, fast blind für den Rest der Welt, an den Verhältnissen im eigenen Land. Bei dieser ethnozentrischen Sichtweise ging der Unterschied zwischen einem armen Deutschen und einem armen Inder im Vorfeld des Orientierungswissens verloren.

Lange genug hat sich unser Denken gegen den Einbruch des globalen Durcheinander in das vertraute nationalstaatliche Bezugssystem gestellt. Nun aber ist es damit vorbei. Es ist nicht bloß das Fernsehen, das uns den globalen Vergleich anschaulich macht, es sind vor allem auch die Menschen selbst. Vietnamesen in Ostdeutschland, die sich durch den Straßenverkauf von Zigaretten über Wasser halten, führen uns durch die Entschlossenheit, mit der sie sich an diese Existenz klammern, eine andere Definition von Armut vor Augen. Ausländer stehen Schlange nach Jobs, die deutschen Armen zu schlecht bezahlt sind. Um die deutsche Sozialhilfe zu bekommen, brechen Menschen in aller Welt die Brücken hinter sich ab und schlagen sich nach Deutschland durch. Niemand, der all dies in den Abendnachrichten erfährt, kann sich der Schlußfolgerung entziehen, daß die Fremden für Reichtum halten, was uns als Armut gilt.

Die Globalisierung ist im Alltagsbewußtsein angekommen; man beginnt, eine Beziehung zwischen der einen und der anderen Form von Armut herzustellen. In einem reichen Land wie Deutschland kommt es dadurch zu einer Art semantischer Sozialhilfe. Auf einmal gelten die »eigenen« Armen als eigentlich noch ganz komfortabel ausgestattet. Derselbe Vorgang also, der die Knappheit in die Zonen des Reichtums zurückbringt, liefert auch gleich die Argumente zur Verkleinerung der Schwierigkeiten. So sind die Arbeitslosen im doppelten Sinn Verlierer der Globalisierung: Sie haben zum einen keine Arbeit, zum anderen geht auch noch die Anerkennung ihrer Bedürftigkeit schleichend verloren – denn was fehlt ihnen schon im Vergleich zu den »absolut« Armen in Indien, Lateinamerika oder Afrika? Zwar hat die Zunahme der Armut den Inselmythos bereits ins Beben gebracht, doch vor dem Hintergrund der Angst leuchtet der Westen um so mehr. Der Abwehr äußerer Bedrohung entspricht die Umdeutung von »arm« in »erträglich« im Inneren.

Unsichtbarkeit

Allzu viel Verdrängungsarbeit ist dafür freilich nicht erforderlich; die objektiven Wahrnehmungsbedingungen kommen der Umdeutungsbereitschaft entgegen. In der Kultur des Reichtums ist Armutswissen zum größten Teil professionell hergestelltes Wissen, nicht etwa Erfahrungsbestand des Alltagslebens. Wohlversorgt mit Informationen, Sozialreportagen, moralischen Kommentaren und Talkshows mit Betroffenen, wissen wir doch nur gerade so viel über Armut, wie man auf diesen Wegen erfahren kann. Dies gilt zum großen Teil auch für die Armen selbst: Ihre Armut erscheint ihnen als eine Häufung persönlicher Schwierigkeiten, nicht als kollektives Phänomen.

Es gibt kein deutlich sichtbares Milieu der Armut mehr, keine jedermann bekannten Armenviertel, keine zerlumpte Kleidung und zerrissenes Schuhwerk als Erkennungszeichen. An die Stelle einer ehemals klar erkennbaren Subkultur der Armut ist eine Vielzahl von Typen und Szenerien getreten, deren Gemeinsamkeit sich auf das Merkmal des Mangels beschränkt. Um die Aufmerksamkeit auf eine soziale Gruppe zu lenken, bräuchte es mehr.

Nur in den Fluren der Sozialbehörden werden die Armen als Gruppe sichtbar, aber diese Gruppe ist so zusammengewürfelt, wie die Lebenswege in die Armut unterschiedlich sind. Große kulturelle Distanzen verhindern die Entstehung eines Wir-Gefühls. Welten trennen die Witwe von dem jungen Mann ohne Schulabschluß, den geschiedenen unterhaltspflichtigen Vater zweier Kinder vom alkoholabhängigen Obdachlosen, die ältere Sekretärin, die ihren Job verloren hat, von der Alleinerziehenden, die den Sprung ins Arbeitsleben erst gar nicht schafft. Das einzige, was die verschiedenen Untergruppen der Armen gemeinsam haben, ist der Mangel.

Die Armen fühlen sich allen möglichen sozialen Gruppen zugehörig, nur nicht der Gruppe der Armen. In der Erlebnisgesellschaft stehen nicht die materiellen Lebensumstände im Mittelpunkt der Gruppenbildung, sondern Persönlichkeitstypen, Lebensstile, kulturelle Muster. Es gibt Milieus, denen Arme genauso angehören wie Wohlhabende. Ein arbeitsloser Lehrer fühlt sich berufstätigen Akademikern näher als einer Arbeiterwitwe. Armut wirkt nicht milieubildend. Sie ist deshalb nicht weniger real, aber sie bleibt sozial unauffällig.

Diese Unauffälligkeit wird durch das Fehlen eines eindeutigen Gegners verstärkt. Wer beschneidet den Armen ihre guten Rechte, beutet sie aus, bringt sie um den Lohn ihrer Mühen, wie es den Industriearbeitern im 19. Jahrhundert durch die Fabrikbesitzer geschah? Die Armen der Gegenwart haben keinen Klassenfeind. Es ist nicht möglich, Armut in der Gegenwart durch die eingängige Formel der Ausbeutung zu beschreiben. Für die ältere Frau, die keine Rentenansprüche erworben hat, weil sie damit beschäftigt war, Kinder großzuziehen, gibt es keine Adresse für moralische Ansprüche, obwohl es auf der Hand liegt, daß sie welche hat. Und wie verhält es sich mit den wachsenden Scharen der Menschen, die ihre Arbeit verloren haben oder erst gar keine finden? Wen will man für ihre Situation verantwortlich machen: die Unternehmer? Den

Staat? Die anderen Arbeitnehmer, die ihre Arbeit nicht teilen wollen? Die Betroffenen selbst? Jeder wird mit vielen guten Gründen seine Unschuld beteuern.

Rückzug in die Gegenwart

Die Einstellungen zur äußeren und zur inneren Armut fügen sich in der Kultur des Reichtums paßgenau zu einem Brett vor dem Kopf zusammen. Nach außen gilt die Devise »Das wollen wir doch mal sehen«, nach innen die Beschwichtigungsformel »So schlimm wird es schon nicht sein«. Wie man es von der Sozialpsychologie des Krieges her kennt, überdeckt die Erfahrung der Frontstellung gegen einen gemeinsamen äußeren Gegner innere Gegensätze. Der Weltmarkt wird als Schlachtfeld interpretiert, den die Phalanx der reichen Nationen mit dem Ziel betritt, die alte Ordnung zu verteidigen. Die Nationalstaaten beleben sich neu als Kampfgemeinschaften um ökonomische Vorteile, und die Erlebnisgesellschaft legt frisches Rouge auf. Zwar verträgt sich der Paradiesmythos nicht mit der wachsenden Armut im Inneren, aber es fällt nicht schwer, sich darüber hinwegzusetzen, da Armut in ihrer neuen soziologischen Gestalt am Ende des zwanzigsten Jahrhunderts ohnehin kaum sichtbar ist. Alles übrige besorgt Verdrängung unter kräftiger Mithilfe der Armen selbst.

Woher aber das Heil kommen könnte, wenn man auch nur ein paar Jahre weiterdenkt als bis zur nächsten Jahresbilanz oder bis zu den nächsten Wahlen, weiß niemand zu sagen. Allgegenwärtiges Zukunftsgerede täuscht über den kollektiven Rückzug in die Gegenwart hinweg. Im Lager der Zukunftslosen finden sich Optimisten und Pessimisten zusammen. »Es wird schon irgendwie gehen«, sagen die einen; »es ist sowieso alles zu spät«, sagen die anderen. Ganz entspannt im Hier und Jetzt – Spontitum als politisches Prinzip der bürgerlichen Mitte. Die Armut läßt sich dadurch zwar nicht aus der Welt schaffen, aber auf ein handhabbares Maß verkleinern: Moral des Augenblicks statt Zukunftsethik.

Privatmann und Staatsbürger:
Die rechte und die linke Hand

Wie weit ist es her mit der Moral? In der Kultur des Reichtums finden wir Hilfsbereitschaft und Geiz friedlich vereint in ein und denselben Menschen. Möglich wird dieser Widerspruch durch eine Persönlichkeitsspaltung zwischen Privatmann und Staatsbürger. Privat ist man durchaus gewillt, ein guter Mensch zu sein. Der Staatsbürger aber holt sich wieder, was der Privatmann hergegeben hat; in der Verfremdung durch die Institutionen wird Altruismus durch Egoismus konterkariert.

Der Aufruf eines Predigers, den Armen etwas abzugeben, verfehlt selten seine Wirkung, wenn die zerlumpten Gestalten auf der Kirchentreppe sitzen und die Hand aufhalten. Letzte Spuren dieser Einheit von moralischem Appell, Erlebnis und guter Tat gibt es auch in unseren Tagen noch: in Form von Fernsehfeatures, bei denen im Abspann eine Kontonummer für Spenden eingeblendet wird.

Was aber nützen die edelsten Motive, wenn die linke Hand wieder einstreicht, was die rechte gegeben hat? Nichts ist selbstverständlicher, als den Staat mit eigenen Forderungen einzudecken – und nichts entlegener als die Erkenntnis, daß damit die Fähigkeit des Staates gemindert wird, auf die Forderungen anderer einzugehen, die es vielleicht nötiger hätten. Um klar zu sehen, muß man nur subtrahieren können, doch zu dieser Rechenoperation kommt es nicht, weil die Moral gespalten ist. Dem Staat gegenüber tritt der Bürger als Anspruchsteller auf, nicht als Almosengeber. Welches Motiv sollte man als Wähler haben, der Not anonymer Massen von Bedürftigen abzuhelfen? Dafür steht man höchstens als Privatperson ein, nicht ohne seine Spenden am Jahresende steuerlich abzusetzen. Daß eine Spende von 100 Mark per Saldo um so weniger wert ist, je mehr der Spender verdient, sagt eigentlich schon alles.

In den internationalen Beziehungen wiederholt sich dieselbe Schizophrenie im Gegensatz von Entwicklungshilfe und Wirtschaftspolitik; freilich verringert sich die Diskrepanz zusehends, um einer wohltuenden Ungeschminktheit Platz zu machen. Wenn »Entwicklungshilfe« immer noch als eine Art Spende angesehen wird, so kann dies nur auf der Suggestion des Wortes beruhen, das nicht ungeschickt gewählt ist. Es war einmal, wie bescheiden und kontraproduktiv auch immer, eine karitativ angehauchte Tradition der Beziehung der reichen zu den armen Nationen. Doch die Moral des Helfens verflüchtigt sich, und man verzichtet zunehmend auf Verhüllungen der Bereicherungsmentalität der Helfenden.

Erst einmal wir selbst, uns geht es schließlich auch nicht rosig! Wie kennzeichnete der Staatssekretär des Auswärtigen Amtes den deutschen Standpunkt zur Entwicklungshilfe im Februar 1995 in Brüssel? »Einem nackten Mann können Sie nicht in die Tasche fassen.« Darauf mit Politikerschelte zu reagieren wäre freilich nur eine Ausflucht. Die Politiker repräsentieren nur, was wir an uns selbst ablehnen. Sie helfen uns dabei, unsere Fehler wenigstens symbolisch loszuwerden. In der vielgescholtenen Politik der sozialen Kälte wird eine rapide zunehmende Angst vor dem Verlust des Reichtums konkret. Dabei handelt es sich nicht bloß um einen Charaktermangel der Politiker, sondern um die Grundstimmung der Wählermehrheit.

Die Sozialstaatsdiskussion: Ein Nebenschauplatz

In all diesem Nebel wird der Ruf nach sozialer Gerechtigkeit immer lauter; was aber wäre gewonnen, wenn er gehört würde? Die sozialpolitische Diskussion der Gegenwart erinnert an den Disput zweier Ärzte, die sich darüber streiten, ob man den entzündeten Blinddarm denn nun herausoperieren solle oder nicht; die Patientin hat aber gar keine Blinddarmentzündung, sondern ist schwanger. Die einen wollen sparen, die anderen verlangen mehr, zumindest aber sträuben sie sich gegen Kürzungen des Sozialetats. Beide Seiten führen Argumente noch und noch ins Feld, reden aber am Hauptproblem vorbei. Die Ungerührtheit, mit der westliche Regierungen ihre gutsituierten Kunden auf Kosten der Sozialfälle bedienen, ist zwar provozierend, sie verführt aber zu einer vorgestrigen Debatte. Wir laufen Gefahr, über die Epochenschwelle zu stolpern, weil wir uns rückwärts wenden.

Solidarität mit den Armen und Schwachen? Ja – aber das Notwendige ist nicht hinreichend. Jeder Provinzpolitiker versteht sich inzwischen darauf, aus der Forderung nach mehr Geld für die Armen im Handumdrehen eine Rechtfertigung für die Fortsetzung der ganz normalen Steigerungslogik abzuleiten, mit dem sich bereichernden Nationalstaat als höchstem Ideal der ökonomischen Vernunft im Parteiprogramm. Wer vom größtmöglichen Glück der größtmöglichen Zahl redet, muß aber inzwischen an die ganze Welt denken, um nicht in genau jener Logik steckenzubleiben, aus der die gegenwärtige globale Krise zwangsläufig folgt. Da Armut nur eine der Facetten dieser Krise ist, wirkt eine isolierte Politik der Armutsbekämpfung wie die Absicht, einem nach Hilfe rufenden Kranken ein Glas Wasser zu bringen, während das Haus brennt. Umverteilung und Entwicklung: Mit diesen Rezepten könnte man gegen Armut antreten, wenn man sich über das *Was* der Umverteilung und das *Wohin* der Entwicklung keine Gedanken zu machen bräuchte.

Das sozialdemokratische Denken ist genauso am Ende wie das wirtschaftsliberale. Sozialstaat oder Entfesselung der Marktkräfte – ein überholter Gegensatz. Denn *erstens* kann man nicht mehr so tun, als ginge es bloß um Umverteilung, wenn sowohl die Produkte selbst als auch die Art ihrer Herstellung die Substanz verzehren, von der sich auf Dauer leben ließe. Die Warenwelt der Gegenwart verkörpert das Prinzip kurzfristiger Bereicherung im Ausgleich gegen spätere Not. Und *zweitens* läßt sich ein nationalstaatlicher Wirtschaftsvorsprung nicht mehr lange halten oder gar ausbauen. Ein System kommunizierender Röhren zwischen den Nationen ist im Entstehen begriffen, durch das schon jetzt Arbeit, Kapital und Informationen zu- und abfließen.

Diese Einwände gelten für alle Seiten. Die Auseinandersetzung zwischen konservativen Nationalegoisten und karitativen Gesinnungsethikern ist eine Schlacht von gestern, ausgetragen auf dem Boden überholter wirtschaftstheoretischer und geopolitischer Annahmen, drapiert mit brüchigen Erfolgsillusionen. In dieser Auseinandersetzung setzt sich mal die eine, mal die andere Partei durch, ohne daß sich etwas Wesentliches ändern würde. Angst trübt den Blick für die Wirklichkeit. Ringsherum steigt das Wasser; deshalb kommt die Phantasie vom Schäfchen im trockenen derzeit besser an als alles, was das Showgeschäft sonst noch zu bieten hat.

Das Weltspiel

Wir spielen ein Spiel, dessen Grundregel die Philosophie der unendlichen Steigerung ist. Als »vernünftig« gilt jeder Schritt, der zu einer Vermehrung der Wahlmöglichkeiten führt. Längst sind wir dabei zu geistigen Nomaden geworden, ewig unterwegs zum »Besseren«, niemals ankommend. Zuerst war dieses Spiel die Angelegenheit einiger Staaten, inzwischen hat es alle erfaßt. Aber nicht alle Spieler sind gleich. Der größere Teil der Menschheit spielt das Weltspiel in einer Situation der Knappheit, der kleinere in einer Situation des Überflusses.

Knappheitsdenken kreist um die Situation, Überflußdenken um das erlebende Subjekt. Im ersten Fall lautet die Kernfrage: »Wie kann ich meine Lebensumstände verbessern?«, im zweiten Fall: »Wie kann ich sinnvoll leben?« In den reichen Gegenden der Welt sind die Menschen bei der zweiten Frage angekommen. Nicht der Konsum von Großraumlimousinen, Traumküchen und Parfums ist das eigentliche Privileg der Wohlhabenden, sondern die Chance, ihr Glück in *Gefühlen* zu suchen und nicht mehr bloß in *Umständen*. Aber das Denken bleibt hinter den Möglichkeiten zurück, ja es zerstört sie wieder. Wo man ein ganz neues Spiel erfinden müßte, setzt man das alte fort.

Dienstleistungsunternehmen, Medien, Produktentwicklung und Werbung ordnen sich der Formel »Möglichkeitssteigerung gleich Sinnsteigerung« unter. Aber die Formel ist falsch. Wohl eignet sich Möglichkeitssteigerung als Vehikel, um aus der Knappheit herauszukommen, doch führt sie dann nicht schnurstracks weiter ins sinnvolle Leben. Man kommt dem Ziel des sinnvollen Lebens nicht näher, wenn man dreißig Wahlmöglichkeiten im Fernsehen durch dreihundert ersetzt, wenn die neuen Modelle bei jedem Autosalon mehr Extras aufweisen, wenn »Animation« in den Touristenzentren zum Standardangebot wird, wenn Mensch-ärgere-dich-nicht durch interaktive Multimediaspiele ersetzt wird.

Das Absurde ist, daß die Überflußminorität der Welt an der Aufgabe scheitert, dem Leben einen Sinn zu geben, während die Knappheitsmajorität danach fiebert, es den »Fortgeschrittenen« gleichzutun. Doch dem gigantischen Aufwand steht ein nicht nen-

nenswerter psychischer Ertrag gegenüber. Damit nicht genug: Das Steigerungsspiel ist unwiderruflich an seine Grenzen gekommen; sein Zusammenbruch ist nur noch eine Frage der Zeit. Alle spielen ein bereits abgepfiffenes Spiel, das den vermeintlichen Siegern nichts einbringt. Das globale Steigerungsspiel beruht auf Voraussetzungen, die im Verschwinden begriffen sind: ökonomisch abgrenzbarer Nationalstaat, unbegrenzte Belastbarkeit der Umwelt, Ressourcen ohne Ende, Arbeit noch und noch.

Leben jenseits des Marktes

Kein Rezept gegen die Armut stößt gegenwärtig auf breitere Zustimmung als die Forderung nach mehr Arbeit. Aber dieses Mittel ist untauglich, denn es liegt in der Logik der Steigerung, daß die Markt-Arbeit weniger werden und die Armut zunehmen muß. Steigerung bedeutet Rationalisierung – mehr Geld durch Verminderung der Arbeit. Dies gilt weltweit, wenn es auch noch einige Zeit dauern wird, bis der Rationalisierungsdruck auch die weniger entwickelten Länder erreichen wird, die jetzt noch mit geringen Arbeitskosten gegen die wohlhabenden Nationen konkurrieren können. Wir haben einen technischen Entwicklungsstand erreicht, bei dem die Zwangsehe von Arbeit und Markt auf die Dauer mehr Armut erzeugt, als sie beseitigt.

Gleichzeitig bleibt die nicht marktfähige, gleichwohl wertvolle Arbeit auf der Strecke. Zunehmend leiden wir Mangel an Tätigkeiten, die nicht mit Geld zu bezahlen sind, während auf der anderen Seite jeder versuchen muß, den vermarktbaren Teil seiner Arbeitskraft zu Geld zu machen. Erziehung, Pflege, Hausarbeit, Alltagskultur – lauter Fässer ohne Boden, lauter unbefriedigte Bedürfnisse, lauter Beschäftigungsmöglichkeiten jenseits der Steigerungsvernunft. Hier liegt der verborgene Verzicht in der Kultur des Reichtums.

Uns wird eine partielle Entmonetarisierung des Denkens abverlangt, also fast schon etwas Unvorstellbares. Wir haben uns daran gewöhnt, Probleme in Finanzbedarf umzurechnen, wobei wir stillschweigend voraussetzen, sie ließen sich durch die Bereitstellung der geforderten Summen lösen. Immer dringender melden sich nun Probleme zu Wort, die *geldresistent* sind. Armut, Umwelt, Lebenssinn – notorisch neigen wir dazu, diese Fragen in Geldprobleme umzudefinieren, als ließen sie sich nach demselben Schema bearbeiten wie die Einrichtung einer Fertigungsstraße oder die Vervollkommnung von Kampfhubschraubern. Das Scheitern ist absehbar.

Möglicherweise überfordert die gegenwärtige Lage der Welt unser Denkvermögen. Mit der simplen Schlußfolgerung, die der Zusammenbruch des Sozialismus zunächst nahezulegen schien, ist es jedenfalls nicht getan: Wenn die Planwirtschaft versagt hat, muß Marktwirtschaft die Lösung sein! Freilich würde man nur die eine Beschränktheit durch eine andere ersetzen, wollte man nun angesichts der immer deutlicher werdenden Kontraproduktivität des Marktes seine Suspendierung verlangen.

Es wird nichts anderes übrigbleiben, als sich die Komplikation eines gemischten Modells zuzumuten, ein Sowohl-Als-auch, ähnlich dem Sozialstaatsprinzip. Dieses freilich reicht nicht mehr aus, da sozialstaatliches Denken zu sehr darauf fixiert bleibt, individuelle Notlagen zu kompensieren, die innerhalb der laufenden Marktwirktschaft entstehen. Was aber, wenn der ungebremste Lauf der Marktwirtschaft selbst in die Not führt?

Marktwirtschaft ist auf die ständige *Verminderung* der Markt-Arbeit programmiert, während die meisten Programme zur Armutsbekämpfung auf die *Vermehrung* der Markt-Arbeit setzen. Weil damit zu rechnen ist, daß in diesem Widerspruch die Wirklichkeit die Oberhand behält, wird es sich nicht vermeiden lassen, die Programmatik zu ändern.

Teil II
Ein »neuer Gesellschaftsvertrag«

Hans Joas
Was hält die Bundesrepublik zusammen?

Alte und neue Möglichkeiten
sozialer Integration

In seinem »Warschauer Tagebuch« beschreibt der große polnische
Schriftsteller Kazimierz Brandys einen Aufenthalt im westlichen
Berlin des Winters 1980/81. Beim Gang über den Kurfürstendamm
fühlt sich der osteuropäische Besucher, als tauche er in einen Volks-
auflauf ein. Alles scheint möglich und erlaubt: die Unzahl von Waren; Spiel, Sex und Drogen; ästhetische Selbstdarstellung und jede
Form von Verrücktheit und Abweichung. Die Buntheit des Gesche-
hens wirkt in ihrem Kontrast zur erstickenden Übersichtlichkeit des
Staatssozialismus zunächst verlockend, ja euphorisierend auf den
osteuropäischen Besucher. Auf seinem weiteren Weg in Richtung
Wittenbergplatz aber verwandelt sich die Euphorie in eine Stim-
mung des Vorwurfs. Brandys steigert sich im Selbstgespräch in
eine immer pathetischer werdende Rede an die Intellektuellen des
Westens hinein. Ihre apokalyptisch tönende Kulturkritik erscheint
ihm unglaubwürdig. Ihr Desinteresse am »real existierenden Sozialismus«, der die Inselstadt Westberlin von allen Seiten umgibt,
drückt für ihn einen Mangel an eben jener Phantasie und Zeitsen-
sibilität aus, auf die sich die Intellektuellen so viel zugute halten.
Warum richtet sich die Neugierde so wenig auf die wider alle
Wahrscheinlichkeit im Osten Europas einsetzenden Veränderungen? Wäre nicht eine große gesellschaftliche Bewegung im Westen zur Unterstützung dieser Veränderungen zugleich eine Revi-
talisierung des Westens und ein Ausweg für alle, die unter einer
zynischen Malaise leiden? Aber Brandys ruft sich zur Ordnung
und erklärt seine Vision für illusionär. »Ich bin hier nämlich zum
erstenmal direkt auf die westliche Gleichgültigkeit gestoßen. – Sie
scheren sich nicht um uns. Die revolutionären Intellektuellen
scheren sich genausowenig um uns wie die Hausfrauen und Ge-

schäftsinhaber.« Das hektische Treiben kreist nur um sich selbst. Die anfängliche Euphorie hinterläßt so einen bitteren Nachgeschmack.

Nicht nur östliche, auch westliche Beobachter deutscher Stimmungslagen werden diese Beschreibung plausibel finden; vielen Deutschen mag sie unter die Haut gehen. Auch ihnen erscheint der soziale Zusammenhalt unseres Landes auf Sand gebaut. Die Teilhabe an der »ungeheuren Warensammlung« (Karl Marx) der kapitalistischen Wirtschaft und die Freiheit, den eigenen Lebensstil zu wählen, erscheinen ihnen nicht ausschließlich als vorteilhaft, sondern auch als gefährlich – als bedrohlich für den inneren Zusammenhalt einer Gesellschaft. Wenn jeder nur an seinen eigenen Nutzen oder seine Selbstverwirklichung denkt, wer sorgt sich dann um das gemeine Wohl: um diejenigen, die bei der allgemeinen Konkurrenz zu kurz kommen; um die Institutionen, in denen sich Wettbewerb und Konflikt abspielen; um das Schicksal von Menschen und Völkern außerhalb der Wohlstandsinseln; um die Lebensbedingungen künftiger Generationen? Die Regimezusammenbrüche in Osteuropa haben diesen Fragen noch erhöhte Aktualität verliehen. Die Verteilung des Wohlstands hat an Selbstverständlichkeit verloren, und der Wegfall eines äußeren Feindes macht den inneren Zusammenhalt bekanntlich nicht leichter. Was eigentlich hält die deutsche Bundesrepublik zusammen?

Um einer Beantwortung dieser Frage näher zu kommen, muß zuerst die Richtigkeit der Ausgangsbeobachtung geprüft werden. Trifft es denn zu, daß der Konsens der alten Bundesrepublik nur im Wohlstand bestand, das Land also durch die Interessengemeinschaft ständigen Zugewinns integriert wurde? Oder ging der Konsens zwar darüber hinaus, war aber nur auf Zeiten ständiger Wohlstandsvermehrung angelegt, so daß jede Unterbrechung dieser scheinbar »immerwährenden Prosperität« (Burkart Lutz) den Laden auseinanderfliegen läßt? Und schließlich, falls diese Beschreibung nicht stimmen sollte: Woher kommt dann das verbreitete Gefühl, sie träfe zu? Dies sind gewiß mehr Fragen, als sich auf engem Raum beantworten lassen. Ein Bild mit gröberen Pinselstrichen muß aber gleichwohl möglich sein.

Die Sorge um den Zusammenhalt ganzer Gesellschaften ist – als

Frage nach der »sozialen Integration« – eines der klassischen Themen der Sozialwissenschaften, seit sie sich im Zusammenhang der krisenhaften Folgen der industriellen Revolution, der Urbanisierung und Nationalstaatsbildung des 19. Jahrhunderts herausbildeten. Der Begriff der sozialen Integration ist durch seine Komplementarität zum Begriff der Differenzierung zu verstehen. Eine der sozialwissenschaftlichen Grundannahmen besteht seit Herbert Spencer darin, die Tendenz »von unbestimmter, unzusammenhängender Gleichförmigkeit zu zusammenhängender Ungleichförmigkeit« in der gesellschaftlich-geschichtlichen Entwicklung am Werke zu sehen. Die fortschreitende Differenzierung erfordere so immer neue Formen von Integration. In den optimistischen Varianten dieses Denkens erscheint dieses Erfordernis auch als erfüllbar. Märkte, Großstädte, Nationalstaaten erscheinen hier als Sozialformen, die sozialen Zusammenhalt mit größeren Spielräumen individueller Selbstentfaltung verknüpfen. In den pessimistischen Varianten, die in Deutschland immer überwogen, erscheinen nur die Verluste. An die Stelle der untergehenden Dorfgemeinschaft in dynastisch und religiös integrierten Staatswesen treten in dieser Perspektive nur Vereinzelung und Verarmung, Egoismus und Bindungslosigkeit. Aus der pessimistischen Sicht läßt sich eine konservative Skepsis begründen, die zu bewahren versucht, was noch zu retten ist, ebenso aber ein aktivistischer Versuch, das Rad der Geschichte herumzuwerfen und, sei's auch mit Gewalt, der Moderne Antimodernes einzubauen. Auch in der optimistischen Sicht variiert das Maß, in dem Integration als selbstlaufender Prozeß oder als Resultat bewußter Anstrengungen gedacht wird. Fraglich ist ja, ob die neuen Möglichkeiten sozialer Integration von selbst realisiert werden oder ob es auch staatlicher Maßnahmen oder sozialer Bewegungen bedarf, um die negativen Folgen fortschreitender Differenzierung aufzufangen.

Optimistische und pessimistische Varianten teilen zwei Eigenschaften miteinander. In beiden Sichtweisen wird der Vergangenheit vor den Umbrüchen der industriellen Revolution fälschlich ein hohes Maß an sozialer Integration unterstellt. Einheitliche und kohärente Weltbilder werden in die Geschichte projiziert, ohne darauf zu achten, wie wenig die Weltbilder der Oberschichten für die

Mehrheit der Niedriggestellten gelten müssen und welch kulturellen und religiösen Flickenteppich manches alte Großreich darstellte. Ebenso deckt in beiden Sichtweisen der Begriff der sozialen Integration ein weites Spektrum von Phänomenen ab. Es sind ja verschiedene Dimensionen gemeint, wenn die innere Kohärenz kultureller Werte, die kulturelle Homogenität eines Volkes, das Ausmaß von Gemeinwohlorientierungen oder die reibungslose Koordination gesellschaftlicher Teilsphären untersucht werden. Diese Dimensionen sind aber zu trennen, wenn Fehlschlüsse verhindert werden sollen. Ökonomische Krisen müssen beispielsweise keineswegs kulturelle Erosionswirkungen haben, und umgekehrt können kulturelle Krisen durchaus bei anhaltender wirtschaftlicher Prosperität auftreten.

Aus den Erfahrungen der sozialwissenschaftlichen Theorieentwicklung können wir damit lernen, daß für die Frage nach alten und neuen Möglichkeiten sozialer Integration eine allgemeine Leitlinie, die ständigen Gewinn oder ständigen Verlust durch einen scheinbar einheitlichen Prozeß der Modernisierung anzeigt, nicht ausreichend sein kann. Es muß vielmehr neben dem offensichtlichen Wegfall tradierter Bindungen und Werte immer auch der Formwandel des Tradierten und die mögliche Neuentstehung von Gemeinschaften und Idealen berücksichtigt werden, und dies jeweils in unterschiedlichen Milieus und sozialen Sphären getrennt voneinander. Nur sorgfältige empirische Bilanzierungen für einzelne Fälle helfen weiter – wenngleich dieser mühevolle Weg sich in der auf rasche Stichwörter versessenen Medienöffentlichkeit weniger leicht gehen läßt.

Was also hält die deutsche Bundesrepublik zusammen? Eine erste Ebene der Betrachtung betrifft hier die in der Verfassung institutionalisierte Sicht der Dinge. Nach dem Willen der Verfassungsgeber kann die Bundesrepublik Deutschland keinesfalls als ein Gemeinwesen aufgefaßt werden, das lediglich durch das allseitige Interesse am Wohlstand integriert wird. Mindestens in drei Hinsichten legt das Grundgesetz sich auf spezifische Werte und Gegnerschaften fest, von der allgemeinen Einordnung in die Tradition der westlichen Demokratien ganz abgesehen. Die frühe Bundesrepublik ist erstens auf die entschiedene Gegnerschaft gegen den Nationalsozialismus und zweitens gegen den Kommunismus des Sowjetmodells festgelegt. Man sollte diesen Konsens freilich nicht einen »antitotalitären« nennen, um die unbezweifelbare Stellung an den beiden Fronten der wertbezogenen Auseinandersetzung nicht mit der sehr viel spezifischeren, viele Unterschiede überdeckenden und insofern problematischen Theorie des Totalitarismus zu belasten. Auch in einer dritten Hinsicht ist das Grundgesetz in seiner Wertorientierung eindeutig; es verpflichtet nämlich zu einer sozialstaatlichen Bändigung des Kapitalismus. Dies mag bei einem Teil der Verfassungsväter und -mütter mehr strategisch begründet gewesen sein: als Beitrag zur Verhinderung politischer Extremismen, aber bei einem anderen Teil war diese Haltung gewiß in Werten fundiert. Alle drei Wertorientierungen sind nicht auf die Prosperität der bundesrepublikanischen Entwicklung reduzierbar; die Verfasser des Grundgesetzes sahen das Wirtschaftswunder nicht voraus! An diesen Wertekonsens zu erinnern ist heilsam in einer Zeit, in der neben versprengten Resten kommunistischer Ausrichtung sich Neonazis an den sakralen Symbolen der Erinnerung an die Greuel des Dritten Reiches vergreifen und in der nicht nur der Umbau, sondern sogar der Abbau des Wohlfahrtsstaats immer lauter gefordert wird. Und doch kann es bei einer Besinnung auf den Verfassungskonsens nicht bleiben. Es ist vielmehr empirisch zu fragen, ob wir in Deutschland von einem fortschreitenden Verfall der Gemeinschaftsbindungen sprechen müssen und welche »Gemeinschaftsressourcen« uns noch zur Verfügung stehen.

In den amerikanischen Sozialwissenschaften ist der entsprechenden Frage mehr Aufmerksamkeit gewidmet worden als in Deutschland. In einer einflußreichen Studie hat Robert Bellah als die beiden wichtigen kulturellen Traditionen der USA, die ein Gegengewicht zum nutzenorientierten und zum selbstverwirklichungsorientierten Individualismus bilden können, die »biblische« (christliche und jüdische) sowie die »republikanische« Tradition aufgedeckt. Dieses übersichtliche Bild läßt sich als Folie benutzen, von der sich die deutsche Lage deutlich abhebt. Gerade die individualistisch-liberale Tradition ist in Deutschland typischerweise eher schwach. Aber auch die gemeinschaftsbezogenen Traditionen sind hierzulande ganz andere. Die republikanische Tradition im Sinne einer Selbstregierung freier und tugendhafter Bürger, die in Amerika seit dem 18. Jahrhundert so wichtig ist, ist in Deutschland kaum existent. Ihre klassische Form findet sich fast nur in den Hansestädten oder in einem Nachbarland wie der Schweiz. Die biblische Tradition spielte in Deutschland eine ebenso wichtige Rolle wie in den USA, aber nicht in der amerikanischen Form eines reichen Pluralismus staatsferner Einzelkirchen, sondern in der klaren Aufteilung des Territoriums nach den beiden großen Konfessionen gemäß dem Prinzip, daß die Konfession des Herrschers über die der Beherrschten entscheide. Zwei weitere Traditionen, die so für die USA kaum Bedeutung erlangten, waren dagegen in Deutschland lange Zeit von großem Einfluß: eine konservativ-nationale Tradition einerseits, eine sozialdemokratisch-gewerkschaftliche andererseits. Beide bildeten sozial-kulturelle Milieus von klarem Profil und vermittelten weiten Teilen der Bevölkerung eindeutig nicht-individualistische Wertorientierungen.

All diese Milieus wurden durch die zwölf Jahre Nazi-Diktatur in Deutschland zwar geschwächt, aber nicht völlig zerstört. Die politischen, gewerkschaftlichen und kulturellen Arbeiterorganisationen wurden zerschlagen, die Kirchen eingeschränkt, und sogar die konservativ-nationalen Milieus gerieten unter starken Druck – von dem Horror, der den jüdischen Bürgern widerfuhr, ganz zu schweigen. Nach 1945 aber begannen diese geschwächten Organisationen und Milieus sich zu rekonstituieren. In Harold Hurwitz' faszinierender fünfbändiger Studie über das Berlin der Nachkriegszeit werden diese Wiederbelebungsversuche unter alliierter Vorherrschaft plastisch und greifbar. Die Hauptunterschiede zur Zeit vor 1933 lagen im Verlust der sozialen Grundlagen für den deutschen Adel im Osten, und, als Folge von Flucht und Vertreibung, in einer Durchmischung von Katholiken und Protestanten, die weit über das Ausmaß hinausging, das die Urbanisierungsprozesse des späten 19. Jahrhunderts bereits mit sich gebracht hatten. In ihren frühen Jahren war die Bundesrepublik Deutschland ein neuer demokratischer Staat auf der Basis einer nur leicht veränderten Sozialstruktur mit relativ traditionellen kulturellen Milieus.

Diese Lage veränderte sich völlig und in dramatischer Weise im

Gefolge des »Wirtschaftswunders« der fünfziger und sechziger Jahre. Der enorme Produktivitätszuwachs und das Ansteigen des Lebensstandards innerhalb des Erfahrungsbereichs einer einzigen Generation zerstörte traditionelle Gemeinschaftsbindungen mehr, als es die historischen Ereignisse vor 1945 vermocht hatten. In der soziologischen Mobilitätsforschung spricht man von einem »Fahrstuhleffekt« (Ulrich Beck), d. h. einem Prozeß, in dem gewissermaßen das gesamte Schichtungssystem um eine Etage nach oben gefahren wurde. Im Übergang zu einer Dienstleistungsökonomie und postindustriellen Gesellschaft verschwanden viele traditionelle Unterschichtsberufe und -tätigkeiten entweder ganz, oder sie wurden auf eine neue Einwandererbevölkerung aus Südeuropa übertragen, die von der angestammten deutschen Bevölkerung nur als »Gäste« und als »Ausländer« und nicht als dauerhafte Mitbürger wahrgenommen wurden. In der subjektiven Erfahrung der Deutschen wurde die Veränderung der Berufsstruktur als persönlicher Erfolg und individueller Aufstieg erlebt. Die rapide Expansion des Hochschulsystems in den sechziger und frühen siebziger Jahren verstärkte diesen Effekt noch beträchtlich; Millionen junger Menschen erlebten ihre Bildungskarriere als individuelle Überwindung ihrer Herkunftsmilieus. Im Laufe dieser Entwicklungen verschwanden die sogenannten proletarischen Milieus und religiös orientierte Subkulturen weitgehend. »Individualisierung« und »Pluralisierung« sind die modischen Schlüsselbegriffe für die Beschreibung einer tiefgehenden kulturellen Umstrukturierung und die Auflösung traditioneller Gemeinschaftsorientierungen. Ulrich Beck beschreibt die deutsche Gesellschaft als eine Gesellschaft von Singles, die je für sich an ihrer individuellen Biographie basteln und sich nicht mehr als Teil irgendeiner festen sozialen Klasse oder eines tradierten kulturellen Milieus definieren. Die Verfechter der »Postmoderne« überbieten diese bereits übersteigerte Beschreibung noch weiter und sprechen – etwas kryptisch – vom Ende des Sozialen und der Herrschaft fragmentierter Patchwork-Identitäten.

Doch sind diese Diagnosen, wie schon bemerkt, nicht sehr überzeugend, solange sie nicht ebenfalls Beharrungskräfte und Gegentendenzen berücksichtigen. Beziehen wir die Zahlen für Vereinsmitgliedschaft, Parteizugehörigkeit usw. mit ein, erhalten wir ein ganz anderes Bild. Dann erscheint Deutschland auch heute noch als stark kommunitäre Gesellschaft. 21 Millionen Deutsche sind Mitglied in einem Sportverein; 1,8 Millionen gehören allein zum »Deutschen Sängerbund«, 2,2 Millionen zu einer politischen Partei – von Gewerkschaften und Kirchen ganz zu schweigen. Die Anhänger der Individualisierungs- oder Gemeinschaftsverlust-Thesen werden darauf entgegnen, daß nur ein kleiner Teil dieser Mitglieder wirklich aktiv und ein großer Teil nur registrierte »Karteileichen« sei. Aber dem läßt sich wieder entgegenhalten, daß formell eingetragene und in diesen Zahlen statistisch erfaßte Vereine nur einen kleinen Teil kommunitärer Aktivitäten in Deutschland ausmachen. Es gibt so viele Musikgruppen und Chöre in unserem Land, die nicht förmlich organisiert sind, so viele Sportgruppen, Selbsthilfegruppen, Nachbarschaftsinitiativen, die in diesen Zahlen nicht auftauchen. Für Deutschland gibt es keine umfassende empirische Studie über diesen Bereich.

In den USA nimmt man aufgrund genauerer Erforschung an, daß 40 Prozent aller Amerikaner einer selbstorganisierten Gemeinschaft angehören, die sich regelmäßig und in kürzeren Zeitabständen trifft und die von einer gemeinsamen Intention geleitet wird, welche nicht auf utilitaristische Interessen reduziert werden kann: »Sonntagsschulklassen, Gruppen zum Studium der Bibel, die Anonymen Alkoholiker und andere vergleichbare Gruppen, Jugendgruppen und Single-Gruppen, Romanlektüregruppen, Sport- und Hobbygruppen und politische oder staatsbürgerliche Gruppen« (Robert Wuthnow). Gemeinsame Herkunft der Gruppenmitglieder oder das Gefühl unauflöslicher Zugehörigkeit sind hier eher die Ausnahme als die Regel, aber diese Tatsache begrenzt diese Gruppen nicht, wie manche Kulturkritiker unterstellen, auf eine Art von kollektivem Narzißmus. Wechselseitige Hilfe in Notfällen gehört eindeutig zu den Erwartungen an die Gruppenmitglieder; Offenheit über die eigene Biographie und drückende persönliche Probleme ist eine informelle Verpflichtung. Man sollte diese Gruppen und Gemeinschaften auch nicht wegen ihres nicht-politischen Charakters der bloßen Privatsphäre zuordnen und ihnen politische Folgenlosigkeit unterstellen. Sie sind im Gegenteil oft der Ausgangspunkt umfassender staatsbürgerlicher Aktivitäten. In den USA gehen viele solcher Aktivitäten etwa von Kirchengemeinden und ihrem Gruppenumfeld aus. Die Netzwerke solcher Gruppen sind eine Mobilisierungsgrundlage sozialer Bewegungen. Die Identität der Gruppenmitglieder wird in diesen Gruppen weiter geformt; die Werte etwa, an denen man sich in seinen Handlungen orientiert, bedürfen der situationsspezifischen Konkretisierung, und diese geschieht oft in solchen Gruppen. Man kann solche Gemeinschaften die *kommunikative Infrastruktur einer demokratischen Gesellschaft* nennen. Wenngleich amerikanische Befunde nicht einfach auf Deutschland übertragen werden dürfen, scheint mir nach manchen Indikatoren die Lage in Deutschland durchaus ähnlich. In Berlin etwa hat die Zahl der Selbsthilfegruppen die der Vereine inzwischen fast erreicht. Doch das deutsche Selbstverständnis ist von der Sicht eines permanenten Gemeinschaftsverlusts beherrscht – viel mehr als das amerikanische, in dem immer auch der Neuaufbau von Gemeinschaften durch Einwanderer eine große Rolle spielte, und trotz aller Tendenzen zur Neubildung von Gemeinschaften und zur Bildung neuartiger Gemeinschaften.

Die bisherigen Bemerkungen über die Nachkriegszeit galten ausschließlich den westdeutschen Zuständen. Die ostdeutsche Bevölkerung hatte nach 1945 ein anderes Schicksal zu durchleben und muß sich heute sehr rasch von den Strukturen einer sowjetisch dominierten Entwicklung auf die allgemeinen Bedingungen im vereinigten Deutschland umstellen. Unter dem Gesichtspunkt der Möglichkeiten sozialer Integration ist zunächst hervorzuheben, daß in Ostdeutschland sozialistische Werte im Zentrum des offiziellen Wertsystems standen, aber vom Staat mit Zwang durchgesetzt werden sollten, während die konservativen und christlichen Milieus weitgehend zerstört wurden oder sich auflösten. Die wichtige Rolle protestantischer Pastoren während der Umwälzungen von 1989 in der DDR und die Bedeutung des Schutzraums, den die evangelische Kirche für mancherlei systemkritische Aktivitäten bot, lassen leicht übersehen, daß der antichristliche kommunistische Kreuzzug in Ostdeutschland erschreckend erfolgreich war. Zwei Drittel der ostdeutschen Bevölkerung gehören keiner Kirche an, und nur fünf Prozent definieren sich selbst als stark religiös.

Zwar war der Wert proletarischer Solidarität einer der wichtigsten Bezugspunkte von Erziehung und Indoktrination unter dem kommunistischen Regime, aber der konkrete Inhalt dieser Solidarität wurde von oben nach unten und nicht von unten nach oben bestimmt. Es gab keine legale Möglichkeit, autonome Gruppen zu organisieren. Aus anderen sozialistischen Ländern kennen wir Fälle, in denen selbst Gruppen, die sich zur Unterstützung von Positionen des Regimes gebildet hatten, verboten wurden – eine Folge der paranoiden Weltsicht der Führung. Das völlige Fehlen selbstorganisierter Gruppen stellte die eine Seite der Münze dar; der umfassende Zugriff hochzentralisierter Massenorganisationen die andere. Innerhalb solch riesiger Organisationen gab es natürlich immer auch Spielräume und Autonomisierungstendenzen. Neben diesen Massenorganisationen spielten die staatlichen Betriebe und die landwirtschaftlichen Produktionsgenossenschaften auch in sozialer Hinsicht eine Rolle, die sich der westliche Inhaber eines Jobs nur schwer ausmalen kann. Sie waren auch zuständig für Kinderversorgung, Urlaub, Einkaufsmöglichkeiten und sogar Schiedsgerichtsbarkeit. Ein weiterer Typ von Gemeinschaft bestand in der sogenannten »Nische«, und einer der scharfsinnigsten Beobachter der ostdeutschen Alltagskultur, Günter Gaus, hat die ganze DDR-Gesellschaft eine Nischengesellschaft genannt. Vor allem wegen ständiger Versorgungsmängel bildeten sich große informelle Netzwerke wechselseitiger Hilfe, die sich – obwohl ihr Kern eindeutig instrumenteller Natur war – durchaus auch mit gemeinschaftsartigen Solidaritätsgefühlen anreicherten.

Der Zusammenbruch des DDR-Regimes führte zu einer rapiden Desintegration all dieser Typen von Gemeinschaft. Die Massenorganisationen lösten sich auf, die Industriebetriebe und LPGs wurden entweder geschlossen oder verloren doch zumindest ihre Zusatzfunktionen, die Nischen wurden einfach überflüssig. In meinen Augen stellen diese Prozesse zusammengenommen mehr als irgendeine Entwicklung im Westen einen dramatischen Gemeinschaftsverlust dar. Dieser ist um so dramatischer, als er auf die intentionalen Zerstörungsakte sozialstruktureller Strukturen durch die Nazis und die Kommunisten folgt. Viele Ostdeutsche erleben diese gegenwärtig ablaufenden Vorgänge als ähnlich gewaltsam wie solche intendierten Zerstörungsakte. Für sie stellen sich die westlichen Gesellschaften nicht als reich durchgeformte demokratische Kulturen dar, sondern als rein utilitaristisch-individualistische Gesellschaften, als Ellenbogenherrschaft. Die bloße Einführung demokratischer Institutionen reicht nicht hin, wenn es nicht gelingt, durch die Rekonstruktion einer »kommunikativen Infrastruktur« diesen zerstörerischen Entwicklungen Paroli zu bieten.

Die Bilanz fällt also keineswegs eindeutig aus. Neben bedrohlichen Formen ersatzlosen Gemeinschaftsverlusts findet sich eine beträchtliche Resistenz von Gemeinschaftsbindungen gegenüber ihrer Bedrohung durch sozialen Wandel und eine ständige Entstehung neuer Formen von Gemeinschaft, die keineswegs einfach dem Muster der erlebnisbezogenen Manipulation des eigenen Innenlebens entsprechen müssen, wie es die These von der »Erlebnisgesellschaft« (Gerhard Schulze) behauptet. Die Betonung der Notwendigkeit sozialer Integration sollte deshalb nicht als ein nostalgischer Versuch mißverstanden werden, zu untergegangenen Formen von Gemeinschaftlichkeit zurückzukehren, noch als ein autoritärer Versuch, der Gesellschaft im ganzen einen moralischen Konsens von oben zu oktroyieren. Es geht vielmehr um den Versuch, in einer modernen, hochdifferenzierten Gesellschaft im Bewußtsein möglicher zerstörerischer Wirkungen eines freigesetzten Individualismus neu zu formulieren, was Demokratie und soziale Gerechtigkeit bedeuten. Für einen solchen Versuch nehmen existierende und mögliche Institutionen und Prozeduren staatsbürgerlicher Beteiligung, auch solche vorpolitischer Art, zentrale Bedeutung an. Keineswegs ist ein solcher Versuch darauf angewiesen, vom Mythos allgemeinen moralischen Niedergangs, um sich greifenden Werteverlusts und allgemeiner Politikverdrossenheit auszugehen.

Alle Begriffe, mit denen die Bedeutung des Konsenses für eine demokratische und sozial gerechte Gesellschaft herausgearbeitet werden soll, geraten heute leicht unter Totalitarismusverdacht. Der Begriff der »Gemeinschaft« etwa ist für viele so eng mit der nationalsozialistischen Rede von der »Volksgemeinschaft« liiert, daß ihnen ein vorurteilsfreies Verständnis für den amerikanischen Kommunitarismus, der diesen Begriff benutzt, unmöglich wird.

Selbst der würdevolle Begriff »Solidarität«, aus der Geschichte der Arbeiterbewegung und der katholischen Soziallehre vertraut, gilt manchen als Relikt des Kommunismus. Und die postmoderne Emphase der »Differenz« mißdeutet sogar jede Konsensorientierung als Machtanspruch und Elimination des schöpferischen Potentials. Dabei gerät in Vergessenheit, daß ein Konsens über die Zulässigkeit von Differenz und über die gewaltfreie Austragung von Konflikten eine Minimalvoraussetzung für demokratische Stabilität ist. Ein solcher Minimalkonsens reicht von der Einhaltung elementarer Regeln des Fair play in alltäglichen Konflikten und Debatten bis zu einer affektiven Unterstützung der demokratischen Ordnung als solcher. Ohne eine derartige auch affektive Identifikation mit demokratischen Regeln und Idealen besteht ständig die Gefahr, daß Interessenlagen zur Abwendung von der Demokratie führen. Aber die unbedingte Notwendigkeit dieses Minimalkonsenses bedeutet nicht, daß jedes Mehr an Konsens schädlich sei.

Die Bindung an die Demokratie steht immer in einem Spannungsverhältnis zu partikularen Interessenlagen einerseits und affektiven Bindungen an ein bestimmtes Gemeinwesen andererseits. Demokraten müssen einerseits bereit sein, ihre Interessen nur in allgemein zu billigenden Bahnen zu verfolgen und sich der Mehrheitsentscheidung zu beugen; sie müssen andererseits auch zwischen ihrer Einsicht in den Wert der Demokratie und ihrer gefühlsmäßigen Bindung an ein bestimmtes Gemeinwesen, in dem die Demokratie gefährdet sein kann, balancieren. Jede Demokratie wird demgemäß eine historisch und national bestimmte sein. Der Konsens eines demokratischen Gemeinwesens kann auf dieser Grundlage über einen bloßen Minimalkonsens weit hinausgehen. Für die Demokratie in Deutschland erscheint es mir so als Teil des Konsenses, des Holocaust ständig eingedenk zu sein. Wer Auschwitz bestreitet, nimmt deshalb nicht das Grundrecht auf freie Meinungsäußerung in Anspruch, sondern mißbraucht es und versündigt sich an einem konstitutiven Bestandteil der Demokratie in Deutschland. Auch der sozialstaatliche Auftrag des Grundgesetzes läßt sich als Spezifizierung des unserer Demokratie zugrundeliegenden Konsenses verstehen. Wenn eine Demokratie nicht zugleich an sozialer Gerechtigkeit orientiert ist, wird sie nicht die

Legitimität finden können, die zu ihrer Stabilität nötig ist. Worin soziale Gerechtigkeit besteht, ergibt sich freilich nicht einfach aus der Idee der Demokratie. Diese Frage wird vielmehr unter demokratischen Bedingungen immer wieder zum Zankapfel werden. Bei allem Wandel der politischen Frontverläufe, den wir gegenwärtig erleben, wird es in der Frage der sozialen Gerechtigkeit weiterhin Auffassungsunterschiede geben. Worin soziale Gerechtigkeit besteht, wie sie im Spannungsverhältnis zu anderen Werten und zu Bedingungen etwa der wirtschaftlichen Effizienz zu gewichten ist, dies wird sich nicht in einem ein für allemal fixierten Konsens formulieren lassen. Insofern sind auch die Erwartungen unbegründet, die politische Unterscheidung von Linken und Rechten verliere an Sinn. Aber der Konsens, daß soziale Gerechtigkeit jedenfalls ein Teil des demokratischen Konsenses zu sein habe, steht über diesen Unterschieden. Eben dieser übergeordnete Konsens trug zum Zusammenhalt der alten Bundesrepublik bei und muß heute erinnert und verteidigt werden. Wenngleich die Beschreibung dieses Landes als einer »Ellenbogengesellschaft« und einer Gesellschaft ohne Konsens der Wirklichkeit keineswegs entspricht, stellt sich das Gefühl von der Triftigkeit dieser Beschreibung bei so vielen aufgrund der Bedrohung dieses *übergeordneten* Konsenses ein.

Der Streit über einen alten oder neuen »Gesellschaftsvertrag« findet für die Bundesrepublik auf zwei Ebenen statt. Gestritten wird zum einen um die Wirklichkeit von Gemeinschaftsbindung und Solidarität, zum anderen aber auch um die Berechtigung der Forderung nach einer das Individuelle übersteigenden Wertorientierung. Wenn diese Forderung an vielen Orten nicht länger als berechtigt erscheint oder in die Defensive gedrängt wird, haben selbst lebendige Bindungen Schwierigkeiten, sich zu artikulieren und zu sich selbst zu bekennen. Es geht deshalb nicht nur darum, das Maß existierender und neu entstehender Solidaritätspotentiale auszuloten, sondern auch und vorrangig darum, diesen Potentialen wieder zu ihrem Recht in der gesellschaftlichen Auseinandersetzung zu verhelfen. Die gleichzeitige Relativierung von Staat *und* Markt durch eine demokratische Kultur – vor dieser Aufgabe stehen alle politischen Strömungen heute, linke und rechte.

Literaturhinweise

Harold Hurwitz, Demokratie und Antikommunismus in Berlin nach 1945, 5 Bde., Köln 1983 ff. ist eine meisterhafte empirische Studie über die Herausbildung eines demokratischen Konsensus im Nachkriegs-Berlin.

Robert Bellah, Gewohnheiten des Herzens. Individualismus und Gemeinsinn in der amerikanischen Gesellschaft, Köln 1987 ist eine einflußreiche amerikanische Studie über Gemeinschaftsbindungen in den USA.

Helmut Dubiel, Konsensus oder Konflikt? Die normative Integration des demokratischen Staates, und Gerhard Göhler, Konflikt und Integration. Koreferat zu Helmut Dubiel, in Beate Kohler-Koch (Hg.), Staat und Demokratie in Europa. 18. Wissenschaftlicher Kongreß der Deutschen Vereinigung für Politische Wissenschaft, Opladen 1992 (S. 130–137 und S. 138–146); eine interessante Kontroverse über das Maß von Konsens, das eine Demokratie benötigt.

Bernhard Peters, Die Integration moderner Gesellschaften. Frankfurt am Main 1993 ist ein enzyklopädischer Baukasten der theoretischen Annahmen zur Frage sozialer Integration.

Hans Joas, Gemeinschaft und Demokratie. Die vergessene Vorgeschichte der Kommunitarismus-Diskussion, in: Micha Brumlik/Hauke Brunkhorst (Hg.), Gemeinschaft und Gerechtigkeit, Frankfurt am Main (Fischer Taschenbuch Verlag) 1993, S. 49–62. Eine Verteidigung der Vereinbarkeit von »Gemeinschaft« und »Demokratie«.

Matthias Möhring-Hesse
Mit Schmarotzern solidarisch sein?

Solidarität auf Gegenseitigkeit in der Wohlstandsgesellschaft

Der bundesdeutsche Sozialstaat ist zu einem starken Baum ausgewachsen. Zwar hat der »saure Regen« auch diese deutsche Eiche nicht verschont; so manch einst grünes Blatt fiel bereits kränkelnd zu Boden. Aber die Eiche selbst steht noch immer prächtig da – mit kräftigem Stamm und mächtiger Krone: Ein ansehnlicher Etat ermöglicht eine Vielzahl von Leistungen, versorgt zahllose Menschen mit seinen Gaben. Bekanntlich hat diese Eiche eine starke Wurzel in der Selbsthilfe der Arbeiterbewegung. Deren kämpferische Solidarität hat den zarten Sproß zudem gehegt und gepflegt – und dem Staat die bestehenden, recht komfortablen Sicherungssysteme abgerungen. Doch wichtige Haupt- und Nebenwurzeln hat der Baum auch in die anderen politischen Lager ausgetrieben, dort Stand und Nährstoffe gefunden. Ohne sein weitverzweigtes Wurzelwerk hätte der bundesdeutsche Sozialstaat nicht so gut gedeihen können, wie er's denn tat.

Auch im konservativen Lager hat man den Sozialstaat gewollt und dessen Wachstum gefördert. Dabei wähnten sich die Konservativen als besonders sensibel für dessen moralische Grundlagen: Daß über den Sozialstaat Beiträge bei den einen eingezogen und Leistungen an andere ausgegeben werden, ergibt sich letztlich aus der moralischen Verpflichtung aller, füreinander einzustehen. »In *solid*um *obligari*«, ein jeder hafte für das Ganze, lautete der passende Rechtsgrundsatz, aus dem sich das Wort »Solidarität« entwickelt hat. Mit Solidarität kennen sich die Linken natürlich aus; gleichwohl erschien gerade ihnen eine solch moralische Begründung von Sozialpolitik als altbackener Moralismus: theoretisch unzeitgemäß, weil unter dem Niveau moderner Wirtschafts- und Staatstheorie, und politisch unangebracht, weil nicht mobilisierend und mehrheitsfähig. Statt dessen führte man den Nachweis, daß der Sozialstaat für den real-existierenden Kapitalismus ein Erfordernis ist und überdies von den einzelnen nichts verlangt, was sie nicht auch irgendwie zurückerhalten. So ließ sich Reformpolitik sozialstaatlicher Expansion begründen – und zugleich die Kritik am Sozialstaat pflegen.

Ob funktional oder nicht, der Sozialstaat ist ins Gerede gekommen. Zunehmend weniger BundesbürgerInnen sind noch davon überzeugt, daß sie beim Sozialstaat auch das rauskriegen, was sie reinstecken müssen. Wenn man sie nur ließe, könnten sie sich ihre Sicherheit privat billiger und vielleicht auch besser besorgen. Der Sozialstaat erscheint ihnen als ein gleichermaßen überflüssiges wie teures Unternehmen. Solchen Unmut sucht man nun allenthalben mit Solidaritätsappellen zu bändigen. Und in Zeiten knapper Kassen scheint Solidarität tatsächlich eine notwendige Ressource zu sein, die Vermögenden sozialstaatlich bei der Stange zu halten. Gleichzeitig zeigt sich gegenwärtig aber auch der Januskopf dieser Solidaritätsappelle: Mit der Verpflichtung zur Solidarität werden nicht nur die Beitrags- und SteuerzahlerInnen in die Pflicht genommen, sondern zunehmend auch die LeistungsempfängerInnen angegangen.

Solidarität sei geboten, aber strikt nach dem Gebot der Gegenseitigkeit! Und weiter heißt es – gerade aus der Bonner Regierungskoalition: Es gehe nicht länger an, daß die einen immer nur zahlen, die anderen dagegen immer nur kassieren.[1] Die LeistungsempfängerInnen beuten den Sozialstaat und damit die Steuer- und BeitragszahlerInnen schamlos aus; der Staat und seine zahlungskräftigen BürgerInnen sind dem ohnmächtig ausgeliefert. So wurde eine Konfliktlinie zwischen Erwerbstätigen und LeistungsempfängerInnen gezogen – und der Konflikt zugunsten der ersten entschieden: Durch das Haushaltsstrukturgesetz, das Arbeitsförderungskonsolidierungsgesetz, die Haushaltsbegleitgesetze sowie laufende gesetzliche Initiativen wurden das Arbeitslosengeld, die Arbeitslosenhilfe und die Sozialhilfe indirekt oder direkt gekürzt. Indem man beim »output« mögliche Leistungsansprüche begrenzt, werden beim »input« die Interessen der Zahlenden gestärkt. Unter dem Druck, mit den Stimmen der Beitrags- und SteuerzahlerInnen

Wahlen gewinnen zu müssen, haben die Sozialdemokraten in diese Melodie längst eingestimmt. Den neuen Ton gab seinen GenossInnen der Pforzheimer Oberbürgermeister vor: »Das Prinzip der Solidarität darf nicht nur aus der Sicht der Hilfeempfänger definiert, sondern muß auch aus der Perspektive des Gebenden begriffen werden.«[2]

Mit der Forderung, die Balance zwischen Geben und Nehmen sozialstaatlich (wieder) auszuloten, wird dem Wahlpublikum nach dem Portemonnaie gesprochen: Die zahlungskräftigen und stimmgewaltigen BürgerInnen werden aus ihrer Verantwortung für andere nicht entlassen, gleichwohl sollen sie spürbar entlastet werden. Diesem Anliegen steht ein kaum noch zu verbergendes Leistungsversagen des bundesdeutschen Sozialstaates gegenüber: Offenkundig gelingt es ihm immer weniger, Armut zu verhindern und das bundesdeutsche Versprechen »Wohlstand für alle« einzulösen. Vor allem in Folge der verfestigten Massenarbeitslosigkeit sind zunehmend mehr Menschen auf solidarische Zuwendungen angewiesen, zu deren Aufbringung sie nichts beitragen *können*. Menschen im besten Mannes- oder Weibesalter werden zu genau den »Schmarotzern« gemacht, denen neuerdings die Solidarität gekündigt wird. Was also ist faul an der Solidarität auf Gegenseitigkeit?

Wie ich dir, so du mir

Daß »Solidarität« heutzutage den Hilfebedürftigen zur Vorhaltung gemacht wird, sollte sie nicht weiter überraschen. Unter diesem Begriff wurden immer nur Beziehungen versprochen bzw. zugemutet, in denen sich Geben und Nehmen – zumindest »on the long run« – die Balance halten. Schon als klassisches Rechtsprinzip bezeichnete »Solidarität« eine wechselseitige Verbundenheit, nämlich die gemeinsame Haftung von Mitschuldnern für gemeinsame Finanzgeschäfte. Die frühe Arbeiterbewegung okkupierte diesen Begriff – mitsamt dem impliziten Gebot der Gegenseitigkeit: Durch Solidarität überbot die eigene Klasse die gesellschaftsmächtige Konkurrenz bloßer Einzelinteressen; wie ein Mann stand man in der Arbeiterbewegung für die gemeinsame Sache. Dabei unterstützten die Stärkeren die Schwächeren – doch nicht als dauerhafte Einbahnstraße. Innerhalb der eigenen Klasse wurde Gegenseitigkeit erwartet, und entsprechende Erwartungen auch durchgesetzt – nicht immer mit den feinsten Methoden. Obwohl mit klassenkämpferischem Pathos versetzt, haben konservative Geister auf »Solidarität« nicht verzichten wollen und in der katholischen Soziallehre ein harmonischeres Solidaritätsprinzip geschmiedet: Immer schon sitzen die Menschen »in einem Boot«, das sie nur gemeinsam oder gar nicht schaukeln. Dieser natürlichen Solidarität (»Gemeinverstrickung«) entspricht eine ethische Pflicht (»Gemeinverhaftung«), nämlich »das zu tun, was man einander schuldig ist«.[3]

Ob als Organisationsprinzip im Klassenkampf oder als Ordnungsprinzip der Gesellschaft: Solidarität soll einigermaßen sichere Ansprüche fundieren, so daß sich Menschen in ihrer Lebensplanung auf andere verlassen können, selbst wenn sie sich nicht mögen, sich nicht einmal kennen. Wahrscheinlich wird diese Verbundenheit nur dann, wenn sie die Menschen nicht – wie etwa die Liebe – ganz umfaßt und nicht – wie etwa die Nächstenliebe – auf Gegenleistungen verzichten muß. Liberale Gesellschaftstheorien trauten den Menschen selbst diese Solidarität nicht zu; zugleich beruhigten sie: Moderne Gesellschaften brauchen Solidarität gar nicht, weil sie durch zufällige Koalitionen bloßer Eigeninteressen, durch die »unsichtbare Hand« zusammengehalten werden. Von Spencer über Durkheim bis zu Habermas wurde dieser liberalen Vorstellung von einer Gesellschaft purer Egoisten widersprochen – und Solidarität als notwendiges Medium des gesellschaftlichen Zusammenhalts angezeigt. Aus diesen Traditionen lassen sich einige Bausteine für einen sparsamen Solidaritätsbegriff sammeln, mit dem sich die Appelle nach Solidarität auf Gegenseitigkeit disziplinieren lassen.

Solidarisch ist man nicht mit jedem und jeder, sondern mit denen, die man aufgrund irgendwelcher Ähnlich- oder Gemeinsamkeiten als *gleich* entdeckt hat. Unsere Solidaritätsgefühle sind am stärksten und prägen folglich auch nur dann soziale Zusammenhänge, wenn – so meint der Sozialphilosoph Richard Rorty – »die, mit denen wir uns solidarisch erklären, ›zu uns‹ gehören und ›wir‹ etwas enger Begrenztes als die Menschenrasse ist«.[4] Andererseits überwinden die Gleichen durch Solidarität ihre *Ungleichheit*: Indem sie untereinander solidarisch sind, überspringen Menschen erstens ihre Interessenunterschiede und gehen gemeinsame Interessen gemeinsam an. Dabei werden zweitens diejenigen besonders gefordert, denen es im Augenblick bessergeht, werden also bestehende Ungleichheiten ausgeglichen. Solidarität ist also »Verbundenheit trotz Differenz«[5]. Zwischen Gebern und Nehmern nährt sich diese Verbundenheit aus einer – möglicherweise auch über lange Zeit latenten – *Reziprozität.* Ansprüche untereinander resultieren nämlich aus der gemeinsamen Sache, zu der auch die beizutragen haben, die – etwa aufgrund größerer Beeinträchtigung – die Unterstützung anderer beanspruchen (können). Solidarität funktioniert also weder nach dem Äquivalenz- noch nach dem Tauschprinzip: Solidaritätsansprüche erwachsen weder aus zuvor »eingezahlten« Leistungen noch aus vertraglich geregelten Absprachen, sondern begründen sich aus der gemeinsamen Sache und bestehen aus den spezifischen »Talenten«, die einzelne zur gemeinsamen Sache beitragen können.

Solidarität ist schließlich eine prinzipiell *freiwillige* Verbundenheit, beruht auf der freien Entscheidung der einzelnen, andere als gleich anzuerkennen und sich ihrer Solidargemeinschaft einzuordnen. Lassen sie sich aber freiwillig auf bestimmte Solidaritäten ein, nehmen sie Verbindlichkeiten an, die ihre Handlungskompetenzen erweitern, ihre Freiheiten aber auch einschränken: Als Mitglied einer Solidargemeinschaft haben sie nicht nur Rechte, die sie gegenüber anderen zu eigenen Gunsten einlösen können; es bestehen eben auch Ansprüche, die die anderen stellen und die sie erfüllen *müssen.* Denn Schmarotzer können die Solidaritätsansprüche anderer nicht – zumindest nicht auf Dauer – verletzen, ohne daß ihnen die Solidargemeinschaft mit dem Ausschluß droht – und diese Drohung gegebenenfalls auch wahrmacht.

Solidarität ist häufig mühsam, verspricht aber dem, der solidarisch ist, das gute Gefühl, ein anständiger Mensch zu sein, sowie die Geborgenheit einer Gemeinschaft, die zusammenhält. Statt dessen herrscht jedoch in den bundesdeutschen Sozialversicherungen und -ämtern die Kälte großer Bürokratien, die Einzelschicksale mehr oder weniger effizient verwalten. Für erhabene Selbstwertgefühle geben die sozialstaatlichen Sicherungssysteme wenig Anlaß, verschwindet die persönliche Solidaritätsleistung doch hinter den immer gleichen Abzügen auf der monatlichen Gehaltsabrechnung. Geadelt fühlt sich auch niemand dadurch, daß seit Monaten einer der Abschläge »Solidaritätszuschlag« heißt. Auch wenn die Solidaritäts*gefühle* nicht mehr so recht zu ihrem Recht kommen, die sozialstaatlichen Sicherungssysteme bleiben dennoch Veranstaltungen der Solidarität. Sie vermitteln nämlich die Bereitschaft von einzelnen, die Lasten anderer zu tragen, obgleich man sie weder kennt noch mag, mit der Bereitschaft, Zuwendungen anderer »mit gutem Gewissen« in Anspruch zu nehmen, ohne sich bedanken zu können.

Vor allem die abhängig Beschäftigten und ihre Familien werden vom bundesdeutschen Staat in diesen Solidaritätspakt »gebeten«. Dessen Instrumente sind arbeitsgesellschaftlich zugeschnitten – und deshalb »lohnarbeitszentriert« (Georg Vobruba). Sie reagieren zuvörderst auf Problemlagen von abhängig *Beschäftigten*: Erwerbsarbeit macht Solidarität notwendig, um die mit Erwerbsarbeit verbundenen Existenzrisiken zu bewältigen. Der Erwerbsarbeit entstammen auch die Ressourcen dieser Solidarität: Die Solidargemeinschaften finanzieren sich aus dem Erwerbseinkommen ihrer Mitglieder. Dieser Sachverhalt schlägt schließlich auch auf die Subjekte der Solidarität zurück: Die Rechte auf zumindest alle komfortablen Sozialleistungen werden durch »geregelte Arbeit« erworben. Andererseits können die einzelnen nur solidarisch sein, indem sie aus ihrem »geregelten Einkommen« Steuern oder Versicherungsbeiträge abführen.

Einen solidarischen Ausgleich organisiert der bundesdeutsche Sozialstaat zwischen BürgerInnen, die sich insofern gleich sind, als sie ihren Unterhalt gleichermaßen aus Erwerbsarbeit beziehen, und für die deshalb Alter, Arbeitslosigkeit, Krankheit und Pflegebedürftigkeit ein besonderes Existenzrisiko darstellt. Von ihrem Erwerbseinkommen sind auch ihre Familien abhängig, von deren unentlohnten Leistungen – insbesondere von der häuslichen Arbeit ihrer Ehefrauen – sie andererseits auch profitieren. Gleich sind sich die Sozialversicherten also aufgrund ihrer ähnlichen Lebenslagen, aufgrund »geregelter Arbeit« und »ordentlicher Familien«. Für atypische Lebensbiographien, die von dieser Normalität »nach unten hin« abweichen, wurde mit der Sozialhilfe ein untergründiges Auffangbecken geschaffen. Dieses unterste »soziale Netz« ist weniger komfortabel ausgestattet, auch die Solidarität ist anders zugeschnitten: Solidarisch sind hier zivilisierte BürgerInnen, die nicht wollen, daß »in ihrer Mitte« Menschen unterhalb einer bestimmten Armutsschwelle leben (müssen). Deshalb beauftragen sie ihre Gebietskörperschaften, jedem Menschen »ein menschenwürdiges Dasein zu sichern« (Sozialgesetzbuch).

Mit den Sozialversicherungen wird für kollektive Standardrisiken die Konkurrenz zwischen den Beschäftigten außer Kraft gesetzt: Die wegen Alter, Arbeitslosigkeit, Krankheit oder Pflegebedürftigkeit »Schwachen« werden von den »Starken« unterstützt, die gegenwärtig von diesen Risiken nicht betroffen sind, es aber in Zukunft sind bzw. sein können. Ungleich sind sich die Sozialversicherten also hinsichtlich ihrer ungleichzeitigen Betroffenheit. Soziale Ungleichheiten sind dagegen kein Thema ihrer Solidarität: Einkommensunterschiede und differente Lebenslagen werden durch die bestehenden Sicherungssysteme kaum ausgeglichen, sondern als leistungsgerecht bestätigt. Vertrauend darauf, daß Arbeitseinkommen eine angemessene Bewertung individueller Leistungen bieten, werden Einkommensunterschiede über die Erwerbsarbeit hinaus in ungleiche Zuwendungen im Risikofall verlängert. Lediglich die Sozialhilfe sieht vom Prinzip der Leistungsgerechtigkeit ab und soll *auf niedrigem Niveau* die Bedarfsgerechtigkeit gesellschaftlicher Verteilung sichern.[6]

Mit der in den Sozialversicherungen kultivierten Aufmerksamkeit für ungleichzeitige Betroffenheiten ist zugleich gesichert, daß sich Geben und Nehmen die Balance halten. Diejenigen, die zum

Lebensunterhalt anderer beitragen, wenn diese durch die vorgesehenen Schicksalsschläge betroffen werden, erzielen Ansprüche auf Unterstützung in der Zukunft – dann nämlich, wenn sie selbst von diesen Schicksalsschlägen ereilt werden. Dabei ist diese Solidarität auf Gegenseitigkeit keineswegs kleinlich: Den gesammelten Zorn der Solidargemeinschaft zieht man nicht bereits deswegen auf sich, weil man mehr Leistungen in Anspruch nimmt, als man Beiträge geleistet hat. Als Trittbrettfahrer werden aber diejenigen Mitglieder verfolgt, die von der Solidarität anderer profitieren, sich aber außerplanmäßig bei den Beiträgen zurückhalten. Die Arbeitslosenversicherung etwa bindet ihre Leistungen an die Bereitschaft, nach Möglichkeit eine Erwerbstätigkeit aufzunehmen, und verfolgt »arbeitsscheues Gesindel« mit Leistungsentzug. Nicht wesentlich anders halten es die Sozialämter, wenn auch weniger energisch. Die sozialstaatlich organisierte Solidarität zielt also auf *Gegenseitigkeit in der Zeit*: Ansprüche auf die Solidarität anderer wird denjenigen gewährt, die in der Vergangenheit bereits ihre Solidarität für andere erbracht haben und/oder in der Zukunft ihren Beitrag zur Solidargemeinschaft leisten werden.

Doch hat dieser staatlich verordnete Ausgleich überhaupt noch etwas mit Solidarität zu tun? Gezwungenermaßen wird man doch zur Kasse gebeten – für Sicherungssysteme, mit denen der Staat vor allem eigene Interessen, nämlich das »Interesse an sich selbst« (Claus Offe) verfolgt! Daß der Staat als eigeninteressierter Teilhaber in den eigens geschnürten Solidaritätspakt eingestiegen ist, ist unvermeidbare Folge davon, daß allein er mit seinen Zwangsmitteln diese Solidarität dauerhaft sichern kann, indem er etwa allmonatlich durch Einzug von Gehaltsanteilen die notwendigen Finanzmittel aufbringt oder Rentenansprüche über große Zeiträume garantiert. Zweifelsohne wird durch den staatlichen Zwang die Freiwilligkeit zur Solidarität beschränkt, nicht aber aufgehoben: Der Sozialstaat kann seine BürgerInnen zu Steuern und Beiträgen zwingen; er kann sie jedoch nicht zwingen, diese Abgaben auch freiwillig zu zahlen. Je weniger sie es aber freiwillig tun, desto eher werden sie sich Schleichwege suchen, um sich der staatlich verordneten Solidarität zu entziehen.[7] Aber auch auf eine vorgesehene Weise besteht Freiwilligkeit: Gemäß der demokratischen Verfassung der Bundesrepublik bleiben auch deren sozialstaatliche Institutionen auf die Zustimmung der BürgerInnen angewiesen, die sich nicht zuletzt in entsprechenden Wahlentscheidungen zeigt. Welche Sozialpolitik sich die BürgerInnen aber erwählen, hängt wesentlich von ihrer freiwilligen Solidaritätsbereitschaft ab.

Die Verhältnisse sind nicht so (Teil 1)

Das bundesdeutsche System der sozialen Sicherung hat sich über lange Zeit bewährt – zumindest in der öffentlichen Wahrnehmung derjenigen, die von dieser Solidarität leben bzw. diese Solidarität aufgebracht haben. Doch inzwischen rumort es im Laden; die Gutmütigkeit derer, die für diese Solidarität zur Kasse gebeten werden, ist am Ende. *Erstens* sind die Ausgaben der sozialstaatlichen Sicherungssysteme gestiegen: Wurden in der Bundesrepublik 1960 für Sozialleistungen noch 69 Mrd. DM ausgegeben, waren es 1990 bereits 743 Mrd. und 1993 1063 Mrd. DM. Die kontinuierlich steigenden Sozialausgaben machten u. a. höhere Beiträge bei den Sozialversicherungen notwendig. Die Beschäftigten mußten 1970 Sozialversicherungsbeiträge in Höhe von insgesamt 26,5 Prozent ihrer Bruttolöhne abführen; im vergangenen Jahr waren es fast 40 Prozent; Tendenz: steigend. Allerdings ist der Anstieg der Sozialleistungen weit weniger dramatisch, als gerne kolportiert wird. Die Sozialleistungsquote jedenfalls, die die Sozialleistungen im Verhältnis zum Bruttosozialprodukt angibt, hat sich seit 1975 auf dem Niveau von 34 Prozent eingependelt; 1993 lag sie in den alten Bundesländern mit 30 Prozent sogar darunter (Gesamtdeutschland: 34 Prozent). Besser läßt sich der neue Unmut daher durch eine *zweite* Entwicklung erklären: Das gesellschaftliche Umfeld hat sich derart verändert, daß die über mehrere Jahrzehnte so erfolgreichen Sicherungssysteme Geben und Nehmen nicht mehr ausbalancieren können.

Zur allgemeinen Zufriedenheit hat das bestehende System so lange funktioniert, wie Arbeitslosigkeit den Gezeiten der Konjunktur folgte. Solange mehr oder weniger alle BundesbürgerInnen ihre Chance auf dem Arbeitsmarkt fanden und deshalb über ein »gere-

91

geltes Einkommen« verfügen konnten – oder aber in Familien über den erwerbstätigen (zumeist männlichen) »Haushaltsvorstand« mitversorgt wurden –, klappte es mit der Solidarität auf Gegenseitigkeit. Die einzelnen leisteten ihre Solidaritätsbeiträge und erwarben zugleich ausreichende Ansprüche, um in Risikofällen von der Solidarität anderer zu leben. Aber: Die Zeiten ändern sich! Vom konjunkturellen Verlauf der Wirtschaft weitgehend abgekoppelt, haben sich seit Mitte der siebziger Jahre die Beschäftigungsdefizite zunehmend vergrößert und als Massenarbeitslosigkeit verstetigt, die sich zudem bei den Betroffenen häufig als Dauerschicksal »eingenistet« hat. Durch eine offensivere Beschäftigungspolitik, als sie bislang betrieben wird, könnte zwar ein wesentlich höherer Beschäftigungsstand erreicht werden. Wegen verschiedener struktureller Trends wird sich jedoch die Vollbeschäftigung vergangener Tage nicht wieder einstellen. Für Zeiten dauerhaft großer Beschäftigungsdefizite sind aber die sozialstaatlichen Instrumente nicht vorgesehen: Zunehmend mehr Menschen müssen Sozialleistungen in Anspruch nehmen und fallen zugleich als Steuer- oder BeitragszahlerInnen aus; die Ausgaben steigen im selben Maß, wie die Einnahmen zurückgehen.

Für das sozialstaatlich organisierte System der Solidarität auf Gegenseitigkeit ergibt sich daraus eine brisante, weil Solidarität zersetzende Konsequenz: Diejenigen, die auf dem Arbeitsmarkt ausgegrenzt bzw. benachteiligt werden, finden sich häufig in randständigen Lebenslagen, in Armut wieder. Der bundesdeutsche Sozialstaat sichert ihnen nämlich kein Einkommen, mit dem sie ein Leben führen könnten, das diejenigen mit »geregelter Arbeit« und mit »geregeltem Einkommen« führen. Gemessen an dem Ziel, den Ausfall von Erwerbseinkommen durch solidarischen Ausgleich aufzufangen, verlieren die sozialstaatlichen Instrumente also ihre Leistungsfähigkeit. Die eingespielte Solidarität versagt, kommt nämlich bei denen nicht an, die ihrer bedürfen, zumindest nicht im benötigten Maße – und »lohnt« sich damit auch nicht für diejenigen, die zu entsprechender Solidarität eigentlich bereit sind. Dauerhaft auf »Hilfe zum Lebensunterhalt« angewiesen, besteht für die LeistungsempfängerInnen zugleich immer weniger die Möglichkeit, etwas zu der Solidargemeinschaft beizutragen, von der sie leben. Die bestehenden sozialstaatlichen Instrumente machen sie zu genau den »Schmarotzern«, die man mit Mißtrauen und Ablehnung verfolgt.

Infolge der dauerhaften Massenarbeitslosigkeit werden also die Voraussetzungen reziproker Solidarität abgetragen, nämlich die Hilfebedürftigen aus der Gegenseitigkeit solidarischer Leistungen ausgegrenzt. Wo Geben und Nehmen bislang ausbalanciert wurden, werden inzwischen Geber und Nehmer scharf und zunehmend schärfer getrennt. Den Steuer- und BeitragszahlerInnen werden die LeistungsempfängerInnen zur Zumutung; immer weniger können sie erwarten, daß diese sich einmal ernsthaft revanchieren werden. Indem er diese Spaltung zwischen Gebern und Nehmern in Gang gesetzt hat, zerstört der Sozialstaat die Solidarität, die er eigentlich organisieren soll. Wie der Schnee in der Sonne schmilzt jene Verbundenheit auf Gegenseitigkeit, ohne die Solidarität auf Dauer unwahrscheinlich wird. Die Sicherungssysteme und allen voran die Sozialhilfe werden zu einer ungeliebten Veranstaltung zugunsten Dritter: zugunsten derjenigen, die anders sind, zu denen man nicht gehört, von denen man nichts, zumindest nichts Gutes, erwartet, für deren Unterhalt man nur zahlt – und zahlt und zahlt.[8]

Die Verhältnisse sind nicht so (Teil 2)

Vor allem konservative Politiker sind beunruhigt: Nach Jahrzehnten des Anstands geraten die Individuen außer Rand und Band, frönen ihrem ungezügelten Egoismus und verlassen die eingespielten Bahnen des zivilisierten Abendlandes. Die sozialwissenschaftliche Zeitdiagnose hält eine weniger aufgeregte Analyse dagegen. Unter dem Stichwort »Individualisierung« erklärt sie die Erosion traditioneller Verhaltensmuster und den Zerfall bislang selbstverständlicher Lebensformen aus einem übergreifenden Entwicklungsprozeß: Moderne Gesellschaften nehmen den Menschen soziale und normative Sicherheiten und zwingen sie, ihr Leben selbst in die Hand zu nehmen. Diese Zeitdiagnose nimmt nicht nur Zerfall und Zerstörung in den Blick, sondern hält sich auch für das Neue sensibel, das auf den Ruinen des Vergangenen entsteht oder zumindest entstehen könnte.

Daß die Individuen – auf einem zweifelsohne hohen Wohlstandsniveau – genötigt werden, ihr je eigenes Leben zu leben, zieht die vormals kollektiven Lebensformen in Mitleidenschaft – und mit ihnen die in diesen Lebensformen eingelagerten Solidaritäten. An die Stelle vormals typischer Lebensformen treten heutzutage aber nicht einfach neue typische, sondern eine Vielfalt von neuen und alten, zunehmend aber individuellen Lebensformen. Unterschiedliche Erwerbsbiographien und Karriereplanungen treffen aufeinander; Menschen mit ganz unterschiedlichen Haushaltsformen leben in Nachbarschaft; komplizierte und manchmal geradezu phantastische Verwandtschaftsformen entstehen. Immer seltener erfahren die einzelnen Ähnlichkeiten – statt dessen immer häufiger Differenzen: daß die anderen ganz anders leben als man selbst. Wer die »Gleichen« sind, denen man deshalb auch Solidarität schuldet, wird nun nicht mehr aufgrund ähnlicher Lebenslagen erfahren, sondern muß mühsam entdeckt werden. Die dazu notwendigen kognitiven Leistungen werden nicht dadurch einfacher, daß die einzelnen auch noch den Scheinwerferkegel selbst einstellen müssen, in dessen Licht ihnen Ähnlichkeiten überhaupt auffallen können. Individualisierte Individuen sind deshalb keine Egoisten, zumindest nicht mehr als ihre Großväter und -mütter. Aber unter dem Druck, sich eine je eigene Biographie zu erstellen, muß »ich« zunehmend auch darüber entscheiden, welchen Solidargemeinschaften »ich« angehören will. Für die einzelnen erwachsen daraus kognitive und moralische Probleme, die vorausgegangene Generationen nicht einmal ahnen konnten: Als einzelne unter Gleichen müssen sie sich erst entdecken, entsprechende Solidaritäten müssen sie mit den anderen aushandeln; darüber hinaus müssen sie diese Solidaritäten langfristig durchhalten – und zwar gegenüber anderen, die sich – genauso wie man selbst – unbequemen Verpflichtungen eilig entziehen und kurzfristig zwischen den jeweils profitabelsten Solidargemeinschaften springen *können*. Im Vergleich zu den eingespielten Solidargemeinschaften früherer Zeiten wird Solidarität damit schwieriger und zerbrechlicher, für die einzelnen aber um so wertvoller.

Für das System sozialstaatlich organisierter Solidarität ergeben sich aus dieser Entwicklung mindestens drei Mißlichkeiten: *Erstens* werden Solidaritätsbereitschaften, auf deren Grundlage die Sicherungssysteme nur möglich sind, zunehmend kontingent. Warum man im Rahmen dieser Sicherungssysteme gegenüber anderen Verpflichtungen hat, ist den einzelnen schon deshalb immer weniger einsichtig, weil es diese Sicherungssysteme gibt und der Staat Beiträge und Steuern einzieht. Wenn den Beitrags- und SteuerzahlerInnen keine besseren Gründe einfallen, geht dem Sozialstaat genau die moralische Grundlage verloren, die er voraussetzen muß und durch staatliche Zwangsmittel nicht ersetzen kann. Obgleich konservativ-liberale Sozialpolitik auf nachlassende Solidaritätsbereitschaften »nur« reagiert, wirkt sie übrigens wider Willen als Katalysator: Durch Betonung von »Eigenverantwortung« und Leistungsgerechtigkeit regt sie bei den »Besserverdienenden« genau die Entsolidarisierung an, die sie in ihrer Zeitdiagnose vom neuen Egoismus so wortgewaltig beklagt. Diejenigen, die ihre persönlichen Risiken privat billiger absichern könnten als über solidarische Ausgleichssysteme, sehen sich nämlich durch das konservativ-liberale Loblied der »Eigenverantwortung« in ihrem Unmut bestätigt, die Risiken anderer zu subventionieren.

Die zunehmende Individualisierung von Lebenslagen macht *zweitens* die Unterscheidung zwischen »normalen« und »atypischen« Biographien unplausibel, wie sie für die bestehenden Sicherungssysteme konstituiv ist. Entlang dieser Demarkationslinie sortiert der Sozialstaat Menschen: »Die Guten ins Töpfchen«, also in die komfortablen Sozialversicherungen, »die Schlechten ins Kröpfchen«, also in die durch Sozialämter vermeintlich bekämpfte Armut. Doch wer kann heutzutage noch normale Lebensformen von anomalen unterscheiden – und dabei auf allgemeine Zustimmung hoffen? Allenfalls kann als »normal« gelten, was man braucht, um in der Vielzahl individueller Lebensformen und -stile mit seiner eigenen Biographie mithalten zu können. Weil dennoch die sozialstaatlichen Institutionen auf Normalitätsannahmen längst vergangener Tage ruhen, nämlich »geregelte Arbeit« und »ordentliche Familien« voraussetzen, verfehlen sie die Normalität von immer mehr Gesellschaftsmitgliedern. Dadurch privilegieren sie diejenigen, die die ungleichzeitigen Normalitätsunterstellungen noch erfüllen (können oder wollen) – zu Lasten derjenigen, die entweder keine »geregelte Arbeit« oder aber keine »ordentliche Familie« oder aber beides nicht vorweisen (können oder wollen).[9] Die Solidarität der Gleichen nimmt so aber ernsthaft Schaden!

Weil zusätzlich auch die Gegenseitigkeit dieser Solidarität zerbricht, besteht *drittens* die Gefahr verschärfter Ausgrenzungen. Diejenigen, die dauerhaft für andere zahlen müssen, ohne auf Gegenleistungen hoffen zu können, werden sich kaum für diese Solidarität begeistern lassen. Die einfachste Lösung ist da die Ausgrenzung: Solidarität zwischen den WohlstandsbürgerInnen hält man vital durch Entsolidarisierung gegen die Habenichtse, deren Bedürftigkeit die Solidarität gegenwärtig so hart auf die Probe stellt. Mit mehr oder weniger gutem Gewissen werden dazu die – eigenhändig erzeugten – »Schmarotzer« aus den komfortablen Solidargemeinschaften ausgeschlossen. Im Hause Seehofers plant man etwa, dauerhaft Erwerbslose aus der Arbeitslosenversicherung in die Sozialhilfe abzudrängen.

Man tut, was man kann

Zwar hat der bundesdeutsche Sozialstaat viele Erwartungen enttäuscht, einige der schlimmsten Befürchtungen bestätigt und manchen Mißmut verursacht; gleichwohl kann sich sein Beitrag zur bundesdeutschen Wohlstandsgesellschaft sehen lassen. Doch dieselben Institutionen, denen sich einmal der »Wohlstand für alle« verdankte, tragen nun zu einer Verstetigung und Konzentration von Armut bei. Diese Situation wird, *wenn* sie nicht reformpolitisch angegangen und bewältigt wird, in die Ausgrenzung der Armutsbevölkerung aus der bundesdeutschen Wohlstandsgesellschaft münden – und eine solche Entwicklung ginge nicht auf das Konto egoistischer Zeitgenossen, die für Solidarität keine Zeit, keine Lust oder kein Geld mehr haben. Die überkommene Organisation der Solidarität ist vielmehr unzeitgemäß; die sozialstaatlichen Institutionen versagen! Damit aber tragen die ZeitgenossInnen eine politische Schwerstlast: Sie haben ihre Solidarität neu zu organisieren und auf die Verhältnisse einzurichten, so wie sie nun mal sind.

Was die *Ungleichheit* zwischen den BundesbürgerInnen angeht, die ihre Solidarität in neuer Weise herausfordert, so gilt: »Schwach« sind zunächst einmal die, die seit geraumer Zeit ihren Anteil am gesellschaftlichen Wohlstand – aus unterschiedlichsten Gründen, vor allem aber in Folge dauerhafter Arbeitslosigkeit – nicht erhalten. Gefordert ist daher nicht mehr in erster Linie der solidarische Ausgleich ungleichzeitiger Betroffenheiten, sondern die Wohlstandssicherung der BürgerInnen, die aus dem gesellschaftlichen Wohlstand herausgefallen sind bzw. herauszufallen drohen. In dem Maße, wie die Solidargemeinschaften ihre Aufmerksamkeit auf diese Ungleichheit lenken, werden sie ihre Mittel »umverteilen« und dazu ihre Prioritätenskala neu einstellen müssen: Vor den Schutz vor sozialen Risiken sowie der Sicherung erreichter Lebensstandards muß an die erste Stelle die *Sicherung ausreichender Anteile am gesellschaftlich verfügbaren Wohlstand* treten, die ein Leben in der Wohlstandsgesellschaft ermöglichen.

Auch die ZeitgenossInnen richten ihre Solidarität an »Gleiche«; sie können sich aber deren *Gleichheit* immer weniger über erfahrbare Ähnlichkeiten versichern. Seitdem sich die Lebenslagen und -stile zunehmend vervielfältigen, verfügt niemand mehr über Autorität und Evidenz, bestimmte Lebensformen und -stile als »normal« zu privilegieren und andere zu diskriminieren. Auch die sozialstaatlichen Solidargemeinschaften können daher die vormals kollektiven Lebensweisen nicht länger verbindlich machen. In den Grenzen eines zivilen Minimalkonsenses müssen sie statt dessen *alle* Lebensformen und -stile gleichberechtigt behandeln, die Gleichheit der Gleichen also unter Absehung von deren besonderen Lebensformen bestimmen. Gleich sind die Menschen dann nur als »Bewohner« des gesellschaftlichen Zusammenhangs, der mit Solidarität erfüllt werden soll. Konkret heißt das: Der bundesdeutsche Sozialstaat hat Solidarität zwischen denjenigen zu organisieren, die dauerhaft innerhalb der Grenzen der Bundesrepublik leben – übrigens unabhängig davon, ob sie einen inländischen Paß haben.

Vor allem ist aber die *Gegenseitigkeit* in den sozialstaatlich organisierten Solidargemeinschaften neu zu justieren, ist Geben und

Nehmen auszugleichen: *Erstens* haben die Sicherungssysteme bei allen Mitgliedern die Voraussetzung dafür zu schaffen, daß sie die Solidaritätsleistungen erbringen *können*, die man von ihnen verlangt. Unter den eingespielten Bedingungen, also in den Sicherungssystemen auf Gegenseitigkeit in der Zeit, läßt sich dies nur durch offensive Beschäftigungspolitik sichern. Arbeitmarktpolitisch läßt sich zweifelsohne noch eine ganze Menge machen – und auch noch viel erreichen. Doch man mache sich nichts vor: Vollbeschäftigung, also Erwerbsarbeit für jedermann und jedefrau – und dies lebenslang – wird man zumindest nicht in absehbarer Zeit erreichen können. Daher müssen *zweitens* die bestehenden Sicherungssysteme ihre Beiträge neu festlegen – und zwar so, daß nicht nur die erforderlichen Finanzmittel aufgebracht werden, sondern daß zugleich *alle* Mitglieder durch eigene Leistungen an der gemeinsamen Sache mitwirken können. Dazu haben sich die Solidargemeinschaften für Beiträge sensibel zu machen, die die Hilfebedürftigen bereits erbringen bzw. erbringen können, auch wenn sie, da ohne »geregeltes Einkommen«, weder Steuern noch Versicherungsbeiträge – zumindest nicht in nennenswertem Umfang – aufbringen. Wer Geld bekommt, kann diese »Vorleistung« prinzipiell auch anders als in Geld »zurückzahlen« – wenn man ihn oder sie nur läßt und seine oder ihre Gegenleistungen als solche auch anerkennt.

Die Solidargemeinschaften derart neu einzurichten bedarf der Zustimmung ihrer Mitglieder, zumal grundlegende Reformen deren eher träge Akzeptanz aus Gewöhnung schnell aufbrauchen werden. Änderungen am Profil sozialstaatlich organisierter Solidarität müssen also – und das wäre die *dritte* Bedingung – allen Betroffenen einsichtig sein können, gerade auch denen, die die Rolle der NettozahlerInnen einnehmen sollen. Welche Gemeinsamkeit läßt sich aber zwischen allen BundesbürgerInnen feststellen und einsichtig machen, damit die Gemeinheiten ihrer unzeitgemäßen Solidarität nicht das letzte Wort behalten? In Zeiten, in denen sie immer weniger gemeinsam haben, ist ihnen vielleicht ein schmales, nicht unbedingt grünes »Band der Sympathie« wichtig, nämlich die demokratischen Spielregeln gesellschaftlicher Entscheidungsprozesse, in denen alle BürgerInnen sich selbst vertreten können, sich dazu aber wechselseitig die gleichen Möglichkeiten zusprechen müssen. Zumindest *sollten* ihnen diese Spielregeln wichtig sein – dann nämlich, wenn sie die mit der Gründung der zweiten deutschen Republik begonnene zivile Entwicklung fortsetzen wollen. Diese Entwicklung hat aber für alle Beteiligten ihren Preis.

Tatsächlich ist die Bundesrepublik durch gemeinsame Anstrengungen nicht nur eine Wohlstandsgesellschaft geworden, sondern auch eine wohlanständige Demokratie. Über die Jahrzehnte gelang es den BundesbürgerInnen nämlich, die ihnen nach 1945 aufgedrückte Republik mit eigenem demokratischem Geist zu füllen. Nach dem Scheitern der Weimarer Republik und dem braunen Terror des deutschen Übermenschen ist diese Demokratisierung der zweiten deutschen Republik »wunderbar« und übertrifft das vielbejubelte »Wirtschaftswunder« bei weitem. Genauso wie zum wirtschaftlichen haben die sozialstaatlichen Sicherungssysteme auch zum politischen Aufschwung beigetragen, was verfassungsrechtlich auch eingeplant war: In Art. 20 und 29 definiert das Grundgesetz die Bundesrepublik als einen »demokratischen und sozialen Bundesstaat«. Mit gutem Grund, denn die staatsbürgerliche Gleichheit kann der liberale Rechtsstaat nur dann garantieren, wenn er die StaatsbürgerInnen in materieller Hinsicht derart qualifiziert, daß sich aus den allgemeinen Gesetzen auch gleiche Rechte ergeben können. Der Sozialstaat ist also das materielle Substrat des liberalen Rechtsstaates, den man sich in der Bundesrepublik als staatliche Organisation »gewählt« hat.

In demokratischen Gesellschaften werden soziale Konflikte in öffentlichen Meinungs- und Willensbildungsprozessen verflüssigt; Protest, Opposition und Engagement halten gesellschaftliche Kommunikations- und Entscheidungsprozesse dynamisch und binden gesellschaftliche Entwicklung an die Interessen der BürgerInnen. Dies hat aber eine anspruchsvolle Voraussetzung: Demokratie braucht die solidarische Bereitschaft von Demokraten, den anderen die Möglichkeiten zur gesellschaftlichen Partizipation einzuräumen, die man selbst zur Vertretung der eigenen Interessen beansprucht. Und wie alles im Leben hat auch diese wechselseitig gewährte Partizipation eine materielle Dimension: Um im eigenen Interesse an den gesellschaftlichen Entscheidungsprozessen teilnehmen zu *können*, braucht jedermann und jedefrau zumindest die Güter und Dienstleistungen, die »man« eben in einer Wohlstandsgesellschaft braucht, um mitmischen zu können. Und die gibt es meistens nicht umsonst! Können sich einzelne das zur demokratischen Partizipation notwendige Einkommen nicht privat, also vor allem nicht durch bezahlte Arbeit besorgen, gehört zur Solidarität der Demokraten auch ein Einkommensausgleich. Für derart komplexe Umverteilungsprozesse wurde der moderne Staat zwar nicht geschaffen, er ist dafür aber wie geschaffen. Allein der Sozialstaat kann die Gewähr dafür tragen, daß alle BürgerInnen die zur Partizipation notwendigen Mindesteinkommen beziehen. Andere sozialpolitische Ziele, die soziale Sicherung bestimmter Bevölkerungsgruppen genauso wie die lebensstandardsichernde Unterstützung in besonderen Risikofällen, bleiben demgegenüber nachrangig.

In dem Maße, wie ihnen diese Begründung einer sozialstaatlich organisierten Solidarität einleuchtet, erscheint auch den WohlstandsbürgerInnen der Sozialstaat nicht als eine Veranstaltung für Dritte, sondern als Erfordernis »ihrer« Gesellschaft. Die durch solidarische Verbundenheit aller DemokratInnen ermöglichte Grundsicherung ist die »Vorleistung«, die jeder und jede für die Akzeptanz der demokratischen Spielregeln und zur Ermöglichung seiner bzw. ihrer Teilnahme an den demokratischen Entscheidungsprozessen in Anspruch nehmen kann. Für diese Solidarität revanchieren sich die Betroffenen bereits dadurch, daß sie sich an die demokratischen Spielregeln halten und ihre Interessen in die öffentliche Meinungs- und Willensbildung eintragen. Für die NettozahlerInnen dieses solidarischen Ausgleichs ist die Grundsicherung dagegen der Preis, die jeder und jede für eine gemeinsame Sache, nämlich die zivile Entwicklung der demokratischen Gesellschaft, bezahlen muß. »In solidum obligari« eben!

Anmerkungen

1 Weil sich angesichts der verfestigten Massenarbeitslosigkeit, des demographischen Wandels sowie der nach oben nicht zu begrenzenden Gesundheitskosten die Wechselseitigkeit von Solidaritätsleistungen nicht (wieder-)herstellen bzw. nicht mehr langfristig sichern lasse, plant man innerhalb der konservativ-liberalen Koalition grundlegend neu: Statt durch Gegenseitigkeit innerhalb der Solidargemeinschaften wird die Äquivalenz von Leistungen und Beiträgen durch deren Privatisierung gesichert. Damit würde die sozialstaatlich vermittelte Solidarität auf Sicherung der Grund- oder vermutlich besser: Minimalversorgung reduziert.

2 Becker, Joachim, Der erschöpfte Sozialstaat. Neue Wege zur sozialen Gerechtigkeit, Frankfurt am Main 1994, S. 12.

3 Korff, Wilhelm / Alois Baumgarten, Kommentar, in: Solidarität – die Antwort auf das Elend in der heutigen Welt. Enzyklika Sollicitudo rei socialis Papst Johannes Pauls II., Freiburg 1988, S. 129.

4 Rorty, Richard, Kontingenz, Ironie und Solidarität, Frankfurt am Main 1992, S. 308.

5 Hondrich, Karl Otto / Claudia Koch-Arzberg, Solidarität in der modernen Gesellschaft, Frankfurt am Main, S. 13.

6 In dem vom Kabinett abgesegneten Sparpaket zur Sozialhilfe hat sich der zuständige Minister Horst Seehofer und mit ihm die gesamte Bundesregierung vom geltenden Prinzip der Bedarfsgerechtigkeit allerdings verabschiedet. Geht es nach ihren Plänen, werden die Regelsätze an die Nettolohnentwicklung gebunden sowie eine Differenz zwischen dem Nettolohn der unteren Einkommensgruppen und der Sozialhilfe festgesetzt. Damit würde die Höhe der Sozialhilfe nicht mehr vom Bedarf menschenwürdigen Lebens, sondern vom Abstand zum »geregelten Einkommen« bestimmt. Betroffen wären davon übrigens vor allem kinderreiche Familien, deren Sozialhilfe in die Nähe niedriger Erwerbseinkommen kommt – und aufgrund ihres erhöhten Bedarfs auch wohl kommen soll.

7 Dabei hat es übrigens die Bonner Koalition den Einkommensstarken überaus leicht gemacht, indem sie geheime Schleichwege zu gut ausgeschilderten Autobahnen ausbaute, die die »Leistungsträger« zum Abwurf bremsender Solidaritäten geradezu auffordern. Im Zuge der sogenannten Gesundheitsreform wurden etwa Versicherungspflichtgrenzen auch für ArbeiterInnen eingeführt, so daß deren höhere Lohneinkommen den Abschluß billigerer Privatversicherungen erlauben und damit den gesetzlichen Krankenversicherungen verlorengehen.

8 Unterfüttert wird diese Spaltung zwischen Gebern und Nehmern durch sozialpolitische »Gerechtigkeitslücken«: Die Bonner Regierungskoalition hat die einkommensstarken Bevölkerungsgruppen als »Leistungsträger« auserko-

ren und sucht deshalb gerade sie von den Zumutungen gesellschaftsweiter Solidarität zu entlasten. Die dennoch notwendigen Aufwendungen zieht sie dann übermäßig bei den einkommensschwächeren Bevölkerungsgruppen ab. Gerade die Lasten der deutschen Einigung wurden mit einer drastischen Schieflage erkauft. In der öffentlichen Aufmerksamkeit wie bei den Betroffenen selbst verschwindet allerdings diese Ungerechtigkeit in der Finanzierung der sozialen Sicherung hinter der Konfliktlinie zwischen LeistungsempfängerInnen und Beitrags- und SteuerzahlerInnen, weil sich diese vergleichsweise einfach politisieren läßt.

9 Dieser Sachverhalt dreht sich beim Familienlastenausgleich geradezu um: Obgleich Erwachsene, die sich für Kinder entscheiden und darüber hinaus auch die Lasten der Kindererziehung übernehmen, eine selbstverständliche Erwartung der frühen Bundesrepublik erfüllen, haben sie heutzutage das Nachsehen. Haushalte mit Kindern müssen sich in allen gesellschaftlichen Zusammenhängen – etwa auf dem Wohnungsmarkt – gegenüber Haushalten behaupten, die keine Kinder haben, gleichwohl über ein Primäreinkommen verfügen, das für Haushalte mit Kindern als Familieneinkommen reichen muß. Mit ihren höheren Pro-Kopf-Einkommen werden kinderlose Haushalte markt- und gesellschaftsbestimmend und setzen Standards, die von Haushalten mit Kindern nur schwer erfüllt werden können. Gerade Haushalte mit Kindern sind gegenwärtig vom Armutsrisiko besonders bedroht. Weil einst die weitaus meisten Menschen in Familien mit ungefähr gleicher Kinderzahl lebten, schien in der frühen Bundesrepublik ein Familienlastenausgleich zwischen den privaten Haushalten nicht notwendig. Ein ernsthafter Ausgleich zugunsten der Erwachsenen, die auf Dauer die Lasten der Kindererziehung tragen, findet bis heute nicht statt; den Familien wird wesentlich nur eine interne Solidarität abverlangt.

Literaturhinweise

Döring, Diether u. a.: Gerechtigkeit im Wohlfahrtsstaat, Marburg 1994.

Rödel, Ulrich / Günter Frankenberg / Helmut Dubiel, Die demokratische Frage, Frankfurt am Main 1989.

Sachße, Christoph / H. Tristram Engelhardt (Hg.), Sicherheit und Freiheit. Zur Ethik des Wohlfahrtsstaates, Frankfurt am Main 1990.

Solidarität am Standort Deutschland. Eine Erklärung von Sozialwissenschaftlerinnen und Sozialwissenschaftlern, in: *Blätter für deutsche und internationale Politik* 6 / 1994, S. 669–684.

Sibylle Raasch
Kontrapunkt:
Der bürgerliche Gesellschaftsvertrag –
ein Männervertrag

Freiheit, Gleichheit und Brüderlichkeit lauten die Verheißungen des bürgerlichen Gesellschaftsvertrages, die als unhinterfragter sozialer Konsens noch unserer heutigen Gesellschaftsordnung zugrunde liegen. Es ist nicht nur eine sprachliche Panne, wenn dabei allein von »Brüdern« die Rede ist. Frauen waren und sind in diese gesellschaftliche Übereinkunft nicht als gleichberechtigte Subjekte eingeschlossen. Der bürgerliche Gesellschaftsvertrag, wie er mit dem Entstehen der Industriegesellschaft Ende des 18. Jahrhunderts entwickelt wurde, ist ein Vertrag unter Männern zu Lasten Dritter, der Frauen.

Der Hauptfehler dieses Gesellschaftsvertrages ist, daß er die Arbeit ungleich auf die Geschlechter verteilt. Die private Reproduktionsarbeit, insbesondere Haushalts-, Erziehungs- und Pflegearbeit (im folgenden: Hausarbeit), lastet fast ausschließlich auf den Frauen. Männer »helfen« hier bestenfalls mit. Erwerbsarbeit hingegen wird noch immer als Männersache angesehen. Weil jedoch in unserer Erwerbsgesellschaft ernsthaft nur zählt, was Geld einbringt, sind Frauen durch diese Art der geschlechtsspezifischen gesellschaftlichen Arbeitsteilung extrem benachteiligt: Hausarbeit vermittelt nur geringes gesellschaftliches Ansehen, liefert keine wirtschaftliche Existenzsicherung und hält in persönlicher Abhängigkeit vom »Ernährer«. Mag Frauen in ihrer Rolle als Hausfrau und Mutter auch der Zugang zur Welt der Gefühle eröffnet und Leistungsdruck erspart bleiben; ihnen bleiben zugleich auch persönliche Entwicklungschancen, die Teilnahme am öffentlichen Leben und gesellschaftliche Gestaltungsmöglichkeiten verschlossen, wie sie nur die Erwerbsarbeit eröffnet.

Wenn Frauen bei der »Aushandlung« dieses Gesellschaftsvertrages zu Zeiten der Französischen Revolution mitreden wollten, wurden sie von den Männern, ihren revolutionären »Brüdern«, einen Kopf kürzer gemacht. Wer das Recht habe, das Schafott zu besteigen, müsse auch das Bürgerinnenrecht haben, agitierte Olympe de Gouges auf Pariser Volksversammlungen. Robespierre ließ sie dafür entsprechend dem erstgenannten Recht guillotinieren und nach ihr noch eine Reihe anderer Frauenrechtlerinnen. Die übrigen Frauen landeten weiterhin am Herd – nicht nur in Frankreich.

Diejenigen Rechte, die eine eigenständige ökonomische Grundlage und Teilhabe an der politischen Macht gewährleisten, behielt auch die deutsche Rechtsordnung bis weit in das 20. Jahrhundert hinein ihren männlichen Mitgliedern vor. Frauen blieben der Gewalt des Staates und der ihrer Väter bzw. Ehemänner weitgehend schutzlos unterworfen. Die deutschen Universitäten öffneten sich den Frauen zwischen 1900 und 1910, von den dort angebotenen berufsqualifizierenden Abschlüssen blieben Frauen noch deutlich länger ausgeschlossen. Erst das Reichsvereinsgesetz von 1908 erlaubte Frauen die Mitgliedschaft in politischen Parteien. Vorher konnten politische Versammlungen durch die Polizei aufgelöst und Parteien verboten werden, wenn sich »Frauen, Unmündige und Geisteskranke« beteiligten. Das Wahlrecht erhielten Frauen mit der Weimarer Republik 1918. Doch erst 1957 entfiel die Verwaltung und Nutznießung des Ehemannes am von der Ehefrau eingebrachten Vermögen als normaler ehelicher Güterstand. Noch bis 1977 dauerte es, daß auch die Pflicht der Ehefrau zur Führung des ehelichen Haushalts und zur unentgeltlichen Mitarbeit im Betrieb ihres Ehemannes abgeschafft wurde. Spezielle Arbeitszeitgrenzen für Frauen, um sie für die Erfüllung ihrer Hausfrauenpflichten freizustellen, bestanden noch weiter, bis der Gerichtshof der Europäischen Gemeinschaften und das Bundesverfassungsgericht sie 1992 am Beispiel des Nachtarbeitsverbots wegen Geschlechterdiskriminierung für unwirksam erklärten. Die Vergewaltigung durch den eigenen Ehemann galt selbst Mitte 1995 noch nicht als Vergewaltigung im strafrechtlichen Sinn.

Diese bundesrepublikanische Gesellschaft war und ist also nur sehr zögerlich bereit, Frauen gleiche Rechte wie Männern einzuräumen, auch wenn die Gleichberechtigung seit der Aufnahme des

Gleichberechtigungssatzes (Art. 3 Abs. 2) in das Grundgesetz 1949 einen Verfassungsauftrag darstellt. Erst Anfang der 90er Jahre, nachdem das Ehe- und Familienrecht die völlige Gleichstellung der Geschlechter bis hinein in das Namensrecht berücksichtigt hat und arbeitsrechtlich fast alle Regelungen gefallen sind, die Frauen direkt diskriminieren (allerdings noch nicht alle mittelbar diskriminierenden), ist wenigstens die formalrechtliche Gleichstellung der Geschlechter in Deutschland verwirklicht.

Die Männer hatten als vollberechtigte Bürger und Brüder jedoch 200 Jahre Zeit, sich unter dem Schutz ihrer männlichen Rechtsprivilegien eine Gesellschaft nach ihren Wünschen und Bedürfnissen einzurichten. Diese Gesellschaftsstruktur überdauert nun, selbst wenn das ihr einst zugrundeliegende Recht gefallen ist. Um diese sogenannte strukturelle Diskriminierung zu beseitigen, bedarf es mehr als bloß gleicher Rechte für Männer und Frauen: Solange die heute noch überwiegend von Frauen geleistete unbezahlte Reproduktionsarbeit (das heißt insbesondere Kinder betreuen, Alte und Kranke versorgen, einen Mehrpersonenhaushalt führen) sich nicht mit normaler Erwerbsarbeit vereinbaren läßt und für die damit beschäftigte Person keine eigenständige soziale Absicherung im Fall von Krankheit und Alter schafft, kann von einer tatsächlichen Gleichberechtigung der Geschlechter in dieser Gesellschaft keine Rede sein. Das soll im folgenden genauer gezeigt werden.

Frauen als Grenzgängerinnen zwischen Beruf und Familie

Die Realität ist bei näherer Betrachtung stets komplexer, als das normativ vorherrschende Gesellschaftskonzept vermuten läßt. Das Schema »hier erwerbstätiger Mann und Familienernäher – dort Nurhausfrau und Familienversorgerin« wurde in der bürgerlichen Gesellschaft niemals in Reinkultur gelebt. Auch in der zweiten Hälfte des 19. Jahrhunderts waren schon etwa ein Drittel aller Frauen erwerbstätig. Allerdings arbeitete die Großzahl nicht außerhäuslich, und längst nicht alle erhielten selber das Entgelt für ihre Arbeit. Quasi unsichtbar arbeitete der größte Teil der damals für den Erwerbsbereich tätigen Frauen als sog. mithelfende Familienangehörige, Hausangestellte oder Heimarbeiterin. Wenn wir heute glauben, damals seien Frauen nur ausnahmsweise erwerbstätig gewesen und nur vor ihrer Heirat, dann fixieren wir den historischen Blick auf die statistisch leicht zu erfassenden Industriearbeiterinnen und die später hinzutretenden Sozialarbeiterinnen, Krankenschwestern und Lehrerinnen. Aber die Spannung zwischen Erwerbsarbeit und Reproduktionsarbeit ist für Frauen so alt wie die Bürgerliche Gesellschaft. Sie blieb Bedrohung auch dann, wenn nach Heirat eines entsprechend wohlsituierten Bürgers eine Hausfrauenehe tatsächlich gelebt werden konnte. Wenn nämlich die eheliche Lebensgemeinschaft durch Tod oder Scheidung aufgelöst wurde oder der Ehemann, in der Gründerzeit gar nicht selten, verarmte, standen diese Frauen trotz ihrer scheinbar »guten Partie« ohne ausreichenden Lebensunterhalt da. Weil jedoch die gesellschaftliche Normvorgabe für Frauen auf Hausfrau lautete, »halfen« die erwerbstätigen Frauen ihren Männern angeblich nur oder »verdienten hinzu«. Frauenerwerbstätigkeit fand zwar statt, wurde jedoch in der Gesellschaft nicht wie diejenige von Männern wahrgenommen und gewertet.

Umgekehrt ist mit der gesetzlichen Einführung der Gleichberechtigung auch nicht sogleich das Reich der Gleichheit und Freiheit für beide Geschlechter angebrochen. Frauen leisten nahezu unverändert den größten Teil der unbezahlten privaten Reproduktionsarbeit. Sie werden deshalb im Erwerbsbereich als weniger einsatzfähige Arbeitskräfte eingeschätzt, in unattraktiveren Bereichen beschäftigt und schlechter entlohnt als Männer mit vergleichbarer Qualifikation und Tätigkeit. Aber auch von sich aus richten sich Frauen in ihrer Mehrheit im Erwerbsleben anders ein als Männer: Sie unterbrechen ihre Erwerbstätigkeit zumindest zeitweise oder nehmen nur eine Teilzeitarbeit an. Wobei die Diskussion, ob sie dies freiwillig tun und deshalb quasi selber an den damit einhergehenden Nachteilen schuld sind, nicht weiterführt. Das reibungslose Funktionieren der Gesellschaft ist bisher darauf angewiesen, daß Frauen den Balanceakt zwischen Beruf und Familie leisten und im Kollisionsfall Abstriche im Beruf zugunsten der Familie machen.

Daher sind Frauen als Gruppe immer noch weniger stark in den Erwerbsbereich eingebunden als Männer. Obwohl sie einen Anteil von 51,7 % an der Wohnbevölkerung haben, lag ihr Anteil an den Erwerbstätigen im Alter zwischen 15 und 65 Jahren auch 1990, also nach der Wiedervereinigung und damit inklusive der stärker in den Erwerbsbereich integrierten Frauen aus den neuen Bundesländern nur bei 40 %. Nur 58,5 % aller Frauen dieser Altersgruppen waren erwerbstätig oder suchten Erwerbsarbeit. Die Nurhausfrau ist damit zwar statistisch ein rückläufiges, jedoch keineswegs im Aussterben begriffenes Phänomen. Die Bindung der Frauenerwerbstätigkeit an das Haus ist allerdings entfallen. Hausangestellte, Heimarbeit und mithelfende Familienangehörige sind nahezu gänzlich aus der Statistik verschwunden. Unverändert sind Frauen jedoch in anderen Bereichen und niedrigeren Hierarchiestufen erwerbstätig als Männer. Sie verdienen wenn nicht für dieselben, so doch für vergleichbare Tätigkeiten weniger Geld. Ihre Aufstiegschancen sind, selbst in Frauendomänen, schlechter als die der Männer.

Vor allem aber gibt es Formen der Erwerbsarbeit, die nahezu ausschließlich von Frauen ausgeübt werden, weil sie noch am besten Beruf und Familie vereinbar machen: Der Frauenanteil an den sozialversicherungsfreien geringfügigen Beschäftigungen betrug 1992 etwa 60 %. Von den sozialversicherungspflichtigen Teilzeitbeschäftigten waren in den alten Bundesländern 92,4 % Frauen. Am Erziehungsurlaub beträgt ihr Anteil sogar 98 %. Die bisherige Unflexibilität der Zeitvorgaben im Erwerbsbereich und die geringe Einbindung der Männer in die Familienarbeit führen dazu, daß viele Frauen nur eingeschränkt erwerbstätig sein können, obwohl gerade Teilzeitarbeit besonders diskriminiert wird, oder daß sie ihre Erwerbstätigkeit für die Erziehung der Kinder unterbrechen, obwohl die Rückkehr in den Erwerbsbereich anschließend oft nicht oder nur zu schlechteren Bedingugen als zuvor gelingt.

Systematische Frauenbenachteiligung bei der sozialen Sicherung

Für die Frauen bedeutet diese schlechtere und unterprivilegierte Einbindung in das Erwerbsleben nicht nur ein geringeres Einkommen während ihrer Erwerbstätigkeit und zumeist Abhängigkeit vom Einkommen Dritter. Vor allem ist ihre soziale Absicherung für den Fall von Erwerbslosigkeit wegen Krankheit und Alter schlechter. Frauen können deshalb die rechtsformal gewonnene bürgerliche Freiheit aufgrund ihrer familiären Lasten nicht voll ausnutzen, müssen aber andererseits das ökonomische Risiko dieser Freiheit inzwischen voll tragen. Männer können die von den Frauen geforderte Änderung ihrer Geschlechterrolle zum (Teilzeit-)Hausmann nur um den Preis vollziehen, daß es ihnen ebenso schlecht geht wie den Frauen; nein, vielleicht noch schlechter: Eine (Teilzeit-)Hausfrau darf zumindest noch mit sozialer Akzeptanz rechnen, oft sogar Anerkennung; ein vergleichbarer Mann verliert nicht nur an Einkommen und Entwicklungschancen, sondern auch noch an Sozialprestige. Auch veränderungswillige Männer sind vom geltenden Gesellschaftsvertrag also negativ betroffen.

Entsprechend der Aufspaltung in Erwerbs- und Hausarbeit ist auch das soziale Sicherungssystem gespalten: Es gibt einen an die Stellung im Erwerbsbereich gekoppelten Teil, der in Zeiten der Erwerbslosigkeit das bisher erreichte Lebenshaltungsniveau absichern soll. Er kommt vor allem Männern zugute, weil nur diese im Regelfall lebenslang erwerbstätig sind und sein können sowie Vollzeitstellen einnehmen. Hierzu zählen Arbeitslosengeld und -hilfe, Renten und Pensionen, die sich sämtlich nach dem zuvor erzielten Erwerbseinkommen und der Dauer der Erwerbstätigkeit bemessen.

Darunter liegt das zweite Sicherungssystem, das diejenigen auffangen soll, die durch die Maschen des ersten Systems fallen. Hierzu zählen wegen ihrer nur unvollständigen Integration in den Erwerbsbereich vor allem viele Frauen. In diesem traditionellen Bereich der Armenfürsorge, heute Sozialhilfe genannt, soll nur noch ein unerläßliches Existenzminimum abgesichert werden.

Auf Sozialhilfe gibt es zwar heute auch einen Rechtsanspruch, das Ermessen der leistenden Behörde ist hier jedoch größer als bei Arbeitslosenunterstützung oder Rente bzw. Pension. Denn letztere richten sich nach der Höhe des zuvor erzielten Einkommens und der Beschäftigungsdauer, erstere jedoch nach dem behördlich anerkannten Bedarf. Vor allem aber wird Sozialhilfe nur subsidiär gewährt, wie es so treffend heißt. Wenn andere Geldquellen existieren, wird nicht gezahlt. Frauen, die kein eigenes Einkommen oder ein zu geringes gehabt haben, um über eigene Einkommensersatzansprüche abgesichert zu sein, werden zuerst auf abgeleitete Unterhaltsansprüche gegenüber Ehemann, Eltern oder Kindern verwiesen, bevor sie Sozialhilfe erhalten. Um diesen Angehörigen nicht zur Last zu fallen oder um der damit einhergehenden Abhängigkeit zu entgehen, beantragen viele Anspruchsberechtigte keine Sozialhilfe. Zur Eigenschaft als »stille Reserve« während des Erwerbslebens (das meint: arbeitssuchend zu sein, aber nicht arbeitslos gemeldet) kommt deshalb bei vielen Frauen anschließend noch die »verschämte Armut«.

Armut traf schon immer viele alte oder kranke Frauen ohne Ernährer. Hinzugekommen sind inzwischen vor allem alleinerziehende Frauen und kinderreiche Familien. Das Erziehungsgeld in Höhe von 600,- DM, verkoppelt mit der Auflage, höchstens geringfügig erwerbstätig zu sein, sowie die unter ähnlichen Einschränkungen seit einigen Jahren zu zahlende Erziehungsrente vermögen an dieser für Frauen grundsätzlich nachteiligen Struktur wenig zu ändern.

Unverändert ist das staatlich am höchsten subventionierte Lebensmodell – über das Ehegattensplitting im Steuersystem – die Hausfrauenehe. Hier wird aufgrund bloßer Eheschließung staatlicherseits ein Steuerverzicht geleistet, und zwar völlig unabhängig von der gesellschaftlich viel relevanteren Frage, ob in einer solchen Ehe Kinder heranwachsen oder Kranke und Alte mitversorgt werden und diese Ehe deshalb besonders förderungswürdig ist. Unter der Voraussetzung, daß die Gesellschaft andererseits existentiell darauf angewiesen ist, daß die meisten Erziehungs-, Versorgungs- und Pflegeleistungen privat und unentgeltlich erbracht werden, ist dieses System sozialer Absicherung und gesellschaftlicher Lastenumverteilung nicht nur ungerecht, sondern langfristig betrachtet auch dysfunktional. Das illustrieren sinkende Geburtenraten, Gewalt in den Familien sowie wachsende Kinder- und Altenfeindlichkeit.

Von Arbeitslosigkeit sind Frauen in den alten Bundesländern bereits seit 1970 stärker betroffen als Männer. Ein Teil der Frauenarbeitslosigkeit ist im Westen darauf zurückzuführen, daß das frauenspezifische Segment des Arbeitsmarktes nicht in der Lage war, die wachsende Zahl von Berufsrückkehrerinnen nach der Familienpause wiederaufzunehmen. Das veränderte Erwerbsverhalten der Frauen wurde nicht durch einen entsprechenden Anstieg der Arbeitsplätze im frauenspezifischen Arbeitsmarktsegment flankiert. Daneben gab es allerdings auch Einstellungsdiskriminierung und geschlechtsspezifische Kündigungspraktiken.

Im Osten haben die Frauen den arbeitsmarktpolitischen Preis für die deutsche Einigung zahlen müssen: Im Februar 1994 lag ihre Arbeitslosenquote mit 23,2 % fast doppelt so hoch wie die der Männer. Geschlechtsdiskriminierende Einstellungs- und Kündigungspraktiken treten hier offen zutage. Ein bisher unter dem Gesichtspunkt des Zugangs zu bezahlter Arbeit (wenn auch nicht zu gleich guten Arbeitsplätzen) egalitäres Gesellschaftssystem wurde in kürzester Zeit auf den geschlechtsdiskriminierenderen Standard West umgestellt.

Die aus unterschiedlichen, aber jeweils geschlechtsspezifischen Gründen also bereits prekäre Arbeitsmarktlage der Frauen wird durch die aktuelle allgemeine Arbeitsmarktkrise weiter verschärft. Weil der modernen Industrie- und Dienstleistungsgesellschaft zwar nicht die Arbeit, aber die bezahlten Arbeitsplätze ausgehen, indem sich Wirtschaftswachstum und Arbeitsplatzangebot entkoppelt haben und die Grenzen des ökonomischen Wachstums immer deutlicher werden, wird selbst der von den Frauen im Westen erreichte Beschäftigungsstand bedroht.

Zwar hat die Krise im Westen inzwischen die alten geschlechtsspezifischen Trennlinien der Arbeitsmarktstatistik unscharf werden lassen. Die Arbeitslosenquoten gleichen sich zwischen beiden Geschlechtern an, weil den arbeitslosen Frauen eine wachsende Zahl – bisher zumeist ausländischer – Männer an die Seite tritt. Diese Angleichung ist leider kein gleichstellungspolitischer Erfolg. Sie kann auch nicht umstandslos in eine wachsende Solidarität zwischen den Geschlechtern als quasi naturwüchsiges Krisenprodukt umgemünzt werden, wo sie bisher gefehlt hat.

Wahrscheinlicher ist eine Verschärfung gesellschaftlicher Verteilungskämpfe zwischen den Geschlechtern um die knapper werdenden Erwerbsmöglichkeiten. Bei der Gebäudereinigung sind derartige Konkurrenzen zwischen inländischen Frauen und ausländischen Männern schon längst erkennbar. Der wachsende soziale Druck der Männer bis hin zur gerichtlichen Klage gegen Frauenquoten zeigt, daß auch auf höherqualifizierten Arbeitsplätzen im öffentlichen Dienst, insbesondere in Justiz, Schule und Hochschule, Männer dazu übergehen, ihre geschlechtsspezifischen Arbeitsplatzprivilegien gegen den Eintritt der Frauen zu verteidigen.

Bereits zweimal, jeweils nach den Weltkriegen, haben sich Frauen in Deutschland nahezu widerstandslos aus dem Erwerbsleben an den Herd zurückschicken lassen. Vergleichbares ist heute nicht zu erwarten. War der Anstieg der Frauenerwerbstätigkeit während der Weltkriege eher aus Not und Mangel an männlichen Arbeitskräften geboren, ja sogar gegen den Willen vieler Frauen erzwungen worden, entspricht die eigenständige Erwerbstätigkeit heute einem festverwurzelten Wunsch der Frauen selber. Frauen betrachten, im Osten noch stärker als im Westen, Erwerbstätigkeit als integralen Bestandteil ihrer persönlichen Lebensplanung und unerläßliche Grundlage ihrer Persönlichkeitsentwicklung und gesellschaftlichen Teilhabe. Angesichts sinkender Heiratsbereitschaft, steigender Scheidungsquoten und damit eines wachsenden Teils allein lebender und auch ihre Kinder allein erziehender Frauen im erwerbsfähigen Alter fehlt es zudem häufig an einem »heimischen Herd«, an welchen diese Frauen zurückkehren könnten, selbst wenn sie wollten.

Im Ergebnis könnte diese Entwicklung also die Spannungen zwischen den Geschlechtern verschärfen, die Gewaltbereitschaft auf männlicher Seite weiter ansteigen lassen und zu einer konkurrenzbedingten Verschlechterung der Beschäftigungsbedingungen für beide Geschlechter führen; Verlierer und Verliererinnen also auf beiden Seiten. Ein allseits schmerzhaftes Zerbrechen des bisherigen Gesellschaftsvertrages ist nicht ausgeschlossen.

Perspektiven für einen neuen Gesellschaftsvertrag

Die fundamentale Krise des alten Gesellschaftsvertrages ist nicht nur Bedrohung des bisherigen sozialen Konsenses, sondern auch Chance zu grundlegender Veränderung. Gerade weil die Konflikte und Brüche in der Gesellschaft nicht mehr durch bloß kosmetische Veränderungen übertüncht oder durch Scheinkompromisse vertagt werden können, wird der Blick frei für grundlegenden Wandel, neue Entwicklungsperspektiven und solidarische Veränderungsstrategien. Die geschlechtsspezifische Schieflage unserer heutigen Gesellschaft könnte grundlegend korrigiert werden. Ansatzpunkt dafür wäre eine Neubestimmung des Verhältnisses zwischen gesellschaftlich notwendiger bezahlter und unbezahlter Arbeit, verbunden mit einer gleichmäßigen Verteilung beider Arten von Arbeit auf beide Geschlechter sowie einer Öffnung des Erwerbsbereiches für Anforderungen aus dem privaten Lebensbereich.

Das Leisten gesellschaftlich unerläßlicher privater Reproduktionsarbeit wie Kindererziehen oder Kranken- und Altenpflege darf im System der sozialen Sicherheit kein persönlicher Risikofaktor bleiben, weil sich die hiermit verbrachte Zeit – ökonomisch betrachtet – als vertane Zeit erweist. Sozialversicherungsrechtlich müssen derartige Zeiten vielmehr wie Erwerbsarbeitszeit gewertet werden. Erziehungs- oder Pflegegeld sowie entsprechende Renten sind dafür ein richtungweisender Ansatz, wurden aber bisher inkonsequent durchgeführt. Anstatt wie bisher alternativ nur Erwerbs- oder Reproduktionsarbeit zuzulassen, müßte eine an die jeweiligen Gegebenheiten angepaßte flexible Kombination beider Arbeitsformen möglich und sozial abgesichert sein.

Es ist unter dem Blickwinkel der Gleichwertigkeit nicht einzusehen, daß Erziehungs- oder Betreuungsarbeit durch gesellschaftliche Transferzahlungen nur unter der Bedingung finanziert wird, daß die Erwerbsarbeit völlig oder doch weitgehend aufgegeben wird. Gleichwertigkeit müßte auch dazu führen, daß gesellschaftlich notwendige Reproduktionsarbeit zumindest in der Höhe eines durchschnittlichen Erwerbseinkommens vergütet bzw. versicherungstechnisch angerechnet wird.

Trotz einer derartigen Gleichbewertung von Erwerbs- und Reproduktionsarbeit werden beide Typen von Arbeit auch künftig unterschiedliche Lebensperspektiven in der Gesellschaft eröffnen. Die Reproduktionsarbeit wird weiterhin emotionaler ausgerichtet, stärker personenorientiert und an den Privathaushalt gebunden bleiben. Erwerbsarbeit wird weiterhin mehr Außenkontakte, Öffentlichkeit und gesellschaftliche Einflußnahme bieten. Die Notwendigkeit, beiden Geschlechtern gleiche gesellschaftliche Teilhabe durch gleiche Einbeziehung in beide Arbeitsformen zu eröffnen, ist mit ihrer Gleichbewertung nicht entfallen.

Einhergehen müßte damit deshalb ein Wandel des Geschlechts-rollenverständnisses bei beiden Geschlechtern, jedoch grundlegender bei den Männern. Dieser Wandel ist kein bloßes Problem früh-kindlicher Erziehung oder schulischer Sozialisation. Er vollzieht sich lebenslang auch in Erwerbsleben, Politik und Kultur.

Flankiert werden muß dieser Wandel nicht nur durch öffentliche Aufklärungsarbeit. Über Frauenquoten könnte die knappe attraktive Erwerbsarbeit auch dort umverteilt werden, wo der gute Wille dazu nicht hinreichend erkennbar ist. Eltern- und Pflegeurlaub sollte in Partnerschaften nur zu gleichen Teilen an beide Geschlechter gewährt werden. Bei entsprechender Bereitschaft aller Beteiligten müßte auch eine Übertragung an Dritte – zu denken ist an entferntere Verwandte, vor allem aber gute Freunde – ermöglicht werden. Dadurch könnten die gegensätzlichen Entwicklungsmöglichkeiten zwischen Alleinlebenden und Familien etwas abgeschwächt und dem Faktor »Freundschaft«, der in vielen Fällen heute als selbstgewählte soziale Bindung individuell mehr bedeutet als Verwandtschaft, angemessen Rechnung getragen werden.

Nötig ist darüber hinaus ein Aufbrechen des starren Korsetts von Zeit- und Organisationsvorgaben, unter denen bisher Erwerbsarbeit geleistet werden muß. Insbesondere die Normalarbeitszeit sollte durch ein Zeitreglement ersetzt werden, das neben den Anforderungen aus dem Erwerbsbereich gleichberechtigt auch den Anforderungen aus dem privaten Reproduktionsbereich Rechnung trägt. Zu denken wäre an Arbeitszeitoptionen der Beschäftigten, die in einem innerbetrieblichen Abstimmungsprozeß zu konsensualen innerbetrieblichen Einsatzplänen zusammengeführt werden. Derartige optionale Arbeitszeiten sind durchaus nicht utopisch, sondern werden von einzelnen Unternehmen bereits erfolgreich erprobt.

Literaturhinweise

U. Frevert: Frauen-Geschichte, Frankfurt am Main 1986.

H. Matthies / U. Mückenberger / C. Offe / E. Peter / S. Raasch: Arbeit 2000, Reinbek 1994.

M. Veil u. a. (Hg.): Am modernen Frauenleben vorbei. Verliererinnen und Gewinnerinnen der Rentenreform 1992, Berlin 1992.

Teil III
Perspektiven solidarischer Reformpolitik

Friedhelm Hengsbach
Mehr Beschäftigung durch eine andere Verteilung?

Erst muß der Kuchen gebacken sein, bevor man ihn essen kann; verteilen läßt sich nur, was vorher produziert worden ist. Anstatt einen kleinen Kuchen in gleiche Stücke zu zerteilen, so daß jeder am Tisch gerecht bedient wird, wäre es vorteilhafter, das Volumen des Kuchens zu vergrößern, so daß jeder, selbst bei ungleichem Zuschnitt, einen größeren Anteil erhält; das Wachstum der Produktion entschärfe Verteilungskonflikte. So lautet volkstümlich die Regel des Vorrangs der Produktion vor der Verteilung. Die Verteilung des vorhandenen Arbeitsvolumens auf mehr Personen sei dagegen eine rein defensive Maßnahme, heißt es; einzig die Entfesselung wirtschaftlichen Wachstums und die Schaffung zusätzlicher Arbeitsplätze könnten die Arbeitslosigkeit beseitigen. Die tatsächliche Verteilung der Einkommen und Vermögen wird in einer solchen Perspektive als eine Art Naturereignis hingenommen. Der gezahlte Lohn, der angebotene Arbeitsplatz und die beruflichen Erfolge gelten weithin als Resultat der persönlichen Leistungsfähigkeit und des individuellen Leistungswillens.

Im folgenden soll versucht werden, den mehrheitlich behaupteten Vorrang des Wachstums vor der Verteilung, der Allokation vor der Distribution und der wirtschaftlichen Effizienz vor der sozialen Gerechtigkeit in Frage zu stellen und umzukehren. Ich will zeigen, wie sehr die Verteilungsfrage in den 80er Jahren tabuisiert blieb, wie sich die politischen Funktionseliten darauf einstellen, Kaufkraft umzuschichten, und wie die Einheit der Verteilungs- und Beschäftigungspolitik noch aussteht.

1. Die Verteilungsfrage blieb in den 80er Jahren tabuisiert

Die 80er Jahre waren in der Bundesrepublik von einem beispiellos anhaltenden Wirtschaftswachstum geprägt, aber auch von einer beispiellosen Spaltung zwischen denen, die an dem wachsenden Wohlstand teilhatten, und denen, die davon ausgeschlossen wurden. Infolge der verfestigten Massenarbeitslosigkeit ist die Einkommens- und Vermögensverteilung in eine extreme Schieflage geraten, zumal die sozialen Sicherungssysteme, die auf der Normalität einer kontinuierlichen Erwerbsbiographie und/oder einer lebenslangen Familienbindung ruhen, die Erosion der Vollerwerbstätigkeit reproduzieren und verschärfen. 1989 verfügte das untere Drittel der privaten Haushalte über 16% des Gesamteinkommens, das mittlere Drittel über 27%, das obere Drittel über 57%. Die Bruttoeinkommen aus Unternehmertätigkeit und Vermögen sind 1980–89 doppelt so stark gestiegen wie die Einkommen aus unselbständiger Arbeit. Die Nettogewinne stiegen 1980–1989 viermal so stark wie die Nettolöhne. Der reale Einkommenszuwachs der Selbständigenhaushalte betrug 1982–1991 60% gegenüber einem Zuwachs der Arbeitnehmerhaushalte von 10%. 1992 war das Einkommen der Selbständigenhaushalte dreimal so hoch wie das der Arbeiterhaushalte. Noch ungleichmäßiger verteilt ist das Geldvermögen der privaten Haushalte, das 1992 mit 3,6 Bill. DM ermittelt wurde. Nach der Einkommens- und Verbrauchsstichprobe von 1993 verfügt die »untere« Hälfte aller privaten Haushalte über 2,5% des privaten Nettogeldvermögens, während umgekehrt die obersten 10% aller privaten Haushalte fast 50% des gesamten Nettogeldvermögens halten. Das Vermögenseinkommen der Selbständigenhaushalte war 1992 sechsmal so hoch wie das der Arbeiterhaushalte. Trotz der wachsenden Disparität der Einkommen und Vermögen wurde die Frage der Verteilung des gemeinsam erarbeiteten Reichtums bis in die 90er Jahre nicht unmittelbar thematisiert. Vier Gründe lassen sich für diese Art von Sprachlosigkeit anführen – die Erwartung, daß sich das dynamische Wachstum verteilen würde, die individualisierten Deutungsmuster der Massenarbeitslosigkeit, das Abdrängen der Verteilungsfrage auf Nebenschauplätze und der Mißbrauchsvorwurf.

Erwartete Sickereffekte

In der Theorie des ungleichgewichtigen, polarisierten Wachstums rechnete man damit, daß ein dynamischer Anstieg der Einkommen, der Nachfrage und der Produktion zunächst die leistungsstarken Wirtschaftssubjekte, die städtischen Ballungszentren, die innovativen Wirtschaftszweige und die reifen Industrieländer erfasse und daß solche Wachstumsimpulse dann mit zeitlichem Abstand bis auf die Leistungsschwachen, die nachfolgenden Wirtschaftszweige, die peripheren Regionen und die Entwicklungsländer durchsickern würden. Eine zunächst heftige Spreizung der Einkommen werde schließlich von einer relativen Angleichung der Einkommen abgelöst. Aufgrund solcher Erwartungen haben die politischen Funktionseliten die Steuer- und Finanzpolitik systematisch umgebaut, damit die Selbständigenhaushalte und die privaten Unternehmen entlastet würden.

Individualisierte Deutungsmuster

Arbeitslosigkeit und der Bezug von Sozialhilfe konnten lange Zeit als individuelles Versagen interpretiert werden; die Arbeitslosen würden einem rationalen Kalkül folgen, wenn sie Sozialleistungen in Anspruch nehmen und über mehr Freizeit und ein Einkommen in der Schattenwirtschaft verfügen, anstatt ihre Arbeitskraft auf dem Markt anzubieten und ein Erwerbseinkommen unter angeblich unzumutbaren Bedingungen zu erzielen. Indem die Monatszahlen der Arbeitslosenstatistik nach den Problemgruppen der Älteren, Frauen, Unqualifizierten und gesundheitlich Beeinträchtigten ausdifferenziert wurden, konnte sich die Erwartung festsetzen, daß die Arbeitslosigkeit durch mehr Qualifizierung und Mobilität sowie durch eine andere Organisation der Arbeitszeit merklich sinken werde.

Die Verteilungsfrage galt als abgehakt, weil man die Äquivalenz der individuellen Arbeitsleistung und des Effektivlohns als Gegenleistung naiv unterstellte. Dabei wurde übersehen, daß eine wie immer definierte Äquivalenz von Leistung und Gegenleistung allenfalls für diejenigen gilt, die Zugang zum Markt haben und sich dort im Wettbewerb behaupten können, indem sie eine wirtschaftliche Leistung erbringen. Man sah darüber hinweg, daß die individuelle Leistung nicht in erster Linie von der Arbeitsanstrengung oder von der analytisch gemessenen Arbeitsmenge in einem arbeitsteilig organisierten Produktionsprozeß abhängt, sondern von der mit Kaufkraft ausgestatteten Nachfrage und der auch machtbestimmten Zuteilung der am Markt erzielten Einkommen auf die an der Produktion Beteiligten. Und man achtete wenig darauf, daß die individuelle Leistung nicht bloß das Ergebnis der eigenen Begabung und Energie ist, für die der angebliche Leistungsträger entlohnt wird, sondern daß diese durch ein Bündel gesellschaftlicher Vorleistungen zustande kommt, auf denen das individuelle Leistungsvermögen und die Leistungsbereitschaft ruhen.

Nebenschauplätze

Die Verteilungsfrage blieb in den 80er Jahren mittelbar präsent, wurde jedoch auf Nebenschauplätze abgedrängt. Ein erster Nebenschauplatz war die Klage über das zu hohe Lohnniveau, das eine angebliche Standortschwäche der deutschen Wirtschaft verursacht habe. Obschon nicht bestritten werden konnte, daß die Gewinnquote gestiegen und die Lohnquote gesunken war, erwartete man von einer weiteren Umverteilung der Einkommen zugunsten der Gewinne einen Anstieg der Investitionen und Arbeitsplätze sowie einen Abbau der Arbeitslosigkeit. Obwohl nur die Regeln der internationalen Arbeitsteilung als Argument auftauchten, war mit der Forderung, in der Lohnfindung Augenmaß zu bewahren, damit Arbeitsplätze in Deutschland erhalten bleiben, die andernfalls in Niedriglohnländer ausgelagert würden, die Vorstellung massiver globaler Verteilungskämpfe verbunden. In einer angeblich aufgeklärten Theorie des Außenhandels wurden der Exportüberschuß eines Produkts durch das inländische Überangebot in der Frühphase, der Importüberschuß dagegen durch das ausländische Überangebot in der Spätphase des Produktzyklus erklärt, als würden zwei Länder wie Exportfirmen um Marktanteile auf den verbundenen Märkten streiten. Hinter dem Unbehagen über die hohen Lohnnebenkosten verbarg sich die Kritik, daß der Staat die Einkommenstransfers in die ostdeutschen Bundesländer weithin über die Sozialversicherungssysteme und nicht über Steuern finanziert und somit die Lasten der deutschen Einigung einseitig auf die abhängig Beschäftigten abgeladen habe. Auch das Lamento über die hohe Staatsverschuldung enthielt bisweilen alternative Konzepte für das Ausmaß an Steuerfinanzierung öffentlicher Aufgaben, für öffentliche Ausgabenquoten sowie für faire Steuerbelastung gemäß der Leistungsfähigkeit. Der Staat trat ja bloß als Schuldner derjenigen Privatunternehmen und -haushalte auf, deren Einkommen und Vermögen er vorher kräftig aufgestockt hatte, indem er auf eine Steuererhebung verzichtete. Die Verteilungsfrage war in der Diskussion um das Abstandsgebot zwischen den Regelsätzen der Sozialhilfe und den unteren Arbeitseinkommen unterschwellig ebenso präsent wie in dem Vorschlag, eine negative Einkommensteuer mit Lohnkostenzuschüssen zu kombinieren. Einige Wirtschaftswissenschaftler sind der Meinung, daß die Unternehmen nur solche Löhne zahlen könnten, die aus den Preisen der am Markt absetzbaren Produkte abgeleitet werden. Wenn die Gesellschaft darauf bestehe, daß selbst die unteren Tariflohneinkommen ein soziokulturelles Existenzminimum gewährleisten sollten, müßte die Lücke zwischen dem unteren Tariflohn und dem Sozialhilfesatz durch staatliche Transfers geschlossen werden. In jüngster Zeit wurden die Verteilungswirkungen der Währungsturbulenzen und der Wechselkursentwicklung entdeckt; die Exportwirtschaft versprach sich vom Abwertungswettlauf einen kurzfristigen Vorteil, die Konsumenten erwarteten umgekehrt von der Aufwertung, daß sich die Importe verbilligen. Daß spekulativ bedingte Wechselkursschwankungen mehr als ein Nullsummenspiel sind, dessen Gewinne und Verluste sich asymmetrisch verteilen, wird immer häufiger bestritten.

In der Mißbrauchsdiskussion brach die Verteilungsfrage offen aus, allerdings nicht als strukturelles Defizit, sondern als individuelles Fehlverhalten. Auf der Grundlage des individuellen Deutungsmusters wurde den aus der Erwerbsarbeit ausgegrenzten und als Leistungsverweigerer gebrandmarkten Personen vorgeworfen, sie würden das zu eng geknüpfte soziale Netz mißbrauchen. Den Mißbrauchsvorwurf richteten die politischen Funktionseliten an wechselnde Adressaten: Die Sozialhilfeempfänger seien nicht motiviert, statt des Transfereinkommens ein Erwerbseinkommen zu erhalten; die Bezieher von Arbeitslosengeld und Arbeitslosenhilfe seien nicht ernsthaft zur Arbeitsaufnahme bereit; die chronisch Kranken plünderten mit Bagetellbeschwerden die Solidarkassen; die Frauen stünden dem Arbeitsmarkt nicht ernsthaft zur Verfügung; die Asylbewerber hätten bloß aus wirtschaftlichen Motiven ihr Land verlassen. Indem eine eher wohlhabende Bevölkerungsmehrheit sich diese Vorwürfe zu eigen machte, gab sie ihren Unwillen darüber zu erkennen, daß der Äquivalenzgrundsatz laufend verletzt werde, weil sie selbst als angebliche Leistungsträger ihr eigenes Einkommen einschließlich der Sozialbeiträge durch harte Anstrengung hätten erarbeiten und am Ende mehr in die Versicherungssysteme einzahlen müssen, als sie an Leistungen zurückerhielten.

2. Die politischen Funktionseliten stellen sich darauf ein, Kaufkraft umzuschichten

Die Schieflage der Einkommens- und Vermögensverteilung, die sich während des beispiellos lang anhaltenden Wachstums der 80er Jahre herausgestellt hat, war kein Naturereignis, sondern das Resultat einer gezielten Finanz- und Steuerpolitik, die die Selbständigenhaushalte und Unternehmen systematisch entlastet, die abhängig Beschäftigten und deren soziale Sicherungssysteme entsprechend belastet hat. Nun wird in verschiedenen Szenarien mit einer weiter polarisierten Wirtschaft gerechnet, wenngleich die drohenden

Verteilungskonflikte ausgeblendet bleiben. Dem angeblich unausweichlichen Trend suchen die politischen Funktionseliten durch sozialstaatliche Umverteilung und durch marktliberale Deregulierung zuvorzukommen oder nachzugeben.

Zukunftsszenarien einer polarisierten Wirtschaft

Die meisten Zukunftsszenarien, die in den vergangenen Jahren vorgelegt wurden und nebenbei die Standortdebatte argumentativ anreichern sollten, um auszuloten, wie die deutsche Wirtschaft ihre internationale Wettbewerbsfähigkeit erhalten könne, unterstellen für die reifen Industrieländer eine polarisierte wirtschaftliche Entwicklung, wie sie für viele Entwicklungsländer charakteristisch ist. Beispielsweise wird ein Sektor beschrieben, der eine hohe Wertschöpfung aufweist und qualifizierte Arbeitskräfte beschäftigt, auf globalisierten Märkten Produkte anbietet, die einem Qualitätswettbewerb unterliegen und überdurchschnittliche Gewinne versprechen sowie hohe Lohneinkommen gestatten. Diesem steht ein Sektor gegenüber, der auf lokalen und regionalen Märkten Produkte anbietet, die einem harten Preiswettbewerb ausgesetzt sind und an beliebigen Standorten in Massenfertigung hergestellt werden; wegen der relativ niedrigen Wertschöpfung und geringen Qualifikation der Beschäftigten werden nur unterdurchschnittliche Löhne gezahlt. Eine vergleichbare Polarisierung läßt sich zwischen einem Industriesektor mit hoher Produktivität, der die Ausstattung der Bevölkerung mit materiellen Verbrauchs- und Gebrauchsgütern besorgt, und einem Dienstleistungssektor stilisieren, der für die soziale, pädagogische und medizinische Versorgung zuständig ist; wegen der relativ geringen Produktivität sind die gezahlten Löhne niedriger als die in der Industrie. Schließlich lassen sich auf dem Feld der sozialen und kulturellen Dienstleistungen drei Sektoren gegeneinander abschotten, nämlich erstens ein privater Sektor, der sich auf die kaufkräftige Nachfrage der Höherverdienenden einstellt und entsprechend überdurchschnittliche Löhne und Gehälter zahlen kann, zweitens ein Sektor öffentlicher Dienstleistungen, der auf die Grundsicherung der unteren Einkommensschicht der Bevölkerung und auf deren beschränkte Kaufkraft zugeschnitten ist, und drittens ein lebensweltlicher Schutzbereich ehrenamtlicher Dienste, die in der Familie, im Wohnumfeld und im Freundes- und Bekanntenkreis jenseits von Markt und sozialstaatlicher Sicherung erbracht werden. Die politischen Funktionseliten stellen sich sehr zwiespältig auf die modellierte wirtschaftliche Polarisierung und die absehbaren Verteilungskonflikte ein, indem sie mal die sozialstaatlichen Verfahren ausweiten und mal den marktwirtschaftlichen Anreizen und Reaktionen vertrauen.

Sozialstaatliche Umverteilung

Daß in den 80er Jahren die Zahl der Sozialhilfeempfänger erheblich gestiegen ist, wird nicht nur mit der aktuellen Massenarbeitslosigkeit begründet, sondern auch mit dem Versagen eines Systems der sozialen Alterssicherung, das brüchige Erwerbsbiographien und zerbrochene Partnerschaften »normalerweise« nicht vorsah. Wenn sich die zukünftige wirtschaftliche Polarisierung bereits in gegenwärtigen Verteilungskonflikten ankündigt, müssen die politischen Funktionseliten auf solche Konflikte reagieren bzw. ihnen zuvorkommen. So wurde der Verteilungskonflikt zwischen pflegebedürftigen älteren Menschen und leistungsfähigen Erwerbspersonen entschärft, indem die Pflegeversicherung sozialrechtlich und gesetzlich verankert worden ist. Die Pflegeversicherung bestätigt indessen das herkömmliche Konzept der sozialen Sicherung, das an der Erwerbstätigkeit anknüpft und gestattet, einen vergleichbaren Lebensstandard aufrechtzuerhalten, wenn die Risikofälle der Arbeitslosigkeit, des Alters und der Krankheit einschließlich der Pflegebedürftigkeit eintreten. Auf der Grundlage des Sozialgesetzbuches wird Kaufkraft jenen einkommensschwachen Bevölkerungsgruppen zugewiesen, bei denen Grundbedürfnisse der Gesundheit und Pflege vorhanden, aber bisher unbefriedigt geblieben sind. Entsprechend wird potentielle Kaufkraft von den Erwerbspersonen, die zu höheren Sozialversicherungsbeiträgen verpflichtet werden, abgeschöpft. Mit dieser Kaufkraftumschichtung ist zweifelsfrei ein zusätzliches Potential an Arbeitsplätzen im öffentlichen Dienst und in der Privatwirtschaft geschaffen worden. Der Prozeß der Umverteilung wurde im Rahmen einer solidarischen Versicherung, nicht durch Steuern finanziert. Der solidarische Charakter dieser Sicherung ist allerdings eingeschränkt gewesen, weil die Zahl der beitragspflichtigen Mitglieder während einer lang anhaltenden Massenarbeitslosigkeit beschränkt ist, die Grenze der Beitragsbemessung relativ niedrig gezogen wurde und private Vermögen von Pflegebedürftigen grundsätzlich unangetastet blieben.

Ebenfalls durch eine im Ansatz sozialstaatliche Umverteilung ist jener Konflikt geregelt worden, der mittelbar das Verhältnis der Generationen und unmittelbar die strukturelle Asymmetrie der Lebenslagen von Haushalten mit Kindern und von solchen ohne Kinder berührt. Neben einem schier unüberschaubaren Bündel finanzieller Leistungen des sogenannten Familienlastenausgleichs (Kindergeld, Kindergeldzuschlag, Kinderfreibeträge, Baukindergeld, Familienzusatzdarlehen, Ehegattensplitting, Mitversicherung von Kindern in der gesetzlichen Krankenversicherung, steuerliche Berücksichtigung von Haushaltshilfen) wurde nun verschiedentlich die Erziehungsarbeit der Eltern einer Erwerbsarbeit gleichgestellt. So wird den Eltern von Kleinkindern ein mehrjähriges Erziehungsgeld gezahlt, Rentenansprüche können auch durch Erziehungszeiten erworben werden. Ein radikaler Umbau der dynamischen Rentenversicherung in einen Drei-Generationen-Vertrag, der nicht nur das Altersrisiko, sondern auch das Erziehungsrisiko gesellschaftlich abfedert, der die Beitragssätze zur Alterssicherung nach der Kinderzahl staffelt und einen Anspruch auf Arbeitszeitverkürzung mit vollem Lohnausgleich und flexible Gestaltung der Arbeitzeit gemäß den Bedürfnissen der Kindererziehung anerkennt, ist indessen noch nicht in Sicht.

Schließlich sind die beachtlichen Einkommenstransfers, die im Vollzug der deutschen Vereinigung von West nach Ost flossen, weithin aus sozialstaatlichen Verfahren und Einrichtungen finanziert worden. Deshalb mußten 1991 die Beiträge zur Arbeitslosenversicherung angehoben werden. Man rechnet damit, daß 1993–1996 230 Mrd. DM aus den Kassen der Arbeitslosen- und Rentenversicherung aufgebracht werden müssen. Diese Umschichtung von Kaufkraft hat die Nachfrage der ostdeutschen

Bevölkerung auf Güter und Dienste aus dem Westen umgelenkt, im Westen einen wahren »Vereinigungsboom« ausgelöst, die Unternehmensgewinne erhöht und Arbeitsplätze gesichert.

Marktliberale Entregelung

Ganz andere Formen der Umverteilung sind durch politische Maßnahmen und öffentliche Krisendebatten eingeleitet worden, die auf die Privatisierung öffentlicher oder sozialstaatlicher Leistungen abzielten. So wurde neben dem Angebot der öffentlich-rechtlichen Medien ein Markt für private Anbieter von Rundfunk- und Fernsehsendungen eröffnet, die über Werbeeinnahmen finanziert werden. Der starke Unterhaltungscharakter des privaten Fernsehangebots mobilisiert zunächst eine Menge Zuschauerinnen und Zuschauer, deren Kaufkraft auf die umworbenen Produkte und Dienste gelenkt und marktförmig entfesselt wird. So werden bisher unbekannte Wachstumsfelder erschlossen und neue Arbeitsgelegenheiten geschaffen. Ähnlich wurden nach dem Ende des staatlichen Fernmeldemonopols kaufkräftige Kunden für die privaten Telefonnetze gewonnen. Ob indessen nach den Folgebeschlüssen zur Bahnreform die Bedenken schon ausgeräumt sind, daß sich die Privatwirtschaft aus dem Leistungsangebot diejenigen Strecken herausschneidet, die rentabel bedient werden können, und daß die Länder und Gemeinden den einzelwirtschaftlich defizitären, aber gesellschaftlich erwünschten öffentlichen Nahverkehr übernehmen müssen, so daß die Steuerzahler, falls sie die Reduktion des öffentlichen Leistungsangebots nicht hinnehmen wollen, gezwungen sind, die fälligen Defizite zu finanzieren, muß sich erst noch erweisen.

Nachdem zahlreiche Kommunen in finanzpolitische Engpässe geraten sind, weil sie wachsende Sozialhilfeausgaben leisten müssen, sind die Kulturetats und die Etats der öffentlichen Infrastruktur drastisch zusammengestrichen worden. Das politische Programm, den Sozialstaat zu verschlanken, hat dazu geführt, daß das Angebot an öffentlichen Dienstleistungen für die breite Bevölkerungsmehrheit eingeschränkt wird. Umgekehrt sind Privatfirmen aus Gründen der Imagepflege und jener beachtlichen Liquiditätsausstattung, zu der ihnen die finanz- und steuerpolitischen Entscheidungen der konservativ-liberalen Koalition verholfen haben, dazu übergegangen, kulturelle Veranstaltungen und Vorgänge zu sponsern. Solche Werbeausgaben der privaten Unternehmen lassen sich steuerlich absetzen. Verständlicherweise werden Einrichtungen der öffentlichen Infrastruktur, wie etwa Hallenbäder und Nahverkehrsangebote, die auf einen dringlichen oder breitgestreuten Bedarf ausgerichtet sind, weniger gesponsert als Ballettveranstaltungen und Galakonzerte. Auf diese Weise werden kaufkräftige Nachfrage und auch Arbeitsgelegenheiten umgeschichtet.

Eine Offensive massiver Umverteilung hat sich in den politischen Denkspielen über einen schlanken Sozialstaat und die Finanzierbarkeitsgrenzen solidarischer Sicherungen angekündigt. Zum einen sind in den Mündigkeitslegenden der 80er Jahre gemäß dem neoklassischen Modell des wohlinformiert und rational handelnden Individuums das Ende der Knappheitsgesellschaft, der Anbruch der Erlebnisgesellschaft und das Auftauchen des souveränen, eigenverantwortlichen Bürgers propagiert worden. Zum andern haben sich viele junge Erwachsene, die zwischen akademischer Ausbildung und Erwerbstätigkeit in ein riskantes Vakuum geraten waren, gegen die bürokratische Bevormundung des Sozialstaats gewehrt. Daraufhin pochten Selbständige und freiberuflich Tätige auf die Äquivalenz der in Anspruch genommenen Leistungen und der eingezahlten Beiträge und empfanden es als Zumutung, daß Personen, die aufgrund eines asketischen Lebensstils gesund und aufgrund strenger Disziplin erwerbstätig geblieben sind, für diejenigen einzustehen hätten, die aus Fahrlässigkeit krank oder aus Bequemlichkeit arbeitslos geworden sind, daß also die Leistungsträger das Risiko der Leistungsverweigerer finanziell mittragen müßten. Unternehmer vertraten die Auffassung, daß die meisten abhängig Beschäftigten einen höheren Eigenbeitrag zur privaten Vorsorge leisten könnten, um den Risiken der Arbeitslosigkeit, des Alters, der Krankheit und der Pflege zu begegnen. Von einigen Wirtschaftswissenschaftlern wurde insbesondere die Finanzierungsform der sozialen Sicherung, das Umlageverfahren, einer heftigen Kritik unterzogen. Die Finanzierung der Sozialleistungen aus den laufenden Beiträgen der Erwerbstätigen verdränge nämlich die individuelle Spartätigkeit und beeinflusse die Sparquote, das Kapitalangebot, die Investitionsneigung, den Aufbau des Kapitalstocks und die Wachstumsrate des Produktionspotentials negativ. So erweise sich das Kapitaldeckungsverfahren gegenüber dem Umlageverfahren als vorteilhaft.

Nun sind gegenüber den allgemeinen Prämissen und Schlußfolgerungen der mikroökonomischen, neoklassischen Wirtschaftsanalyse erhebliche Vorbehalte anzubringen. Daß beispielsweise allein die Summe der individuellen Entscheidungen bei vollständiger Information und eindeutiger Präferenz für Gegenwarts- und Zukunftskonsum ein stabiles Gleichgewicht auf dem Kapitalmarkt entstehen lasse und daß der Zins bloß aus dem Zusammentreffen der Investitionsneigung der Unternehmen und deren Nachfrage nach Kapital sowie der Sparneigung der Haushalte und deren Angebot an Kapital resultiere, ist eine idealtypische Annahme. Diese erklärt wenig, solange nicht die kreislauftheoretischen Zusammenhänge, die Geldschöpfungsmacht der Banken, die Rückkopplung der monetären und realen Ströme, der Einfluß des Beschäftigungsgrads und der Masseneinkommen auf die Höhe der Sparquote sowie der Einfluß der gesamtwirtschaftlichen Nachfrage auf die Investitionsneigung berücksichtigt werden. Und daß sich im internationalen Vergleich ein signifikanter Zusammenhang zwischen der volkswirtschaftlichen Sparquote und der Finanzierung der sozialen Sicherung etwa nach dem Kapitaldeckungs- bzw. Umlageverfahren feststellen lasse, ist nicht beweisbar.

Dennoch kann am Ende und als Folge einer derart gezielten Debatte um das Schlankwerden des Sozialstaats und der solidarischen Sicherungssysteme, an der sich die Deutsche Bundesbank aktiv beteiligte, nach und nach ein »privater Sozialmarkt« erschlossen werden, der den Versicherungsunternehmen und Geschäftsbanken neue Chancen bietet, private Kaufkraft abzuschöpfen, die Nachfrage derer zu bedienen, die sich gegen die Risiken des Alters und der Gesundheit privat versichern können, und am Ende und in Grenzen neue Arbeitsplätze zu schaffen. Vorher müßte jedoch vermieden werden, daß private Krankenhäuser, Schulen und Sozialstationen sich ausschließlich auf risikoarme Personengruppen und gewinnbringende Leistungen spezialisieren und ihr Leistungsangebot an der verfügbaren Kaufkraft einer gehobenen Bevölkerungsgruppe ausrichten, während sie risikoreiche und kostenintensive Leistungen den öffentlichen Trägern überlassen. Eine Umstellung der Finanzierungsform der sozialen Sicherung etwa durch ein Kapitaldeckungsverfahren setzt im übrigen voraus, daß die Haushaltseinkommen hoch genug sind, um eine private Vorsorge zu gestatten, was allenfalls für die Höherverdienenden gilt. Solange jedoch der sozialstaatliche Ausgleich unverzichtbar bleibt und solange vermieden werden soll, daß Solidarität lediglich innerhalb derselben Einkommensklasse geleistet wird, ist eine wachsende Steuerbelastung der Höherverdienenden unvermeidlich. Sollte es nun nicht gelingen, diese Finanzierungsquellen zu erschließen, um eine angemessene Grundversorgung für alle sicherzustellen, müßten die sozialen Leistungszusagen für die unteren Einkommensgruppen reduziert werden. So würde eine marktliberale Entregelung die bereits jetzt beobachtete Schieflage der Einkommens- und Vermögensverteilung verfestigen und die Disparität der Lebenslagen zwischen denen vertiefen, die sich selbst absichern können, und denen, die sich solidarisch zusammenschließen.

3. Die Einheit der Verteilungs- und Beschäftigungspolitik steht noch aus

Die politischen Funktionseliten, die auf die in den Zukunftsszenarien unterstellten Verteilungskonflikte reagieren und durch sozialstaatliches Krisenmanagement und marktliberale Deregulierung Kaufkraft umschichten, geraten in mehrfache Widersprüche, die sich laufend zuspitzen. Erstens halten sie zwar den Anspruch der Industriegesellschaft aufrecht, daß jede arbeitsfähige und arbeitswillige Person, indem sie sich an der gesellschaftlich organisierten Arbeit beteiligt, in der Lage sei, einen angemessenen Lebensunterhalt zu verdienen, können aber die Zusage einer kontinuierlichen Erwerbsbiographie faktisch nicht einlösen. Wenn sie zweitens eine sozialstaatliche Umschichtung von Kaufkraft einleiten, um der gesellschaftlichen Spaltung zwischen Arbeitslosen und Erwerbstätigen sowie zwischen denen, deren Arbeitseinkommen stark ausdifferenziert sind, Einhalt zu bieten, spiegelt diese sekundäre Verteilung der Einkommen bloß die Differenzen der Primärverteilung und verschärft sie gar. Wenn sie drittens durch politische Signale sowie durch eine handgesteuerte Finanz- und Steuerpolitik neuartige und vermutlich zukunftsfähige Märkte erschließen, wird sich die gesellschaftliche Spaltung nicht zurückbilden, sondern eher ausweiten. Und schließlich bauen sie weder mit der sozialstaatlichen noch mit der marktliberalen Kaufkraftumschichtung jene sexistische Arbeitsteilung ab, die sich in einer weithin patriarchal geprägten Industriewirtschaft verfestigt hat. Deshalb soll im folgenden die Chance einer konvergenten Verteilungs- und Beschäftigungspolitik geprüft werden. Dabei greife ich auf die verteilungspolitische Pointe der marktliberalen Deregulierung zurück, nämlich die Primärverteilung der Kaufkraft mit Hilfe der staatlichen Mikro- und Makrosteuerung zu beeinflussen – allerdings unter den ganz anderen Vorzeichen einer offensiven Arbeitspolitik und einer solidarischen Kultur.

Die Primärverteilung als Zielwert

Die Primärverteilung der Kaufkraft ist weder Naturereignis noch bloß das Resultat wirtschaftlicher Leistungen, wie sie ein abstrakt und isoliert gedachter Markt bewertet. Die Tauschbeziehungen der Wirtschaftssubjekte sind von gesellschaftlichen Institutionen und Verfahren flankiert, in denen sich politische Machtverhältnisse und normative Deutungsmuster verkörpern. Daß erwerbstätigen Frauen im Durchschnitt zwei Drittel des Einkommens zugestanden wird, das erwerbstätige Männer verdienen, mag zwar unmittelbar durch die vorhandenen Qualifikationen, übernommenen Arbeitsaufgaben und die Marktlage erklärt werden, aber mittelbar sind die gesellschaftlichen Rahmenbedingungen für eine solche Asymmetrie der Primärverteilung verantwortlich. Folglich ist die gesellschaftliche Vorentscheidung über die Verteilung des kollektiv geschaffenen Reichtums gleich ursprünglich wie die Entscheidung über dessen effiziente Produktion. Darüber hinaus kann gezeigt werden, daß die durch Gewohnheit und Macht beeinflußte

Primärverteilung der Kaufkraft über Volumen und Richtung der Produktion entscheidet. Der Kraftfahrzeugmeister, promovierte Chemiker und die Reinigungskraft in Westdeutschland bzw. die Rechtsanwältin und der Landarbeiter in Peru müssen unterschiedlich lang arbeiten, um das gleiche Auto zu erwerben. Der Bauer in Kolumbien strengt sich nicht weniger an als der Autolackierer in Rüsselsheim; die Frau in Offenbach, die drei Kinder erzieht, ist am Abend nicht weniger erschöpft als ihr Mann, der als leitender Angestellter in einer Druckerei beschäftigt ist. Während die Anstrengung der Frau überhaupt nicht mit einem Geldeinkommen belohnt wird, finden die Männer in Rüsselsheim, Offenbach und Kolumbien ihre vermutlich gleiche Anstrengung sehr unterschiedlich entgolten. Die wirtschaftliche Leistung des kolumbianischen Bauern, der Orchideen statt Getreide anbaut, wird nach der Kaufkraft der europäischen Kunden und nicht nach den Grundbedürfnissen seiner Nachbarn im selben Dorf definiert.

Beteiligung an der gesellschaftlichen Arbeit als Schlüssel

Solange das soziokulturelle Existenzminimum als Schlüsselgröße der Verteilung gilt, würde es genügen, die Zuwendungen angemessen aufzustocken. Wenn jedoch das Interesse der Arbeitslosen ernst genommen wird, daß sie kein Transfereinkommen, sondern Arbeit wollen, um den Lebensunterhalt eigenständig zu verdienen, muß der Erwerb von Kaufkraft durch diejenigen, die an der gesellschaftlich organisierten Arbeit und an den wirtschaftlichen Entscheidungsprozessen beteiligt werden, zum Schlüssel der Verteilungspolitik werden. Nun ist selbst in den reifen Industrieländern, wo die Freizeitgesellschaft und ein verändertes Arbeitsverständnis propagiert werden, die zentrale gesellschaftliche Rolle der Erwerbsarbeit nicht weggeschmolzen. Was fehlt, sind nicht notwendige und sinnvolle Arbeitsaufgaben, sondern allenfalls die Fähigkeit und der politische Wille, sie kollektiv zu organisieren. Außerdem bleibt es auf absehbare Zeit dabei, daß der größere Teil der Menschen persönliche Lebenschancen und gesellschaftliche Anerkennung durch die Beteiligung an der gesellschaftlich organisierten Arbeit erwirbt.

Die Industriegesellschaft hat das Interesse der Menschen an der Arbeit, in der sie sich mit der Natur auseinandersetzen, sich selbst verwirklichen und soziale Resonanz finden und das von ihnen gleichgewichtig wie das Spiel, die Liebe und die Besinnung geschätzt wird, in ein Medium gesellschaftlicher Beteiligung und demokratischer Mitbestimmung übersetzen können.

Die Chancen einer offensiven Arbeitspolitik sind längst nicht ausgeschöpft, schon gar nicht mit der aktuell favorisierten Arbeitsmarktpolitik. Die politische Sorge und finanzielle Hilfe für Langzeitarbeitslose, sosehr sie mit einer breiten emotionalen Zustimmung rechnen kann, ist weithin Reparaturarbeit »am Ende der Röhre«. Denn bevor jemand dauerhaft arbeitslos ist, war er meist mehrmals arbeitslos und mehrmals beschäftigt, zuletzt in einem prekären und davor in einem regulären Beschäftigungsverhältnis. Eine ursachengemäße Arbeitspolitik wird Arbeitslosigkeit vermeiden, nicht finanzieren. Auch die Fixierung der wirtschaftspolitischen Entscheidungsträger auf den Arbeitsmarkt und die Lohnkosten als Brennpunkte einer vermeintlichen Beschäftigungspolitik führt in methodische Sackgassen. Der Arbeitsmarkt ist nämlich kein Markt wie der Markt für Obst und Gemüse, weil die Nachfrage nach Arbeitskräften von der Nachfrage nach Gütern und Diensten abgeleitet ist. Kein Autohersteller käme auf die Idee, ein Fahrzeug mit sieben Reifen zu konstruieren, nur weil die Preise für Autoreifen um 50 % gesenkt wurden. Außerdem ist die Ware »Arbeitskraft« nicht von der arbeitenden Person abzulösen. Schließlich sind die Träger von Arbeitskraft zugleich die Träger von Kaufkraft. Deshalb darf der Arbeitsmarkt nicht isoliert von der Belebung der gesamt- bzw. weltwirtschaftlichen Nachfrage, also von der Bewegung auf den Güter- und Finanzmärkten betrachtet werden. Für die letzten 30 Jahre in der Bundesrepublik gilt, daß die Arbeitslosigkeit immer dann wächst, wenn die Wachstumsraten des Bruttosozialprodukts nahe Null sind oder sogar negativ werden, und daß ein Abbau der Arbeitslosigkeit immer dann gelingt, wenn die Wachstumsraten des Bruttosozialprodukts deutlich über die 3-%-Marke hinaus steigen. Der systematische Ort einer wirksamen Arbeitspolitik ist also nicht der Arbeitsmarkt, sondern es sind die Märkte für Güter und Dienste. Deren primäre Dynamik läßt sich mit zeitlicher Verzögerung auf den Arbeitsmarkt übertragen. Da die Entscheidungen der Unternehmen, zu investieren und Arbeitsplätze zu schaffen, zuerst von ihren Absatzerwartungen bestimmt sind, wäre es vorteilhaft, daß die geld- und finanzpolitischen Entscheidungsträger sich nicht in erster Linie an den Erwartungen der Vermögensbesitzer und Kapitaleigner ausrichten, indem sie bloß das Zinsniveau hoch und das Preisniveau stabil halten, sondern an den Erwartungen der Investoren und der Mehrheit der Bevölkerung, daß Arbeitslosigkeit wirksam bekämpft und ein hoher Beschäftigungsgrad erreicht wird.

Der arbeitspolitische Handlungsspielraum der politischen Funktionseliten wird durch die internationalen Finanzmärkte nicht aufgehoben. Diese können nicht als Vorwand dafür benutzt werden, auf eine national eigenständige Geld- und Beschäftigungspolitik zu verzichten. Entgegen der Erwartung, daß die globalisierten Geld- und Kapitalmärkte einen internationalen Realzinsausgleich erzwingen müßten, während abweichende Nominalzinsen in den USA und in der BRD bloß die abweichenden Inflationserwartungen gegenüber beiden Ländern widerspiegelten, hat es in den vergangenen zehn Jahren ein erhebliches Realzinsgefälle zwischen Deutschland, Japan und den USA gegeben. Die Bundesbank ist also nicht gezwungen, sich in den Sog der US-amerikanischen Zinspolitik zu stellen. 1991 nach der deutschen Vereinigung hat sie eine restriktive Geldpolitik gegen die geldpolitische Lockerung der US-Notenbank behauptet; 1995 könnte sie gegen die restriktive Geldpolitik der US-Notenbank klare zinspolitische Signale setzen, die sich stärker am binnenwirtschaftlichen Ziel eines hohen Beschäftigungsgrads ausrichten, vorhandene Arbeitsplätze nicht gefährden und neue entstehen lassen.

Eine offensive Arbeitspolitik gemäß dem Auftrag des Stabilitäts- und Wachstumsgesetzes muß unter den Bedingungen des 21. Jahrhunderts umgeschrieben werden. Ein Wirtschaftswachstum mit hohem Produktivitätszuwachs, das zwar Vollbeschäftigung sichert, aber nur um den Preis einer rücksichtslosen Ausbeutung natürlicher Ressourcen und kostenlos verfügbarer Frauenarbeit, ist nicht mehr zu verantworten, zumal es nicht auf die ganze Welt und kommende Generationen übertragen werden kann. Ein solcher

Verzicht hat jedoch nicht zur Folge, daß politische Signale unterbleiben müssen, die dann neue Märkte beispielsweise der ökologischen Umsteuerung erschließen und neue geschlechtsneutrale Formen der Arbeitszeitverkürzung und Arbeitsorganisation auslösen. Nur so können innovative Unternehmer halbwegs sichere Erwartungen gewinnen.

Solidarisches Empfinden als Impuls

Konservative und linke Kulturkritiker scheinen sich in der Klage über den Verlust an Gemeinsinn bzw. den Schwund an Solidarität einig zu sein. Sie sehen in dem Trend der »Individualisierung« die neuzeitliche Revolution des Denkens an ihr Ziel gekommen; die menschliche Person rückt ins Zentrum von Welt und Gesellschaft, befreit sich aus herkömmlichen Bindungen und kollektiven Zwängen, meldet einen individuellen Anspruch auf eigene Zeit, selbstbestimmtes Leben und privates Glück an. Die Kehrseite einer so gekennzeichneten Individualisierung ist eine äußerst riskante Randlage. In einer solchen Lage ist Solidarität nie naturwüchsig vorhanden oder automatisch durch kollektiven Leidensdruck hergestellt. Wenn sie aufbricht, dann deshalb, weil Sympathie/Solidarität und Eigeninteresse für die meisten Menschen gleich ursprüngliche Empfindungen sind. Solidarität kommt jedoch kaum zustande, wenn das Eigeninteresse unter den hohen Ansprüchen des Opferns und Verzichtens zugunsten anderer völlig abgedrängt wird, und auch nicht, wenn die Wahrscheinlichkeit hoch ist, daß die eigenen Vorleistungen, die zugunsten der Benachteiligten erbracht wurden, zweckentfremdet in andere Kanäle abfließen. Wenn jedoch zur Solidarität von unten und im überschaubaren Nahbereich aufgerufen wird, läßt diese sich relativ leicht wecken.

Eine solidarische Verteilung der Arbeit und der Einkommen ist sozial gerecht und wirtschaftlich vernünftig, weil sie im Gegensatz zu einer extrem gespreizten Verteilung der Einkommen und Vermögen den sozialen Frieden sichert und positiv auf die Beschäftigung wirkt. Nun wird gegen eine starke Angleichung der Arbeitseinkommen eingewandt, daß die Menschen nach Begabung und

Interesse verschieden seien und daß marktwirtschaftlich organisierte Gesellschaften hinreichend monetäre Anreize bereithalten müßten, um die sogenannten Leistungsträger aus dem »Freizeitschatten« hervorzulocken. Die erheblichen Unterschiede im Einkommen und Vermögen seien funktional begründet und gerechtfertigt. Die Frage jedoch, bis zu welchem Grad die Differenzierung der Einkommen in einer Gesellschaft notwendig bzw. vertretbar ist und ab welcher Grenze sie funktionslos oder gar destruktiv wird, wie groß also der Einkommensabstand zwischen dem Spitzenmanager eines Autokonzerns und dem in der Endmontage beschäftigten Facharbeiter sein muß bzw. sein darf, wird in den USA, in Schweden, in Frankreich und in der Bundesrepublik unterschiedlich beantwortet. Der US-amerikanische Sozialethiker John Rawls nennt die Lebenslage der am meisten Benachteiligten als Maßstab der Einkommensdifferenzierung. Diese müßten in einer Gesellschaft, die Einkommensdifferenzen zuläßt, insgesamt bessergestellt sein als beispielsweise in einer Gesellschaft, in der die Einkommen stark nivelliert sind. Die relativ Benachteiligten in einer Gesellschaft hätten demnach ein »Vetorecht« gegen das Ausmaß der Einkommensdifferenzierung in dieser Gesellschaft. Welche Einkommensunterschiede hingenommen werden bzw. erwünscht sind, hängt auch von dem in der Bundesrepublik vorherrschenden Leitbild ab – etwa einer angeblich natürlichen Ungleichheit und Überlegenheit oder eines solidarischen Empfindens.

Politische Mikro- und Makrosteuerung als Hebel

Die Lenkung der gesellschaftlichen Arbeit und deren Verteilung ist die vorrangige Aufgabe der politischen Funktionseliten unter Führung des Staates, der zwar schlank sein darf, aber robust das öffentliche Interesse gegenüber der einzelwirtschaftlichen Rentabilität behaupten muß. Im folgenden will ich vier Möglichkeiten einer beschäftigungswirksamen Lenkung und Verteilung der gesellschaftlichen Arbeit erläutern – eine erweiterte Finanzierungsgrundlage der Sozialleistungen, eine präventive Tarifpolitik und eine Präferenz für regionale/lokale Märkte sowie für personenbezogene Dienstleistungen.

— Erweiterte Finanzierungsgrundlage der Sozialleistungen:
Während über die möglichen Lenkungs- und Verteilungswirkungen einer ökologischen Steuerreform breit diskutiert wird, ist die vergleichbare Debatte um eine Finanzierungsform der sozialen Sicherung, die den Einsatz des Faktors Arbeit entlastet und den des Faktors Kapital belastet, um eine beschäftigungswirksame Umsteuerung zu erleichtern, exklusiv geblieben. Dabei klingt der Vorschlag einigermaßen plausibel, jenen Teil der Finanzierung des Sozialstaats, der an das Erwerbssystem gekoppelt ist, nicht ausschließlich auf das Arbeitsverhältnis, also auf Löhne und Gehälter der abhängig Beschäftigten, zu beschränken, solange nämlich die Lohnsumme als Bemessungsgrundlage für die Beiträge zur Sozialversicherung herangezogen wird, werden Unternehmen, die relativ arbeitsintensiv produzieren, gegenüber relativ kapitalintensiv produzierenden Unternehmen praktisch benachteiligt und dazu gedrängt, Arbeitskräfte zu entlassen und durch Maschinen zu ersetzen, um so Lohnnebenkosten einzusparen. Selbst wenn der beschäftigungswirksame Lenkungseffekt nicht so durchschlagend sein sollte, weil die vorherrschende Technik eine Variation der Faktorkombination nur begrenzt zuläßt, ist eine mehr oder weniger beschäftigungsneutrale Kopplung der Sozialleistungen an die Nettowertschöpfung, d. h. die Gesamtheit der erzielten Einkommen innerhalb eines Unternehmens, sozial gerechtfertigt. Jedenfalls ist eine Besteuerung nach der Leistungsfähigkeit einer unterschiedslosen Besteuerung des Verbrauchs vorzuziehen.

— Präventive Tarifpolitik:
Die Korrektur der Primärverteilung könnte durch eine zweifache gesetzliche Regelung beschäftigungswirksam und fair geleistet werden. Mit der herkömmlichen »aktiven Lohnpolitik« stoßen die Gewerkschaften an Grenzen. Es gelingt ihnen nicht, sowohl die Kaufkraft zu sichern als auch den Produktivitätsfortschritt in einen Lohnzuwachs und/oder eine Arbeitszeitverkürzung umzuwandeln als auch eine Umverteilungskomponente durchzusetzen.

Denn die Entwicklung der Gewinneinkommen und der Lohneinkommen verläuft im Konjunkturablauf zeitlich versetzt; im Aufschwung steigen die Gewinne überproportional, während die Löhne und Gehälter der Tarifbindung unterliegen. Wenn die Gewerkschaften dann Lohnforderungen stellen, die den überdurchschnittlich gestiegenen Gewinnen entsprechen, droht bereits der konjukturelle Abschwung. Falls sie ihre Forderungen durchsetzen, müssen sie mit einer von der Bundesbank diktierten Stabilisierungskrise rechnen. Damit die Vorleistungen der abhängig Beschäftigten in der Rezession bei günstiger konjktureller Entwicklung auch belohnt werden, müssen unter der Regie des Staates flankierende Regeln einer präventiven Tarifpolitik vereinbart werden, denen Bundesbank, Bundesregierung und Tarifpartner zustimmen können.

Solange mehr oder weniger unverrückt angenommen wird, daß die aktuelle Einkommensentstehung durch die vorgesehene Einkommensverwendung festgelegt sei und die Gewinnquote im Hinblick auf zukünftige Investitionen sowie die säkulare Aufgabe des wirtschaftlichen Aufbaus in Ostdeutschland und Osteuropa steigen, die Lohnquote dagegen sinken müsse, wird die Fehlentwicklung eines beispiellos anhaltenden Wirtschaftswachstums bei sich öffnender Schere der Einkommens- und Vermögensverteilung in die 90er Jahre hinein verfestigt. Um eine solche Fehlentwicklung abzuwehren, deren negative Nachfrage- und Beschäftigungswirkungen offensichtlich sind, könnte der Tariflohn doppelt gesplittet werden: zum einen in einen festen Sockelbestandteil und in einen erfolgsabhängigen Bestandteil, zum anderen in einen für den Konsum verfügbaren Anteil und darüber hinaus in einen Beteiligungsanteil, der im Verhältnis zur Nettowertschöpfung des Unternehmens an einen Tariffonds in der Rechtsform einer Kapitalanlagegesellschaft übertragen wird und dem Unternehmen für die Kapitalbildung zur Verfügung steht.

– *Präferenz für regionale und lokale Märkte:*
Die westdeutschen Exporteure haben in der Nachkriegszeit wiederholt die eigenen Interessen als das allgemeine Interesse der deutschen Wirtschaft ausgeben können. Sie haben erreicht, daß der

deutsche Export durch ein Bündel direkter und indirekter staatlicher Maßnahmen gefördert wurde – beispielsweise durch zinsgünstige Kredite, Hermesbürgschaften, eine langjährige Wechselkurspolitik, die eine reale Abwertung mit hohen Leistungsbilanzüberschüssen zur Folge hatte, und neuerdings die gedämpfte Reaktion auf Menschenrechtsverletzungen in China. Die politischen Funktionseliten haben viel gesellschaftliche Arbeit in den Exportsektor gelenkt und verteilt. Sie haben das notorische »Exportfieber« der deutschen Wirtschaft geduldet und mitgetragen.

Wie stark ein »rohstoffarmes« Land exportabhängig ist, wird sinnvollerweise daran gemessen, ob das Land die benötigten Importe monetär mit Devisen und real mit dem Export von Gütern und Dienstleistungen bezahlen muß. Eine hohe Exportquote ist kein Wert in sich; ein fortwährender Leistungsbilanzüberschuß kann für die Weltwirtschaft gar störend wirken. Deshalb überzeugen mich die Argumente derer nicht, die eine Exportpräferenz verteidigen, den Konsum der nicht handelbaren Güter einschränken und die Löhne im Bereich nicht handelbarer Güter senken möchten. Horst Siebert vertritt die Auffassung, daß der Exportsektor mit dem Binnensektor um die knappen Produktionssektoren konkurriere. Durch den Transfer von Kaufkraft in die neuen Bundesländer sei die Nachfrage nach Konsumgütern gestiegen, deren Preisanstieg habe die Lohnsätze auf den regionalen und lokalen Märkten in die Höhe getrieben. Arbeitskräfte aus den exportorientierten Unternehmen seien abgeworben worden, so daß deren globale Wettbewerbsfähigkeit beeinträchtigt werde, solange sie attraktive Löhne bieten müssen, um die umworbenen Arbeitskräfte zu halten. Wem die mikroökonomische, neoklassische Argumentation Sieberts plausibel klingt, der könnte sie zu Recht umkehren: Unter der Prämisse, daß der Zweck der Wirtschaft darin gesehen wird, die Grundbedürfnisse der Wohnbevölkerung zu befriedigen, sollten die politischen Funktionseliten die gesellschaftliche Arbeit so lenken und verteilen, daß die Produktion für den Export der Produktion für den Binnenmarkt nicht vorgezogen wird.

Nachdem sich die Exportnachfrage wieder einmal – wie bisher regelmäßig – als Motor der konjunkturellen Belebung im Inland erwiesen hat, scheint die Klage über eine allgemeine Standortschwäche der deutschen Wirtschaft zunächst einmal wie Schnee in der Frühlingssonne dahinzuschmelzen. Unabhängig davon wäre der Anteil der Exportwirtschaft an der Gesamtwirtschaft zu überprüfen und auch, welche Länder die vorrangigen Handelspartner sind, welches Gewicht die Konkurrenz der sogenannten Niedriglohnländer für die gesamte Wirtschaft hat. Denn hinter der Aggregation des Außenbeitrags in der Zahlungsbilanz stehen nicht souveräne Staaten, die sich wie Exportfirmen auf dem Weltmarkt gebärden, sondern allenfalls Unternehmen und Wirtschaftszweige, für die sich die Frage stellt, ob sie auf Dauer mit anderen Unternehmen und Branchen etwa aus den neu industrialisierten Ländern im Preiswettbewerb bestehen oder auf höherwertige Produkte, die einem Qualitätswettbewerb ausgesetzt sind, ausweichen können.

Wer von der »Globalisierung der Märkte« spricht, muß berücksichtigen, daß die Handelsströme im Unterschied zu den Geld- und Kapitalströmen entlang der Grenzen dreier Wirtschaftsblöcke mit den Zentren Japan, USA und Europa und den dazugehörigen Peripherien verlaufen und daß die Globalisierung des Weltmarktes mit einer erheblichen Fragmentierung der Weltgesellschaft einhergeht. Daraus ziehe ich die Folgerung, daß die Prämisse, der Exportsektor sei der »natürliche« Motor der Binnennachfrage, für relativ kleine Länder unbestritten sein mag, für große Länder mit einem stärkeren Gewicht der Binnennachfrage jedoch zu relativieren ist. Widersinnig wäre es beispielsweise, wenn die gesellschaftliche Arbeit in den Exportsektor gelenkt und am Ende so verteilt wird, daß die Versorgung der Wohnbevölkerung mit Nahrungsmitteln, Wohnungen, Gesundheits- und Bildungseinrichtungen behindert würde.

Da der größere Teil der Produktion und des Konsums geographisch »geschützt« bleibt und vom ökologischen Umbau der Marktwirtschaft profitieren wird, ist eine Präferenz regionaler und lokaler Märkte ein sinnvoller Akzent gegenüber einem krankhaften Exportfieber. Das Konzept der Binnenpräferenz ist nicht mit dem Konzept einer Abkopplung vom Weltmarkt oder einem Ausstieg aus der internationalen Arbeitsteilung gleichzusetzen. Es geht lediglich um eine Umkehr der Prioritäten. Das Segment handelbarer Güter und Dienste, die angeblich einem »gnadenlosen« Konkurrenzdruck ausgesetzt sind, soll zugunsten eines breiten Feldes nicht handelbarer Güter umgelenkt werden, die durch die »Geographie« und umweltgerechte Transportschranken geschützt und einem lokalen und regionalen Markt vorbehalten sind, um Grundbedürfnisse der Wohnbevölkerung durch eigene Erwerbsarbeit zu befriedigen und dringende Aufgaben vor Ort zu erledigen. Kleine und mittlere Unternehmen, die in der Regel arbeitsintensiv organisiert sind, würden eine zentrale Rolle bei der Vermittlung eines Wirtschaftskreislaufs spielen, der vom Angebot ortsnaher Arbeitskräfte und von der Nachfrage nach ortsnahen Gütern und Dienstleistungen sowie einer öffentlichen Infrastruktur gespeist wird und infolgedessen einen Teil der lokalen und regionalen Beschäftigungsprobleme auffängt. Wie sehr die Erschließung regionaler und lokaler Märkte neue Arbeitsplätze schafft, kann an der erfolgreichen »Arbeitspolitik von unten« abgelesen werden, die verschiedene Träger, nämlich Kommunen, Tarifpartner, private Unternehmen und kirchliche Einrichtungen, organisiert haben, indem sie mit Hilfe der regionalen Arbeitsverwaltung Beschäftigungsgesellschaften, soziale Betriebe und öffentlich-private Einrichtungen schufen, um soziale und ökologische Aufgaben zu erledigen, während sich die für die staatliche und öffentliche Wirtschaftspolitik Verantwortlichen unter einem marktdogmatischen oder finanzpolitischen Vorwand weigerten, auch unkonventionellen Formen der Beschäftigungspolitik zuzustimmen.

— *Dienstleistungspräferenz:*
Mit den erwähnten Zukunftsszenarien privater und öffentlicher Sektoren, die eine unterschiedliche Wertschöpfung aufweisen, sollten die staatliche Lenkung der gesellschaftlichen Arbeit sowie eine forcierte Industriepolitik angeregt werden. Allerdings spiegelt sich in der Forderung gespreizter Löhne, die der abweichenden Wertschöpfung und Produktivität entsprechen, ein veränderter Produktivitäts- und Wertschöpfungsbegriff. Die herkömmliche Definition des Produktivitätszuwachses ist an der Industrieproduktion orientiert. Es werden die Ausbringungsmengen eines Produktionsprozesses auf die eingesetzten Faktormengen bezogen, beispielsweise der Zuwachs eines realen Güterangebots bei gleichem

Arbeitseinsatz registriert. Da die Güter und Faktoren jedoch heterogen und nicht addierbar sind, müssen sie mit Preisen bewertet werden. Das monetäre (oder reale) Volkseinkommen wird demgemäß auf das Faktoreinkommen bezogen. Indem die monetäre Bewertung und damit die Veränderung der kaufkräftigen Nachfrage stärker berücksichtigt wird, läßt sich der Begriff der Arbeitsproduktivität in den der Einkommensproduktivität transformieren. Demgemäß hängt die Wertschöpfung eines Sektors davon ab, ob dessen Güterproduktion oder Dienstleistung eine kaufkräftige Nachfrage bedient. Jener Dienstleistungssektor ist »produktiv« und erbringt eine hohe Wertschöpfung, der auf die Signale einer kaufkräftigen Nachfrage reagiert. Wenn also die finanz- und steuerpolitischen Entscheidungsträger die Kaufkraft zu jenen Bevölkerungsgruppen konzentriert hinlenken, die bereits auf ein hohes Einkommen oder beachtliche Vermögenswerte zurückgreifen können, lenken sie zugleich die gesellschaftliche Nachfrage nach Arbeit und die Entstehung des Volkseinkommens.

Die herausragende Beschäftigungsperspektive reifer Industriegesellschaften liegt nun nicht in der Sicherung des Industriestandorts oder industrieller Kerne, sondern in einer zunehmenden »Deindustrialisierung«. Wie vor 100 Jahren 80 % der Beschäftigten in der Landwirtschaft tätig waren, die durch die erste technische Revolution auf einen Anteil unter 5 % gesunken sind, so kann im Zuge der zweiten technischen Revolution, die nicht mehr bloß menschliche Energie, sondern auch menschliches Denken in Maschinen auslagert, der Anteil der in der Industrie Beschäftigten auf unter 10 % sinken, ohne daß sich die Ausstattung der Bevölkerung mit Haushaltsgeräten, Autos und Wohnungen verringert. Die Konversion einer Industriegesellschaft in eine »Erlebnisgesellschaft«, in der 80–90 % der Beschäftigten im Dienstleistungssektor arbeiten, ist bereits im Gang. Allerdings muß der Begriff der Dienstleistung differenziert werden. Durch statistische oder organisatorische Auslagerung werden frühere Aktivitäten des sekundären Sektors als Dienstleistungen erfaßt. Industrienahe Dienstleistungen sind eng mit industrieller Produktion gekoppelt. Banken, Versicherungen, Handel, Rechtsberatung und Verkehr bilden seit langem den harten Kern des tertiären Sektors, dem auch die öffentlich bereitgestellten sozialen, erzieherischen und medizinischen Dienstleistungen zugerechnet werden. Gaststätten und Touristikunternehmen, Sportzentren, Freizeitanlagen und Kultureinrichtungen haben den Dienstleistungssektor erweitert.

Schließlich halte ich den Bereich der personenbezogenen Dienstleistungen für ein weites Feld beschäftigungswirksamer Lenkung der gesellschaftlichen Arbeit. Bisher ist das kulturelle Humanvermögen allenfalls in Kindergärten und Grundschulen aktiviert worden. In den weiterführenden Schulen, in der Berufsausbildung und auf den Hochschulen wird es zugunsten des technischen Wissens weithin unentwickelt gelassen oder unterdrückt, weil die Industriegesellschaft es nur am Rande abruft. Aber es ist nicht einzusehen, wieso nur die »höheren Töchter« zum Klavierspielen und zum Reiten begabt sein sollten. In einer »Erlebnisgesellschaft« wird der Anteil personenbezogener Dienstleistungen zunehmen; aus dem kulturellen Potential der Menschen entsteht ein selbsttragender marktförmiger Kreislauf, in dem sportliche oder musische Fertigkeiten real und wechselseitig ausgetauscht werden.

Das Zukunftsbild einer Erlebnis- und Dienstleistungswirtschaft ist schwer vorstellbar, solange die öffentliche Standortdebatte und die politische Lenkung der gesellschaftlichen Arbeit auf die Erhaltung industrieller Kerne bzw. auf den Erhalt des Industriestandorts Deutschland gerichtet und solange die somatischen, psychischen und mentalen Bahnen der Ausbildung und der Berufstätigkeit auf die industrielle Produktion fixiert sind. Ein Flugzeugbauer oder ein Kraftfahrzeugmechaniker, die 30 Jahre lang ihre technischen Qualifikationen weitergebildet haben, werden nicht innerhalb eines Jahres zu Orchestermusikern. Die Erlebnis- und Dienstleistungswirtschaft ist auch schwer vorstellbar, solange finanz- und steuerpolitische Vorentscheidungen die Kaufkraft bei denen konzentriert lassen, die ein riesiges Sachvermögen angehäuft haben, und nicht zu denen hinlenken, die über ein wertvolles Humanvermögen verfügen. Schließlich ist eine solche Gesellschaft schwer vorstellbar, solange die Konversionsschritte nicht aufgezeigt werden. Die ersten Schritte werden durch die sozialstaatliche und bildungspolitische Umverteilung des gesellschaftlichen Reichtums angestoßen. Die nächsten Schritte wären steuerliche Vorteile oder Anreize beispielsweise für das kollektive Engagement sportlicher Betätigung und musischer Gestaltung anstelle der Lenkung und Verteilung von Investitionen durch Sonderabschreibungen beim Wohnungsbau und bei Industrieanlagen. Die staatliche Finanz- und Steuerpolitik muß querschnittartig um beschäftigungswirksame Instrumente der Lenkung personenbezogener Dienstleistungen erweitert werden. Es bleibt unverständlich, daß die politischen Funktionseliten die seit mehr als zwanzig Jahren anhaltende Massenarbeitslosigkeit einschließlich ihrer verheerenden psychischen und sozialen Folgen dumpf, wie ein Naturereignis, hinnehmen. Dabei sind die Möglichkeiten einer offensiven Beschäftigungspolitik offensichtlich längst nicht ausgeschöpft. Für diese politische Lähmung sind zwei Gründe ausschlaggebend: Zum einen klammert man sich an das global widerlegte, für die Industrieländer jedoch weiterhin gehegte ökonomische Dogma einer vorlaufenden und nachholenden Entwicklung, während die Dominanz der methodisch fragwürdigen neoklassischen, mikroökonomischen Theorie gegenüber den Vorentscheidungen über die Einkommens- und Vermögensverteilung, die sowohl dem Marktgeschehen selbst als auch den gesellschaftlichen Regelungen des Marktes vorausliegen, nahezu blind macht. Zum andern weigert man sich, die gegenwärtige Krise nicht so sehr als Produktionsstockung oder Wachstumsstau, sondern in erster Linie als Krise der Produktionsverhältnisse, als Erosion einer gesellschaftlichen Regelung des Marktes zu diagnostizieren: Eine wirksame Krisenregelung kann nicht mehr im Alleingang irgendeines kollektiven Akteurs, etwa der Regierung, der Tarifpartner oder der Notenbank, sondern nur in Form einer Kooperation, eines neuen Gesellschaftsvertrags auf kommunaler, regionaler, nationaler und transnationaler Ebene gefunden werden. Ob eine ökonomische Alphabetisierung der politischen Öffentlichkeit die erwünschte theoretische und praktische Wende herbeiführen kann?

Mechthild Veil
Ungerechte und gerechte Ungleichheiten

Der Beitrag der Sozialpolitik zu einem
neuen gesellschaftlichen Konsens

In jüngster Zeit geben sich Politiker unterschiedlicher Couleur mit Vorschlägen für eine andere Sozialpolitik die Klinke in die Hand. Die Diskussionen lassen aufhorchen, werden sie doch mit neuem Zungenschlag und vertrautem Vokabular aus der grün-alternativen Richtung geführt. Die Rede ist vom »Umbau des Sozialstaats«, einst Schlüsselwort der Partei der GRÜNEN in ihren sozialpolitischen Entwürfen, mit denen sie eine Umverteilung zugunsten der sozial Schlechtergestellten anstrebten. Heute wird mit dem Wort »Umbau« der Abbau von sozialen Leistungen zur Absenkung der Arbeitskosten bezeichnet. Dieses Ziel soll durch ein Bündel unterschiedlicher und nicht immer leicht zu durchschauender Maßnahmen erreicht werden, die erst in der Zusammenschau eine Richtung erkennen lassen.

Eine zukünftige Sozialpolitik kann nicht einfach mit Vollbeschäftigung rechnen. Solche Zeiten sind in absehbarer Zukunft endgültig vorbei. Die Bundesregierung reagiert auf die neue Situation durch Festhalten an den »altbewährten« sozialpolitischen Instrumentarien, die sie lediglich an eine dauerhafte und hohe Arbeitslosigkeit mit einem festen Sockel von Langzeitarbeitslosen anzupassen versucht, wobei Forderungen nach mehr sozialer Gerechtigkeit und Sozialleistungen aus Zeiten der Vollbeschäftigung aufgegeben werden. Mögliche Alternativen wie ein ökologischer Umbau der Grundlagen der Wirtschaft, eine andere Arbeitsmarktpolitik und Schaffung neuer Arbeitsplätze durch Arbeitszeitverkürzung, Einführung von Teilzeitarbeit auch in qualifizierten Berufen werden nicht gewünscht.

Wenn auf die globale wirtschaftliche Krise nicht mit einer langfristigen Umgestaltung der ökonomischen *und* sozialen Grundlagen der Volkswirtschaft geantwortet wird, um anstehende Zukunftsfragen anzupacken, dann bleibt nichts anderes übrig, als die unter Krisendruck geratene Wirtschaft durch Senkung der Produktionskosten und einen preisgünstigeren Sozialstaat wieder flottzumachen. Die Phase der Ausdehnung der sozialen Sicherung – erinnert sei an die Öffnung der Rentenversicherung für Selbständige und Hausfrauen, die Einführung einer Witwerrente, die Berücksichtigung von Kindererziehungszeiten in der Rente (in der »aktiven Phase« als Erziehungsurlaub und Erziehungsgeld) und nicht zuletzt die Einführung der Pflegeversicherung – wird von der herrschenden Klasse in der gegenwärtigen Krise als Fehlentwicklung bezeichnet; man verlangt einen Kurswechsel.

In der gegenwärtigen Debatte ist deshalb die »Fehlentwicklung« des Sozialstaats zum Schlüsselbegriff avanciert. Kritisiert wird vor allem die Struktur der Sozialhilfe, die Struktur der sozialen Sicherungen, die Struktur des Tarifsystems – das ganze *untere* Gefüge eben. Entgleist seien das Tarifgefüge der unteren Einkommen und das Sozialhilferecht. Dort müsse umgebaut werden. Geplant sind Änderungen des Sozialhilferechts, die zu bisher nicht gekannten Ungleichheiten zwischen den unteren Einkommensbeziehern und den Sozialhilfeempfängern einerseits und den bessergestellten »Arbeitsplatzbesitzern« andererseits führen werden. Hierfür muß in der Öffentlichkeit erst noch die notwendige Akzeptanz geschaffen werden. Dazu dienen die gegenwärtigen Debatten über Mißbrauch der Sozialhilfe und Appelle an allgemein verankerte Gerechtigkeitsvorstellungen wie: »Arbeit soll sich wieder lohnen« oder »Arbeit statt Sozialhilfe«. Bei knappen Kassen muß nicht nur gespart werden, sondern – so die neu formulierte konservative Sozialpolitik – auch gerechter verteilt werden, sprich: Es müssen die Existenzmittel der Arbeitslosen und Sozialhilfeempfänger verknappt werden.

Die Botschaft richtet sich an diejenigen, die arbeiten und die die Vorleistungen für solche Hilfe erbringen. Aufs Korn genommen werden Bedürftige wie Sozialhilfeempfänger. Sie sollen zukünftig ihre Situation rechtfertigen, indem ihre Nichtarbeit kollektiv hinterfragt wird. Neudefinitionen von Gerechtigkeitsvorstellungen, die den Kurswechsel in der Sozialpolitik begleiten, bringen dies Bemühen zum Ausdruck. Der Rekurs auf allgemein verankerte Vorstellungen von dem, was als gerecht und ungerecht empfunden wird, soll den Blick dafür trüben, daß *ein* Ergebnis des geplanten Umbaus nicht mehr Gerechtigkeit, sondern mehr soziale Ungleichheit sein wird.

1. Sozialhilfe und Niedrigeinkommen: Mehr Akzeptanz für neue Ungleichheiten?

Die breitgetretene Debatte über den Mißbrauch von Sozialhilfeleistungen und den mangelnden Abstand zwischen Sozialhilfe und Niedrigeinkommen dient als Hebel zur Senkung der Sozialhilfe und zur Ausdifferenzierung der unteren Löhne. Das Vorhaben, den angeblich zu teuren Sozialstaat von den Minimalstandards der Sozialhilfe her aufzurollen, soll als gerecht erscheinen. Der Plan zum Umbau des »Sozialstaats von unten« sieht zwei Strategien vor: Reform des Sozialhilfegesetzes und Reform des Arbeitsförderungsgesetzes mit dem Ziel, die materielle Existenzgrundlage der Sozialhilfeempfänger und der Arbeitslosen zu senken und rechtliche Barrieren gegen Arbeitszwang und Deregulierung des Arbeitsmarktes sowie des unteren tariflichen Lohngefüges aufzuweichen. Die Realisierung der konservativen Vorstellungen zur Umgestaltung des Sozialstaats von unten würde, nach den Sozialreformen der 50er Jahre, zu den einschneidendsten sozialpolitischen Veränderungen in der Geschichte der Bundesrepublik führen. Die Stigmatisierung der »Bedürftigen« als faule Kostgänger im zu teuer gewordenen Sozialstaat soll den Blick für die Reichweite des Vorhabens trüben.

Sozialhilfeleistungen geraten leicht in den kritischen Blick der Öffentlichkeit, da sie an keine Vorleistungen gebunden und nicht selbst erarbeitet sind wie die Leistungen der Sozialversicherungen. Als das unterste Netz der sozialen Sicherung haben sie die Aufgabe, in atypischen Notlagen, die durch die vorgelagerten Systeme der sozialen Sicherung nicht aufgefangen werden, das Existenzminimum zu sichern. Anders als bei den Erwerbseinkommen richtet sich die Höhe der Sozialhilfe nach der individuellen Bedürftigkeit, die die persönlichen Umstände wie z. B. den Familienstand berücksichtigt. Deshalb können auch Löhne, die diesen Existenzschutz nicht bieten, ergänzende Sozialhilfe notwendig machen. Die mögliche Überlappung von Niedriglöhnen und Sozialhilfe kann Begehrlichkeiten wecken: bei denjenigen, die durch eigene Arbeit weniger verdienen als Sozialhilfeempfänger, und bei Sozialhilfeempfängern, für die sich die Aufnahme einer Erwerbsarbeit im unteren Einkommensbereich nicht auszahlt. Hierin liegt die soziale Sprengkraft der gegenwärtigen Krise des Sozialstaates. Um diese Sprengkraft zu entschärfen und Überschreitungen zwischen Niedriglöhnen und Sozialhilfeleistungen auszuschließen, enthält das Bundessozialhilfegesetz (BSHG) das sogenannte Abstandsgebot, das festschreibt, daß die Hilfe zum Lebensunterhalt unterhalb der unteren Nettoeinkommen von Arbeitnehmerhaushalten liegen soll. Damit bleibt auch von der Sozialhilfe her der Anreiz bzw. faktische Zwang zur Arbeitsaufnahme erhalten. Bereits bei der Einführung des Bundessozialhilfegesetzes hatte sich der Gesetzgeber mit dem Abstandsgebot ein Instrument geschaffen, um mögliche Begehrlichkeiten gesellschaftlich bearbeiten zu können.

In der sogenannten Mißbrauchsdebatte wird nun kritisiert, daß das Abstandsgebot wegen des massenhaften Mißbrauchs der Sozialhilfe und der Struktur der Sozialhilfe selber nicht mehr gewährt sei. Inzwischen würden Sozialhilfeempfänger – vor allem kinderreiche Familien – besser leben können als Beschäftigte mit Niedrigeinkommen. Diese Verzerrungen seien nicht nur ungerecht, sondern würden auch die Eigeninitiative der Menschen lähmen, sich um Arbeit zu kümmern. Aus diesem Grunde müsse das Bundessozialhilfegesetz geändert werden, indem die Sozialleistungen gekürzt und nach Arbeitsfähigen und Nichtarbeitsfähigen differenziert werden.

Zugleich wird überlegt, den Arbeitsmarkt zu deregulieren, indem das Verhältnis von Sozialhilfe und Niedriglöhnen verändert wird. »Wir müssen die Schnittstelle von aktiven Niedriglöhnen und Sozialhilfe konstruktiv diskutieren«, um »die Lohnstrukturen nach unten hin zu entzerren«. Gedacht wird an die »Absenkung der Sozialhilfeschwelle gegenüber dem jetzigen Niveau« und an die »Wiedereinführung von Leichtlohngruppen«.[1] Einfallstor für dieses Vorhaben ist das Arbeitsförderungsgesetz (AFG), speziell die

Zumutbarkeitsklauseln für Arbeitslosenhilfeempfänger, die Arbeitslosen einen gewissen Schutz gegen beruflichen Abstieg gewähren. Gerade diese Barriere gegen Niedriglöhne und Dequalifizierung gelte es durch eine rechtliche Annäherung der Arbeitslosenhilfe an die Sozialhilfe zu durchlöchern.

Im Gegensatz zum Arbeitsförderungsgesetz kennt das Bundessozialhilfegesetz keinen Berufsschutz, da durch Sozialleistungen einzig die menschenwürdige Existenz nach Kriterien der Bedürftigkeit und nicht nach Lohnersatzkriterien gesichert wird. Die Sozialhilfe wirkt also gleichmachend, indem Menschen unabhängig von ihrer beruflichen Qualifikation auf die gleichen Existenzbedingungen verwiesen werden.

Wenn Arbeitslose zukünftig jede Arbeit zu jedem Lohn annehmen müssen, so die Zielvorstellung, dann sei bereits ein wesentlicher Schritt in Richtung Deregulierung des Arbeitsmarktes und Einführung eines ausdifferenzierten Netzes von Niedriglöhnen getan. Und genau in diese Richtung gehen die disparaten Vorschläge der jüngsten Zeit: gebremster Anstieg der Sozialhilfe, um das Lohnabstandsgebot zu wahren, Kürzung der Arbeitslosengelder und Arbeitslosenhilfe und – der entscheidende Schritt – die Einführung von Gemeinschaftsarbeiten für Arbeitslosenhilfeempfänger im Arbeitsförderungsgesetz. Was zunächst auf freiwilliger Basis eingeführt wird, soll später zur Voraussetzung für die Arbeitslosenhilfe werden. Dies ist die behutsame Annäherung eines Teils der Arbeitslosen an die Bedingungen der Sozialhilfeempfänger, die ja schon immer zu Gemeinschaftsarbeiten verpflichtet werden können (und nach jüngsten Überlegungen auch müssen).

Die Konturen eines neoliberalen Sozialstaates zeichnen sich ab: Die demütigenden Bedingungen der Sozialhilfe, des unteren sozialen Netzes, sollen teilweise auf die »besseren« Sozialversicherungen ausgeweitet werden. Angriffe auf die Sozialhilfe verschlechtern nicht nur die Lebensbedingungen der Betroffenen, sondern sie dienen auch der Lohnsenkung. »Wer die Sozialhilfe kürzt, hat die Löhne im Visier.«[2]

Wahrscheinliche Folge solch einer Politik werden neue Spaltungslinien sein, die eine für die Bundesrepublik bisher kaum bekannte Schicht der *working poor* schaffen werden: Menschen in

Arbeit und Brot, die sich durch ihre Arbeit nicht mehr ernähren können und ergänzende Sozialhilfe benötigen, sowie Sozialhilfeempfänger, die zu Gemeinschaftsarbeiten verpflichtet werden können. Diese Politik braucht eine – zu früheren Zeiten – vergleichsweise große Bereitschaft, soziale Ungleichheiten gesellschaftlich auszuhalten.

2. Der janusköpfige Sozialstaat

Der bundesdeutsche Sozialstaat schafft und verwaltet soziale Ungleichheiten und wird dabei getragen von einem gesellschaftlichen Konsens darüber, welche Ungleichheiten erwünscht oder zumindest tolerabel sind. Wie sehen nun die sozialen Ungleichheiten aus, die gerade noch hingenommen bzw. nicht mehr hingenommen werden? Welche Erwartungshaltungen gibt es gegenüber sozialstaatlichen Interventionen? Wieviel Umverteilung zur Herstellung sozialer Gerechtigkeit verträgt eine Gesellschaft?

Diese Fragen wurden in den Sozialwissenschaften bisher vernachlässigt. Erst in jüngster Zeit befaßt sich die sozialwissenschaftliche Forschung mit Gerechtigkeitsvorstellungen im Wohlfahrtsstaat. »Aus Expertenperspektive werden Probleme des wohlfahrtsstaatlichen Status quo ausführlich erörtert, und sozialpolitische Reformmaßnahmen zu ihrer Behebung werden reichlich angeboten. Fragen nach den Bedingungen der Akzeptanz des Status quo und von Reformen aber werden in aller Regel nicht gestellt.«[3] Es geht jedoch nicht darum, neue Gerechtigkeitsnormen zu entwikkeln, die dann für sozialstaatliches Handeln kaum relevant wären. Interessanter ist es herauszufinden, welche Gerechtigkeitsvorstellungen gegenüber dem Sozialstaat existieren und wie sie sich im Zeitablauf verändern und möglicherweise entwickeln werden. Um einige aus heutiger Sicht ungerechte und gerechte Ungleichheiten im janusköpfigen Sozialstaat soll es im folgenden gehen.

Sozialpolitik und soziale Standards sind eng mit der nationalen und gesellschaftlichen Entwicklung eines Landes verbunden. Anders als die Wirtschaftspolitik mit grenzüberschreitenden Kapitalströmen ist Sozialpolitik weniger universell und kann nicht einfach exportiert werden. Diese Erfahrung mußte auch in der Europäischen Union gemacht werden, deren ursprüngliches Ziel, nach der Wirtschaftsunion auch die nationalen Sozialsysteme anzugleichen, fallengelassen wurde. Nur unter größten Anstrengungen und ohne die Beteiligung Großbritanniens konnte man sich mit der *Sozialcharta* gerade einmal auf die Durchsetzung von Mindeststandards einigen.

Um Fragen der Akzeptanz oder Widerstände gegenüber Reformvorhaben auszuloten, müssen bei Prognosen zur Zukunft des Sozialstaates diese gewachsenen unterschiedlichen Pfade und Verzweigungen der Sozialsysteme mitgedacht werden. Eine der traditionsbeladenen Sozialleistungen der Bundesrepublik, die über einhundertjährige Rentenversicherung, beruht auf Gerechtigkeitsvorstellungen über den Zugang zu Ressourcen, die, obwohl sie heute noch allgemein geteilt werden, inzwischen heftig diskutiert werden.

Beispiel: Rentenversicherung

Das Rentensystem geht von der Grundannahme einer kontinuierlichen Erwerbsbeteiligung und einer dauerhaften Ehe aus. Die Rente als »Alterslohn für Lebensarbeit« ist nur für diejenigen eine ausreichende Existenzsicherung, die kontinuierlich (45 Jahre lang) mit durchschnittlichem Gehalt erwerbstätig waren (die sogenannte Standardrente). Der vielbeschworene Generationenvertrag hingegen – nach dem die erwerbstätige Bevölkerung mit ihren Beiträgen die Alterssicherung der Elterngeneration sichert und durch die »Aufzucht« eigener Kinder wiederum zukünftige Beitragszahler heranzieht – spielt in der Zuweisung von Renten keine Rolle. Durch Kindererziehung können keine bzw. nur minimale Rentenansprüche erworben werden. Kinder sind immer noch der wesentliche Grund für die Altersarmut von Frauen. Der Generationenvertrag, der eigentlich Solidarität zwischen den Generationen voraussetzt, ist an diesem zentralen Punkt nie realisiert worden.

Das theoretische Vorverständnis der Sozialpolitik, das mit der Bismarckschen Sozialpolitik erstmalig formuliert und mit der großen Rentenreform unter Adenauer 1957 noch einmal präzisiert wurde, hat die soziale Sicherung als Arbeiterfrage verankert und zu einer »Voreingenommenheit« gegenüber der reproduktiven Arbeit, der Hausarbeit von Frauen geführt. Die »soziale Frage« wurde in der deutschen Debatte des 19. Jahrhunderts selbstverständlich und einseitig mit der »Arbeiterfrage« identifiziert. Die ebenfalls starke und gutorganisierte Frauenbewegung dieser Zeit konnte die soziale Frage nicht in gleichem Maße politisieren und zu ihrem Anliegen machen. Auch wenn die Frauenfrage – »die wirtschaftliche Stellung des weiblichen Geschlechts, die Berufsprobleme und die Lage der Arbeiterinnen« – von Teilen der Sozialdemokratie Ende des 19. Jahrhunderts sehr wohl als Bestandteil der »sozialen Frage« begriffen wurde, konnte mit ihr nicht die Machtfrage gestellt werden, oder, wie es ein Zeitzeuge anschaulicher auszudrücken verstand, »[...] daß die bedrängte Klasse (!) nicht Fäuste hat, mit denen sie wie das männliche Proletariat die Gesellschaft bedrohen kann«.[4] Das Dilemma lag darin, daß die Frauenbewegung in eine proletarische und eine bürgerliche Bewegung gespalten und damit geschwächt war und – was weiterreichend ist – die Frauenfrage dadurch quer zu dem damals vorherrschenden Klassenantagonismus lag und sich nicht in den politischen Kampf zwischen Arbeiterklasse und Kapitalistenklasse einreihen ließ.

Diese Voreingenommenheit der Rentenversicherung gegenüber der Hausarbeit bleibt bis heute gültig, auch wenn diese sich inzwischen quasi zu einer Volksversicherung entwickelt hat und 90 % der Wohnbevölkerung einschließt. Frauen mit Kindern können sich auf die soziale Sicherung als Existenzsicherung nicht verlassen, weder die überwiegend Erwerbstätigen noch die überwiegend als Hausfrauen Tätigen. Aber auch für Männer ist sie seit den 70er Jahren durch die Erosion der Arbeitsgesellschaft unsicher geworden.

Heute sind die beiden Bezugspunkte der sozialen Sicherung, Vollbeschäftigung und »intakte« Familien, in die die reproduktiven Arbeiten abgeschoben werden können, brüchig geworden. Familien, die von einem Gehalt ausreichend leben können und zudem noch lebenslang halten – beides Voraussetzungen für eine geglückte Rentenbiographie von Ehepaaren –, werden rar. Der Familienernährer wird zu einem knappen Gut – ob er deshalb auch besonders hoch gehandelt werden muß, ist Geschmackssache. Offensichtlich wird aber auch, daß deshalb das Sozialsystem auf Dauer nicht zu halten ist. Bei abnehmenden Ewerbsquoten stimmt das Verhältnis zwischen Beitragszahlern und Empfängern von Sozialleistungen nicht mehr. Deshalb können die Kosten der Sozialleistungen auch nicht mehr ausschließlich den Erwerbstätigen (ohne Beamte) aufgebürdet werden. Das ist nicht mehr zu finanzieren und widerspricht auch zunehmend den Vorstellungen einer gerechten Verteilung.

Die enge Verknüpfung von Erwerbsarbeit und Sozialversicherungsleistungen hat sich tief in das Bewußtsein der westdeutschen Bevölkerung eingeprägt und wird juristisch als »Besitzstand« und politisch als kulturelles Erbe und als soziale Errungenschaft verteidigt. Sie fördert die Vorstellung, daß Sozialpolitik ein Fair play von Geben und Nehmen sei und auf einem Austauschprinzip beruhe. In der Sprache der Sozialpolitiker wird diese Gleichheit Äquivalenzprinzip genannt, das durch nichts erschüttert werden könne, weder durch demographischen noch gesellschaftlichen Wandel, noch durch Veränderungen im Geschlechterverhältnis, noch durch Einwanderungen, noch durch die Erosion des Arbeitsmarktes mit Massenarbeitslosigkeit. Das einmal vertraglich geregelte Fair play hat bisher erfolgreich jedem grundlegenden Reformvorhaben in Richtung Grundsicherung oder auch nur einer Lockerung der Anbindung der sozialen Sicherung an den Erwerbsarbeiterstatus widerstanden. Seine Spielregeln werden wie Grundwerte der Verfassung verteidigt.

Erwerbsarbeit und Sozialversicherung, oder Beitragszahlung und Leistung, sind – zumindest in den Köpfen der politischen Akteure – derart eng verknüpft, daß in der Solidargemeinschaft kaum noch Raum für sozialen Ausgleich bleibt. »Das ›Soziale‹ selbst erscheint als das, was eigentlich nicht zur Sozialversicherung dazugehört.«[5]

Andererseits haben die bundesrepublikanischen Sozialversicherungen nicht nur Ungleichheiten produziert. Sie spielten und spielen auch eine integrierende und identitätsstiftende Rolle, und zwar über die *Arbeit*. Jeder, der in der Bundesrepublik versicherungspflichtig beschäftigt ist, gehört der Solidargemeinschaft an, sogar unabhängig von seiner Staatsangehörigkeit. Allerdings gerät nun über die Erosion des Arbeitsmarktes auch die identitätsstiftende Funktion der Sozialversicherung in eine Krise.

Wie die Krise zu bewältigen ist, darüber herrscht gesellschaftlich schon deshalb Uneinigkeit, weil die deutsche Sozialversicherung keine Vorstellung von Gerechtigkeit unabhängig vom Arbeitsmarkt kennt. Hier gilt es bei Reformen anzusetzen. Zukünftig müssen auch andere Arbeitsbereiche außerhalb der Lohnarbeit wie Kindererziehung und Familienarbeit zu Rentenansprüchen führen. Im weiteren Sinne schließt solch eine Reform auch ein, daß Frauen eine andere Arbeitsteilung zwischen den Geschlechtern gesellschaftlich durchsetzen können. Denn wenn Männer und Frauen sich Hausarbeit und Erwerbsarbeit teilen, dann wird es leichter sein, die auf Lohnarbeit basierenden Sozialversicherungen auf ein zweites Standbein zu stellen und die Vorstellung der Leistungsgerechtigkeit auch auf reproduktive Arbeiten und auf solidarisches Handeln zwischen den Geschlechtern zu erweitern.

Exkurs:
Gewandelte Verhältnisse – gewandelte Begrifflichkeit

Das historische *setting* bei Einführung der sozialen Sicherung in Deutschland hat auch seine Begrifflichkeit geprägt. Das Modell Bismarck war Bestandteil einer revolutionsvermeidenden staatlichen Klassenpolitik und nicht – wie z.B. in England – Ergebnis einer Armenpolitik und staatlicher Wohlfahrt. Die Sozialversicherungen, die sich an die aufmüpfige Arbeiterklasse und ihre Organisationen richteten, machten staatliche, kirchliche oder private Fürsorge nicht überflüssig. Das hat zu einem doppelten Verständnis des Sozialen geführt: die aus der (kirchlichen) Armenfürsorge sich entwickelnde karitative Grundhaltung des Helfens und die aus der Arbeiterbewegung entstehende Solidarität, auf die der Staat durch Anerkennung und das Anpacken der sozialen Frage Ende des 19. Jahrhunderts reagierte. Als politischer Kampfbegriff brachte Solidarität den interessengebundenen Zusammenschluß von Gleichen gegenüber einem (Klassen-)Gegner zum Ausdruck. Das Soziale im Sinne von Teilen und Helfen bezog sich auf Gleiche oder auf gleiche Interessen.

Als Solidaritätsappelle noch mobilisieren konnten und angriffslustig »die Reihen fest geschlossen« hielten, spielte die heute so wichtige Forderung nach sozialer Gerechtigkeit eine nur untergeordnete Rolle, entsprach sie doch nicht der Tradition der Marxisten. Ihnen zufolge mußte soziale Ungleichheit an der Quelle, d. h. der kapitalistischen Produktionsweise, geändert bzw. revolutioniert und konnte nicht im nachhinein durch staatliche Umverteilung korrigiert werden. Mit dem Ausbau des Sozialstaates haben Solidaritätsappelle ihre politische Sprengkraft verloren und sind häufig nur noch Goodwill-Erklärungen.

Gewandelte Gerechtigkeitsvorstellungen von und in Hinblick auf Frauen haben dazu geführt, daß sich die soziale Frage auch zur Geschlechterfrage weiterentwickelte. Soziale Gerechtigkeit hat durch die Frauenbewegung eine Erweiterung erfahren. Mit »Gerechtigkeit« werden nicht mehr einfach materielle Güter und Teilhabechancen assoziiert, sondern »Gerechtigkeit« wird darüber hinaus an der Forderung nach Gleichberechtigung gemessen. Feministinnen analysieren und registrieren einerseits, wohin die über den Staat verteilten Ressourcen fließen; sie kritisieren den ungleichen Ressourcenzugang, wovon die Niedrigrenten von Frauen ein beredtes Beispiel sind. Andererseits betreiben sie eine Güterabwägung zwischen Erwerbsarbeit und den reproduktiven Arbeiten wie der Hausarbeit und Kindererziehung. Erwerbsarbeit wird gegenüber den reproduktiven Arbeiten relativiert und das Ineinandergreifen beider angemahnt. Als ungerecht wird nun empfunden, wenn die anderen Lebenszusammenhänge von Frauen, ein Patchwork-Leben zwischen Beruf und Familie, nicht Anknüpfungspunkt für Sozialleistungen sein kann und, wie es im Rentenrecht der Fall ist, ein »erfülltes Arbeitsleben« ausschließlich als Mannesleben definiert und honoriert wird.

Neben der Alterssicherung ist auch die Familienförderung (Familienlastenausgleich) ein Feld der Sozialpolitik, das besonders eng mit gesellschaftlichen Leitvorstellungen und gesellschaftlichem Wandel verknüpft ist. Die tradierte Familienpolitik wird durch sozialstrukturelle Veränderungen der Lebenslagen zunehmend problematisiert, so daß auch die Ungleichheiten, die Familienpolitik schon immer produziert hat, heute nicht mehr legitimierbar sind.

Die Bedeutung der Familie für Sozialpolitik ist groß, gehen doch die gegenwärtigen Auseinandersetzungen darum, welche reproduktiven Arbeiten an den Staat bzw. die Kommunen und welche an die Familie delegiert werden können. Mit der zunehmenden Erwerbstätigkeit, insbesondere von Müttern, haben Frauen die traditionelle Arbeitsteilung in der Familie, wie sie in den 50er Jahren wieder etabliert wurde, aufgekündigt. Die Karten werden neu gemischt, zwischen Männern und Frauen (in der Auseinandersetzung um eine »gerechtere« Arbeitsteilung), zwischen familialer und öffentlicher Dienstleistung (Kinderbetreuung, Schulsystem) und zwischen Arbeitsmarkt und Familie (Vereinbarkeit von Beruf und Familie). Dabei sind die Interessen des Staates an der Familie nicht einfach identisch mit den Interessen von Frauen an ihr. Aus finanziellen und ordnungspolitischen Überlegungen heraus ist der Staat bestrebt, möglichst viele soziale Aufgaben als private an die Familie zu delegieren bzw. in ihr zu belassen. Frauen hingegen wollen die Lebensbereiche Beruf und Familie miteinander verbinden. Das mühsame Ringen dreht sich auch darum, wie und in welchem Umfang die bisher unentgeltliche Hausarbeit und Kindererziehung zu einer Angelegenheit der Sozialpolitik gemacht werden kann. Mit der angestrebten Vereinbarkeit von Beruf und Familie, einem Schlüsselbegriff der 90er Jahre, kündigen Frauen die alte Ungleichheitsmoral auf, die sie ins Haus verbannte und zur Existenzsicherung auf den ehelichen Unterhalt verwies.

Die Einführung des Familienlastenausgleichs in den 50er Jahren geschah vor dem Hintergrund der Vorstellung von Ehe und Familie als einer Einheit. Die Ehe galt als der Normalfall des Zusammenlebens, als erster Schritt zur Familiengründung und wurde mit

Art. 6 Abs. 1 GG unter den besonderen Schutz des Staates gestellt. Wie stark die mit der Gleichstellung und Privilegierung von Ehe und Familie einhergehende Diskriminierung anderer Lebensformen in den 50er Jahren gesellschaftlich verankert war, zeigte Mackenroth, wenn er in seiner bahnbrechenden Schrift »Reform der Sozialpolitik durch einen deutschen Sozialplan« 1957 festhält, daß es nicht Ziel der Familienpolitik sein könne, mit ihren Bestimmungen »das Konkubinat« zu prämieren. Mackenroth fährt weiter fort: »Darüber läßt sich wohl Einigkeit erzielen.«[6] Diese Feststellung wird heute kein Politiker mehr unbekümmert wagen können. Die Haltung gegenüber dem »Konkubinat« oder den »freien Verbindungen, die in moralischer Beziehung nicht erwünscht« seien, wie es auch die KPD 1951 in einer Bundestagsdebatte vortrug, hat sich grundlegend geändert. Der sich formierende Dissens kam erst durch die neuen sozialen Bewegungen wie die 68er Studentenbewegung, die neue Frauenbewegung und auch die Ökobewegung, die sich später als Partei der GRÜNEN etablierte, zum Ausbruch.

Dieser Dissens war Voraussetzung für ein neues Verständnis von Familie, in der nicht mehr vorrangig die Institution, sondern die einzelnen Familienmitglieder gesehen werden. Zur Aufhebung der Asymmetrie zwischen den Geschlechtern in der Familie müßten die bisher konkurrierenden Rechtsgüter, »Schutz von Ehe und Familie« (Art. 6 Abs. 1 GG) und »Männer und Frauen sind gleichberechtigt« (Art. 3 Abs. 2 GG) so miteinander verbunden werden, daß der Institutionenschutz sich auf eine nach dem Gleichheitspostulat organisierte und arbeitende Familie bezieht. Aufgabe des Sozialstaates müßte es sein, darauf hinzuwirken. Gerade dieser notwendige Schritt erfolgt in der gegenwärtigen Auseinandersetzung um eine Neugestaltung des Familienlastenausgleichs jedoch nicht.

Diskussionen um den Familienlastenausgleich finden vor dem Hintergrund jeweils unterschiedlicher Familienauffassungen statt. Ein Festhalten an paternalistischen Vorstellungen von Ehe und Familie wird zu anderen Vorschlägen ihrer Besteuerung führen als feministische Einwürfe. Liberale Vorstellungen zur Familienbesteuerung, die sich gegen den weiteren Ausbau des Sozialstaats richten, sehen anders aus als Vorschläge aus der Sozialdemokratie, die in dem Staat den Adressaten für »gerechte« Umverteilungsprozesse von Steuergeldern sehen. Für die einen besteht der Schutz von Ehe und Familie, wie ihn das Grundgesetz (Art. 6 Abs. 3 GG) vorsieht, in geringen Steuerlasten, die mit steigendem Einkommen zu steigenden Entlastungen führen (nach dem Prinzip der steuerlichen Leistungsfähigkeit), für die anderen in steuerfinanzierten Sozialleistungen für einkommensschwache Familien (nach dem Prinzip der sozialen Gerechtigkeit). Die einen thematisieren Familie hauptsächlich unter dem Gesichtspunkt der finanziellen Absicherung des meist männlichen Familienernährers, die anderen auch unter dem Gesichtspunkt der beruflichen Interessen von Frauen.

Der Familienlastenausgleich im engeren Sinne besteht aus dem Kindergeld und steuerlichen Entlastungen für Familien über Kinderfreibeträge und über das Ehegattensplitting im Einkommensteuerrecht. In der Systematik des Steuerrechts entsprechen Kinderfreibeträge der steuerlichen Gerechtigkeit, durch die auch Höherverdienende mit Kindern steuerlich nicht schlechter gestellt werden dürfen als Bezieher gleich hoher Einkommen ohne Kinder. Kinderfreibeträge sollen entsprechend der Fiskalzwecknorm die Unterhaltsbelastungen von Eltern bei der Steuererhebung berücksichtigen und darüber hinaus auch noch das Existenzminimum für Kinder freistellen. Dagegen ist das Kindergeld eine sozialrechtliche Leistung. Diese Verquickung von Sozialrecht und Steuerrecht, wie wir sie im dualen System des Familienlastenausgleichs vorfinden, repräsentiert einen alten Streitpunkt zwischen liberalen und sozialdemokratischen Auffassungen über die Rolle des Sozialstaates: Soll der Staat Steuern erheben und diese als Sozialleistungen nach sozialen Kriterien wieder rückverteilen, um soziale Ungleichheiten, wie sie in der Produktion, durch Lohnunterschiede und Brüche in den Lebenszusammenhängen usw. entstehen, im nachhinein abzufedern (Sozialstaat als Umverteilungsinstanz), oder soll der Staat von Anfang an den Steuerzugriff reduzieren und damit die Möglichkeiten einer sozialen Korrektur einschränken? Soll das Prinzip der finanziellen Leistungsfähigkeit Vorrang vor sozialer Gerechtigkeit erlangen, um die Rolle des umverteilenden Sozialstaates möglichst gering zu halten?

In diesen Auseinandersetzungen stoßen zwei konträre Gerech-

tigkeitsvorstellungen aufeinander, die eine Verständigung er-
schweren, nicht nur zwischen Finanz- und Sozialpolitikern: Gerechtigkeitsvorstellungen, nach denen soziale Notlagen durch eine
Umverteilung von oben nach unten über staatliche Sozialleistungen wie das Kindergeld ausgeglichen werden. Das entspricht den
Alltagsvorstellungen von Gerechtigkeit. Steuergerechtigkeit –
nach der wirtschaftlichen Leistungsfähigkeit – hingegen strebt
einen vertikalen Ausgleich an, so daß sich die wirtschaftliche Situation Besserverdienender durch Kinder nicht gegenüber Kinderlo-
sen der gleichen Gehaltsklasse verschlechtert. Diese Art der Gerechtigkeit hat nichts mit Bedürftigkeit und sozialen Notlagen zu
tun. Nach diesen Vorstellungen ist gerecht, wenn diejenigen, die
über hohe Einkünfte verfügen und dementsprechende Steuern
zahlen, für jedes Kind um so mehr steuerlich entlastet werden, je
höher ihr Einkommen ist. Zugespitzt könnte Steuergerechtigkeit
als die Alimentierung von standesgemäßem Unterhalt durch den
Staat bezeichnet werden. Die Steuergerechtigkeit widerspricht jeder spontanen Empfindung von gerecht und ungerecht. Als eher
ständisches Prinzip verträgt sie sich nur schwer mit dem heutigen
Verständnis eines modernen Sozialstaats.

3. Ein neuer Gesellschaftsvertrag ist notwendig

Arbeit (Erwerbsarbeit) reüssierte zu *dem* wesentlichen Gut einer
Gesellschaft, durch die sich der Bürger verwirklicht. Daß sich
Erwerbsarbeit zum Dreh- und Angelpunkt auch für die soziale Si-
cherung entwickeln konnte, hing eng mit dem wirtschaftlichen
Optimismus der Nachkriegszeit und dem Glauben an dauerhafte
Vollbeschäftigung zusammen. In diesem Sinne war die Rentenver-
sicherung beim Aufbau der Bundesrepublik identitätsstiftend.
Heute jedoch geht der krisengeschüttelte Sozialstaat mit der Hoch-
schätzung der Arbeit ein hohes Risiko ein.

Forderungen und Fortschritte der Frauenbewegung machen die
Sache nicht leichter. Gutqualifizierte Frauen drängen auf den überfüllten Arbeitsmarkt, trotz Krise und Rezession. Sie legen ein
erstaunliches – wie es heißt – »widerständiges Verhalten« an den

Tag und lassen sich nicht mehr als stille Reserve hin- und her-
manövrieren. Eine Berücksichtigung von Fraueninteressen würde
rein rechnerisch eine Verdopplung der Probleme bedeuten. »Doch
da die alte Kompromißformel auch zur Befriedung der alten Probleme offensichtlich nicht mehr taugt, könnte die Verschärfung
der Optik durch die Frauenfrage richtungsweisend für bessere Lö-
sungsmöglichkeiten sein.«[7] Offen werden diese Probleme von keiner Seite behandelt. Eher wird ein sanfter Druck auf Frauen und
Männer ausgeübt, damit sich Frauen wieder in den Familien nütz-
lich machen und damit den Arbeitsmarkt entlasten. Dabei wäre es
notwendig, daß von der politischen Klasse offen eingestanden wird,
daß die Sozialversicherungen versagen, nicht weil sie ausufern, sondern weil ihre Grundlagen – Vollbeschäftigung und dauerhafte
Ehen – nicht mehr stimmen.

Ein neuer Gesellschaftsvertrag wird notwendig, durch den das
Verhältnis von Arbeit, Existenzsicherung und Gleichberechtigung
zur Debatte gestellt und neu bestimmt wird. Dazu gehört eine
andere gesellschaftliche Arbeitsteilung zwischen Frauen und Männern, so daß beide Beruf und Familie vereinbaren können. So wichtig es ist, das knappe Gut der Erwerbsarbeit durch Arbeitszeitverkürzung und Teilzeitarbeit auch in qualifizierten Berufen auf mehr
Frauen und Männer zu verteilen – es reicht doch nicht aus, nur die
Erwerbsarbeit im Blick zu haben. Denn die so unterschiedlich organisierten und wirkenden Arbeitsgebiete bildeten doch immer eine
Einheit, die nur von klassischen Wirtschaftstheoretikern getrennt
wird. Genauso wie der Arbeitsmarkt nicht ohne die unentgeltliche
häusliche Dienstleistung funktioniert, ist ausschließliche Hausarbeit nicht ohne einen Familienernährer möglich. Voraussetzung
für eine andere gesellschaftliche Arbeitsteilung ist, neben dem
noch zu schaffenden Konsens, eine vom Staat bereitgestellte Infrastruktur wie z. B. Kinderkrippen, Kindergärten und Schulen mit
festen Öffnungszeiten. Die Vereinbarkeit von Familie und Beruf
für Frauen und Männer wird ungleiche Chancen bei Frauen ab-
bauen helfen, ihnen mehr Autonomie ermöglichen und evtl. neue
Belastungen bei Männern schaffen. Hierüber sollte offen gestritten
und verhandelt werden.

Eine andere gesellschaftliche Verteilung der produktiven und reproduktiven Arbeiten muß auch zu einer anderen Grundlage im System der sozialen Sicherung führen. Neben Erwerbsarbeit müßten hier auch bestimmte, noch zu definierende Familienarbeiten Eingang finden, die durch Steuern und Beiträge zu finanzieren wären.

Ein neuer Gesellschaftsvertrag könnte auch das unterste soziale Netz, die Sozialhilfe, entlasten, indem die Sozialversicherungen »armutssicher« gemacht werden. Wenn ausgesprochen und anerkannt wird, daß die Gesellschaft auf lange Zeit mit einem hohen Sockel von Arbeitslosen leben muß, die durch die Sozialversicherungen nicht mehr aufgefangen werden können, dann müssen diese eine bedarfsorientierte Grundsicherung enthalten, um das Abrutschen in die Sozialhilfe zu verhindern. Damit könnte die Sozialhilfe wieder auf ihre originäre Aufgabe, Hilfe in besonderen Lebenslagen zu bieten, »zurückgebaut« werden. Je weniger Menschen zu Sozialhilfeempfängern werden, desto eher wird es auch möglich sein, den sozialen Konfliktstoff zwischen Niedriglöhnen und Sozialhilfe zu entschärfen.

Auch der Familienlastenausgleich müßte »armutssicher« gemacht werden, geraten doch gerade kinderreiche Familien in die Abhängigkeit von der Sozialhilfe, da die Familienförderung nicht existenzsichernd ausgestaltet ist. Eine andere Art der Familienförderung, die im Prinzip der sozialen Gerechtigkeit und weniger der Steuergerechtigkeit folgt, müßte über Sozialleistungen (Erhöhung des Kindergeldes) die Existenz von Familien sichern und damit die Sozialhilfe entlasten können.

Das Ineinandergreifen unterschiedlicher Maßnahmen könnte ein Absenken des derzeitigen Minimalstandards verhindern. Dies wäre durch einen neuen Konsens auf der oben beschriebenen Grundlage zu erreichen. Der durch die Erosion des Arbeitsmarktes und durch den Prozeß der Individualisierung brüchig gewordene alte Konsens wird nicht mehr lange tragen. Werden die alten Verteidigungsregelungen beibehalten, wird das derzeitige System unbezahlbar, dann werden ständige Eingriffe zur Kostenreduktion unvermeidlich, mit dem Ergebnis zunehmender Verarmung von Millionen von Menschen. Wollen wir das?

Anmerkungen

1 Dieses und das folgende Zitat sind Äußerungen des Präsidenten der Bundes-
   vereinigung der Deutschen Arbeitgeberverbände (BDA) Klaus Murmann,
   zitiert in: Bäcker, Gerhard/Johannes Steffen, Lohnt es sich noch zu arbeiten?
   Zur Diskussion über Sozialhilfe, Negativsteuer und Niedrigeinkommen. In:
   WSI Mitteilungen 1/95, S. 3–11.

2 Steffen, Johannes, Fatale Billig-Lohn-Ökonomie. Wer die Sozialhilfe kürzt,
   hat die Löhne im Visier, in: *Soziale Sicherheit*, H. 10/95, S. 372 ff.; zitiert
   nach: Bäcker/Steffen, *Lohnt es...*, S. 10.

3 Pioch, Roswitha/Georg Vobruba, Gerechtigkeitsvorstellungen im Wohlfahrtsstaat. Sekundäranalyse empirischer Untersuchungen zur Akzeptanz
   wohlfahrtsstaatlicher Maßnahmen. In: Döring/Nullmeier/Pioch/Vobruba,
   Gerechtigkeit im Wohlfahrtsstaat, Marburg 1994, S. 114.

4 Zitiert nach: Gerhard, Ute, Den Sozialstaat neu denken? Voraussetzungen
   und Preis des Sozialkompromisses. In: *Vorgänge* 87, S. 16.

5 Döring u. a., Gerechtigkeit, S. 18.

6 Mackenroth, Gerhard, Die Reform der Sozialpolitik durch einen deutschen
   Sozialplan. In: Erik Boettcher (Hg.): Sozialpolitik und Sozialreform, Tübin-
   gen 1958, S. 60.

7 Gerhard, Ute, Sozialstaat auf Kosten der Frauen. Einleitung. In: Gerhard/
   Scharzer/Slupik (Hg.), Auf Kosten der Frauen. Frauenrechte im Sozialstaat.
   Weinheim und Basel (1988), S. 22.

Bert Rürup
Kontrapunkt:
Internationale Wettbewerbsfähigkeit

Deutschland ist – auch nach der Wiedervereinigung – im ökonomischen Sinne eines der erfolgreichsten Länder der Welt. Und wer gelegentlich im Ausland zu tun hat, wird feststellen müssen, daß eine gewisse Wehleidigkeit und Larmoyanz offensichtlich zu deutschen Nationaleigenschaften geworden sind. Denn die übergroße Zahl aller vergleichbaren Industriestaaten würde gerne ihre wirtschaftspolitischen, sozialpolitischen und finanzwirtschaftlichen Probleme gegen die unseren eintauschen.

Deutschland ist glücklicherweise das Land mit den absolut höchsten Löhnen, den kürzesten Arbeitszeiten und dem dichtesten sozialen Sicherungsnetz der Welt. Im Gegensatz zu vielen Politikern, Publizisten und auch Ökonomen, die dies als problematisch und änderungsbedürftig hinstellen, sollte man darin einen außerordentlichen ökonomischen Erfolg sehen. Und Unternehmer, Arbeitnehmer und Politiker sollten alles daransetzen, dieses Wohlstandsniveau, auf dem breite Bevölkerungsschichten leben, in der Zukunft aufrechtzuerhalten. Denn Wirtschaften, Wirtschaftswachstum und Exporterfolge sind ja keine Selbstzweck, sondern Instrumente zur Förderung der allgemeinen materiellen Wohlfahrt.

Standortprobleme

Die entscheidende Quelle des deutschen Wohlstandes ist die internationale Wettbewerbsfähigkeit der Wirtschaft bzw. die Attraktivität des Wirtschaftsstandortes Deutschland. Und da dem so ist, sollte der Pflege der langfristigen Ergiebigkeit dieser »Wohlstandsquelle« höchste Beachtung geschenkt werden. Die sogenannte internationale Wettbewerbsfähigkeit eines Landes ist der Oberbegriff für die

1. Fähigkeiten einer Volkswirtschaft, im Ausland begehrte Güter und Leistungen anzubieten (*ability to sell*), und

2. die Fähigkeit, aus diesem Verkauf einen Surplus zu erzielen (*ability to earn*).

So einfach es ist, eine Vielzahl mehr oder weniger globaler Indikatoren dieser »Fähigkeiten« zu nennen (siehe Abb. 1), so schwierig ist eine Isolation, Gewichtung und Interpretation von Veränderungen dieser Indikatoren.

Ausweislich der jüngsten Ausgabe des *World-Competitiveness-Report* (und anderer Analysen seriöser Institute) soll sich nun diese – schwer operational definierbare – internationale Wettbewerbsfähigkeit bzw. die Qualität des Industriestandortes Deutschland verschlechtert haben, nämlich in den letzten vier Jahren von Platz 2 auf 5 bzw. sogar 7 gesunken sein.

Diese »Verschlechterung« ist allerdings – entgegen vielfachen Behauptungen – nur zu einem geringen Teil auf die hohen und insbesondere in den Jahren 1991/92 gestiegenen Lohnstückkosten zurückzuführen, wie dies auch von dem in diesem Punkt wohl unverdächtigen Kronzeugen, der Deutschen Bundesbank, im Sommer 1994 anerkannt wurde. Von einer *allgemeinen* Lohnkostenkrise in Deutschland konnte und kann insbesondere nach der »Korrekturlohnrunde« von 1993/94, die zu einem Rückgang der Lohnstückkosten geführt hat, keine Rede sein.

In bezug auf die internationale Lohnkostenposition ist nämlich die nationale Lohnentwicklung in Deutschland relativ bedeutungslos; ca. 70 Prozent des Lohnstückkostenanstiegs im Vergleich zu den wichtigsten anderen Industrienationen resultieren schon 1994 aus der DM-Aufwertung.

Ebenfalls eine dominante Ursache für dieses »Absinken« ist der – unstrittige – Handlungsbedarf der deutschen Steuerpolitik hinsichtlich einer wachstumsorientierten Reform der Unternehmensbesteuerung.

Die gesunkene Wettbewerbsfähigkeit Deutschlands liegt in allererster Linie begründet in

– einem rückläufigen Tempo bei den Produktinnovationen,

Indikatoren der internationalen Wettbewerbsfähigkeit

Ergebnisorientierte Indikatoren	Determinantenorientierte Indikatoren
– Leistungsbilanzsaldo – Terms of Trade, realer Wechselkurs – Realeinkommen pro Kopf – Weltmarktanteile – Präsenz in Hochtechnologiesektoren – offenbarte komparative Vorteile	– Faktorausstattungen – Lohnstückkosten, Faktorkosten – Technologieausstattung – Innovationstätigkeit und technologische Lücke – staatliche Infrastruktur – staatliche Kostenkomponenten – Wirtschaftsordnungsrahmen

– einer zu langen Zeitspanne zwischen technischer Invention und profitabler Innovation und

– Defiziten bei wichtigen modernen Schlüsseltechnologien (neben den Informationstechnologien insbesondere bei der Biotechnologie, Robotik, Mikromechanik; s. auch Abb. 2)

Es besteht also ein Handlungsbedarf hinsichtlich der Qualität des Wirtschaftsstandorts Deutschland, aber es ist zu befürchten, daß dieser Handlungsbedarf, der in den »rezessiven« Jahren 1992/93 extrem überzeichnet wurde, mit einem an Dynamik zunehmenden Konjunkturaufschwung von der wirtschaftspolitischen Tagesordnung abgesetzt wird.

Um es zu wiederholen: Die deutsche Wirtschaft hat unstrittige Kostennachteile, allerdings sind diese nach Untersuchungen des Massachusetts Institute of Technology (MIT) zur Automobilindustrie und auch der Beratungsfirma McKinsey nur zu einem geringen Teil auf höhere Faktor- bzw. Arbeitskosten zurückzuführen. Zwei Drittel der deutschen Kostennachteile resultieren aus Defiziten in den Parametern

– Arbeitsorganisation,

Die wichtigsten Schlüsseltechnologien der 90er Jahre

Hochleistungsoptik	– Optoelektronik – Holographie, Lasertechnik – optische Rechner, Speicher
Mikroelektronik	– VLSI-Chips – Hybridschaltkreise – Supraleiter
Telekommunikation/ Software	– Muster-, Bild-, Spracherkennung – ISDN + Netzwerktechnik (LAN. etc.) – Robotik, Künstliche Intelligenz, Expertensysteme
Werkstofftechnik, Hochleistungs- mechanik	– Verbundwerkstoff – Speziallegierungen, Keramiken, Keramikmotoren – Mikromechanik/Mikrosensorik
Energietechnik	– Photovoltaik – regenerative Energiequellen – Hochleistungsenergiespeicher
Bio- und Meeres- technologien	– Gentechnik – Verfahrenstechnik – Erschließung maritimer Nahrungsquellen

(Quelle: DIW)

– Führungsstruktur,
– fertigungsgerechte Konstruktion,
– kundenorientierte Konstruktion,
– Fertigungstiefenstruktur.

Die Ursache für diese »deutschen Schwächen« liegt also zu dem wohl größeren Teil in einer mangelnden Innovationsbereitschaft der Entscheider in den Unternehmen, bzw. ist – so McKinsey – in Managementfehlern zu sehen. So zutreffend es ist, daß ein Handlungsbedarf hinsichtlich einer Verbesserung der Qualität des

Standortes Deutschland besteht, so verfehlt ist daher der Glaube, diesen Bedarf in erster Linie bzw. ausschließlich durch – wie auch immer begrifflich verpackte – Kostensenkungen befriedigen zu können.

Volkswirtschaftlich sind Kostengesichtspunkte sehr wichtig; das wettbewerbsentscheidende Kriterium stellen (Arbeits-)Kostendifferenzen allerdings nur bei international standardisierten Massenprodukten dar, und damit kaum bei den typisch deutschen Produkten. Die Fokussierung auf den Kostenaspekt blendet aus, daß sich die deutsche Wirtschaft aufgrund ihrer Produktpalette mehr in einem technologischen bzw. produktinnovativen Wettbewerb befindet. Anders formuliert: Lohnkostensenkungen sind zwar eine kurzfristig notwendige Bedingung zur Verbesserung der Wettbewerbsfähigkeit, hinreichend sind sie aber nur, wenn die so freigewordenen Mittel zur Steigerung der technologischen Kompetenz und der Modernität der Produkte eingesetzt werden. Kostensenkungen allein leisten keinen zukunftsträchtigen Beitrag. Auch ein so effizient wie ein Toyota produzierter Trabi hätte auf dem Weltmarkt keine Chance.

In den »goldenen« 80er Jahren konnte in Deutschland nicht wesentlich kostengünstiger als heute produziert werden, dennoch waren die deutschen Unternehmen »Exportweltmeister«. Sie erzielten ihre Exporterfolge nicht durch kostenseitig bedingte Preisvorteile, sondern durch Service, differenzierte Leistungssortimente, Qualität, Lieferfähigkeit, kundenbezogene Flexibilität etc. Im Gegensatz zu den Massenartikeln von »low-cost«-Produzenten in den Schwellenländern, von Mitteleuropa und Südostasien waren und sind komplexe, innovative Produkte also die internationale Stärke der deutschen Wirtschaft (vgl. Abb. 3). Und diese Stärke hat möglicherweise auch durch den eminenten vereinigungsbedingten Absatzboom der Jahre 1990–1992 gelitten.

Patentanmeldungen von Inländern im Inland pro Jahr zwischen 1987 und 1992

	D	GB	USA	J
Kraftfahrzeugtechnik	2259	619	2273	11041
Medizintechnik	799	206	2716	4163
Großcomputer	326	153	1631	19567
Unterhaltungselektronik	281	118	644	10740
Mikroelektronik	216	84	1230	12688
Biotechnologie	197	49	679	1951
Bürotechnik	167	33	299	7317
Lasertechnik	129	50	366	2841
Luft- und Raumfahrt	117	33	272	347

Quelle: DIW

Nur die Arbeit bleibt zu Hause

Die »kapitalistische Globalisierung« der Wirtschaft ist bereits jetzt ein wichtiger Megatrend und wird mit Sicherheit in den nächsten Jahren unsere ökonomische Situation bestimmen. Diese Globalisierung läßt sich analytisch aufspalten in zwei Dimensionen:

1. das Vordringen der jungen ostasiatischen und mittel- und osteuropäischen Industriestaaten und Weltmärkten mit Industrieprodukten der Mainstream-Technologie und
2. die zunehmende »Quecksilbrigkeit« des anlage- und investitionschancensuchenden Kapitals aus den reichen, etablierten Industriestaaten.

Voraussetzungen dieser Globalisierung waren und sind:

– Der weltweite ideologische und realwirtschaftliche Sieg der Marktwirtschaft über den Sozialismus,
– die wegfallenden Mobilitätsschranken für Güter, Kapital und Technologie,
– die niedrigen Kosten auch für qualifizierte Arbeit in den jungen Industriestaaten sowie
– sinkende Transportkosten.

Die beiden erwähnten Globalisierungsaspekte sind allerdings

nur analytisch zu trennen; realwirtschaftlich bedingen sie sich insofern, als in dem Maße, in dem der Wettbewerbsdruck auf die Unternehmen aus den alten Industriestaaten zunimmt, diese zur Erhaltung ihrer Konkurrenzfähigkeit gezwungen sind, internationale
Kostendifferenzen durch Produktionsverlagerung oder Externa-
lisierungen von Betriebsfunktionen auszunutzen.

Infolge dieser Globalisierung wird es zunehmend weniger »nationale« Produkte und Technologien, Wirtschaftsunternehmen und
Industrien geben, das Konzept der »nationalen« Wirtschaft und der
traditionellen »nationalökonomischen« Analyse wird zunehmend
bedeutungslos werden.

Zur Illustration:

Ein neuer Sportwagen eines koreanischen »Herstellers« wird in Japan finanziert, in Italien designed, die Konstruktion des Motors und
des Getriebes erfolgt in Deutschland. In England wird der Wagen
montiert, wobei elektronische Komponenten Verwendung finden,
die in Silicon Valley erfunden und in Japan hergestellt wurden. Die
Werbekampagne zur Einführung dieses Wagens wird in Frankreich
konzipiert, und die erforderlichen Film- und Fotoaufnahmen werden von einer kanadischen Gesellschaft in Spanien gemacht.

Der derzeitige USA-amerikanische Arbeitsminister Robert Reich
konkretisiert dies an dem Automodell »Pontiac Le Mans« von Ge-
neral Motors, einem Wagen, der in den Vereinigten Staaten ca.
10000 Dollar kostet.

Von diesen 10000 Dollar gehen 3000 Dollar für Montagearbeiten
nach Südkorea, 1500 Dollar für hochtechnologische Komponenten, insbesondere Elektronik für das Getriebe- und Motormanage-
ment, nach Japan, 750 Dollar für Styling und Konstruktion nach
Deutschland, 400 Dollar für verschiedene kleinere Komponenten
nach Taiwan, Singapur und Japan, 250 Dollar für Werbung und
Marketing nach Frankreich und 50 Dollar für Datenverarbeitung
nach Irland und Barbados. Nur die verbleibenden knapp 4000 Dollar gehen an die Verwaltungszentrale in Detroit, an Anwälte und
Banken in New York und an die General-Motors-Aktionäre, von
denen allerdings zunehmend mehr nicht in den USA leben.

Verlängert man diese neue Form der internationalen Arbeitsteilung in die Zukunft, folgt daraus, daß »Volkswirtschaften« zu regionalen Bestandteilen im Puzzle der weltumspannenden Firmenaktivitäten werden und letztendlich nur noch der regional immobilste Produktionsfaktor, die Arbeit, als das übrigbleibt, was wir Volkswirtschaft zu nennen pflegen.

Ein weiterer wichtiger Aspekt in diesem Kontext ist, daß zwischen den außenhandelstreibenden Firmen zunehmend weniger Fertigprodukte gehandelt werden, sondern zunehmend mehr spezielle und komplexe Dienstleistungen, Produkt- und Dienstleistungspakete bzw. Bestandteile zur Lösung komplexer Probleme.

Der Status eines Hochlohnlandes rechtfertigt sich ausschließlich aus Produktivitätsvorsprüngen. Diese wiederum können Ausfluß von Prozeßinnovationen oder von Produktinnovationen sein. Angesichts der – nicht zuletzt durch die weltweite Computerisierung und Globalisierung bedingten – faktischen Ubiquität der modernen Produktionstechnologien und damit der prozeßinnovativen Dynamik ist für ein Land wie Deutschland die Produktinnovation die entscheidende Kategorie. Die Zukunft des Hochlohn-Industrie- und Wirtschaftsstandortes Deutschland wird also entscheidend davon abhängen, ob und wie wir traditionelle Industrieprodukte durch die Kombination mit hochwertigen Dienstleistungen zu konkurrenzlosen wertschöpfungs- und beschäftigungsintensiven Paketen veredeln und vertreiben können.

Es ist zu erwarten, daß dem steigenden Wettbewerbsdruck auf den Gütermärkten und der wachsenden Sogwirkung der jungen Industriestaaten auf arbeitsplätze- und wachstumsschaffendes Kapital bzw. Investitionen aus den reifen Industriestaaten eine stärkere Spreizung der Entlohnungsstruktur im Vergleich zum Status quo folgen wird. (Die deutsche Lohnstruktur ist zur Zeit dadurch gekennzeichnet, daß das einkommensmäßig oberste Quintil der Arbeitnehmer das Vierfache des untersten bezieht.)

Eine Zunahme dieser Spreizung erscheint vorprogrammiert; um am unteren Ende den Wegfall einfacher, wenig qualifizierter Arbeit zumindest zu verlangsamen, aber auch, um im Durchschnitt die Arbeitskosten so zu senken, daß massive Beschäftigungseinbrüche zumindest verzögert, wenn nicht – durch Zeitgewinn – ganz vermieden werden.

So komfortabel und relativ homogen, wie die Entlohnungsstrukturen in Deutschland in den 70er und 80er Jahren waren, werden sie in der zweiten Hälfte der 90er und auch in den darauffolgenden Jahren nicht mehr sein. Der sich verschärfende Wettbewerbsdruck wird es ferner mit sich bringen, daß unsere bisherige »Zeitkultur« des freien Wochenendes »kapitalverwertungsorientierteren« Arbeitszeitmustern geopfert werden wird. Unsere hohen Löhne und kurzen Arbeitszeiten sowie unser dichtes soziales Sicherungsnetz resultieren aus einer hohen Arbeitsproduktivität als Folge der zügigen Umsetzung von Prozeß- und Produktinnovationen. Ein hohes Maß an prozeß- und produktinnovativem Fortschritt war, ist und bleibt die wichtigste Quelle unseres materiellen Wohlstandes.

Die Implementation von technischem Fortschritt geht regelmäßig mit einer Steigerung der Kapitalintensität einher. So kostet z. B. heute – nach einer Verdoppelung innerhalb der letzten 15 Jahre – in Deutschland ein Arbeitsplatz im verarbeitenden Gewerbe im Durchschnitt über 220 000 DM (bei einer Schwankungsbreite zwischen 80 000 und fast 2,0 Mio DM).

Konstante und starre Betriebslaufzeiten bedingen bei einer Zunahme der Kapitalintensität eine Verlängerung der Amortisationsperiode, d. h. ein Hinausschieben des *Return on Investment* und damit eine Senkung der Rendite des investierten Kapitals.

Das heißt, eine zunehmende Flexibilisierung der *Lage* der individuellen Arbeitszeiten ist wirtschaftlich geboten und damit vorprogrammiert. Neben der typischen Maßnahme einer solchen chronologischen Arbeitszeitpolitik, der »Gleitzeit« (unveränderte Gesamtdauer der Arbeitszeit bei veränderbarer Lage), werden sich Flexibilisierungsmodelle wie Teilzeitarbeit, Sabbaticals, kapazitätsorientierte variable Arbeitszeit, Cafeteria-Systeme, schwingende Arbeitswoche etc. progressiv ausbreiten. Und es wird nicht nur im verarbeitenden Gewerbe zur Verlängerung der Maschinenlaufzeiten im Sinne einer Ausdehnung der betrieblichen Arbeitszeitkorridore kommen, sondern auch im administrativen Bereich und im Dienstleistungsbereich mit der Folge, daß die in einigen Betrieben bereits auf 9.00 bis 15.00 Uhr geschrumpfte Kernarbeitszeit wieder deutlich steigen wird und daß in 10 Jahren der Samstag wieder ein ganz normaler Arbeitstag sein wird.

Die derzeitige Diskussion um die stärkere Entkoppelung der Betriebslaufzeiten und der individuellen Arbeitszeiten wird ebenso wie die Auseinandersetzung um unsere derzeitigen Ladenschlußzeiten in 10–15 Jahren als eine unverständliche Phantomdebatte angesehen werden. Eine Ausdehnung der »Betriebsbereitschaftszeiten« erscheint auch deshalb wahrscheinlich, weil es sich international agierende Unternehmen aufgrund der globalen Telekommunikationsmöglichkeiten immer weniger leisten können, nur zu bestimmten Tageszeiten für An- und Rückfragen ihrer Kunden (z. B. aus Fernost) zur Verfügung zu stehen.

Die Qualität des Standorts Deutschland wird also im wesentlichen durch die internationale Wettbewerbsfähigkeit der deutschen Arbeitsplätze bzw. die des deutschen Humankapitals bestimmt. Wenn diese Sichtweise nicht ganz falsch ist, muß die Wirtschaftspolitik eine ihrer vorrangigen Aufgaben darin sehen, die Qualifikation des in Deutschland vorhandenen Produktionsfaktors *Arbeit* zu erhöhen. Nur so bleibt es möglich bzw. wird es möglich, *hier* Leistungen zu erbringen, die von ausländischen »Käufern« begehrt werden und woanders in dieser Form nicht zu bekommen sind.

Zur Erhaltung und Legitimation des hohen deutschen Lohnniveaus kann und muß eine deutsche Standortpolitik deshalb in allererster Linie darum bemüht sein, die zukünftigen Chancen der in Deutschland produzierenden Firmen auf dem Weltmarkt durch Qualifizierungsmaßnahmen gerade des Faktors Arbeit im Rahmen einer effizienten Forschungs-, Wissenschafts- sowie Aus- und Weiterbildungspolitik zu fördern. Insbesondere der Weiterbildungspolitik in den und durch die Betriebe sowie in den staatlichen Institutionen ist vor dem Hintergrund der allgemeinen Wissensproduktion und der damit verbundenen »Verkürzung der Halbwertzeit eines Wissensfundus« weit größere Aufmerksamkeit zu schenken als bisher. Das Beherrschen von Selbstlerntechniken wird in zunehmendem Maße die entscheidende Schlüsselfunktion für den lebenslangen beruflichen Erfolg. Eine auf diesen Feldern erfolgreiche Politik ist die elementare Voraussetzung sowohl für Qualität und Umfang der erforderlichen Produkt- und Prozeßinnovationen als auch für das erwähnte zukunftsträchtige und wertschöpfungsintensive

Marktsegment der »brain-power«-intensiven Dienstleistungen und Detaillösungen.

Es ist wichtig und richtig,

— auf eine relative Konstanz der Lohnstückkosten zu achten und damit die Produktivitätsentwicklung als »guide-line« der Lohnentwicklung zu beachten,

— über die tarifvertragliche Absicherung von Arbeitszeitkorridoren die Arbeits- und Betriebslaufzeiten betriebsindividuell zu flexibilisieren und die Möglichkeit einer Entkoppelung von individuellen Arbeitszeiten und Betriebslaufzeiten zu vergrößern und

— die Verzinsung des eingesetzten Unternehmenskapitals, die Realkapitalrendite, durch Abschreibungsverbesserungen oder ggf. die steuerliche Begünstigung von reinvestierten Gewinnen zu erhöhen.

Aber richtig ist auch, daß Deutschland aus vielen Gründen ein Hochlohnland bleiben muß und der Industriestandort Deutschland langfristig nur durch eine Modernisierungsstrategie gesichert werden kann, eine Strategie, deren Erfolg an der Entwicklung der Arbeitsproduktivität, mehr aber noch an der Rate der Entwicklung, Erneuerung und Verbesserung von Produkten (Produktionsinnovation) gemessen wird.

Da Qualität und Umfang der Produktinnovation unmittelbar von der Qualität der vorhandenen Arbeitskräfte, der »man-power« oder besser der »brain-power«, abhängen, sind eine gezielte Wissenschaftsförderung, Ausbildungsförderung und Weiterbildungspolitik wichtige, nicht nur von staatlichen Instanzen, sondern auch und gerade von den Tarifparteien zu leistende, die internationale Wettbewerbsfähigkeit erhöhende und damit standortverbessernde Maßnahmen. Wird der »Verbesserung der Humankapitalausstattung Deutschland« in der Zukunft nicht verstärkt Rechnung getragen, ist absehbar, daß das noch markante Profil des Wirtschaftsstandortes Deutschland zwischen den Schleifsteinen der technologisch führenden Staaten USA und Japan einerseits und den jungen industriellen Billiglohnländern wie z. B. Korea oder auch Indien andererseits abgeschliffen wird.

Elmar Altvater
Sozialpolitik im »globalen Dorf«

Keine Frage: Die Welt wächst zu einem »globalen Dorf« zusammen. Angebot und Nachfrage bilden auf so eng verflochtenen internationalen Devisenmärkten die Wechselkurse aller Währungen, daß in Tokio, Frankfurt und New York Dollar, Pfund und Lira fallen, wenn sich in Singapur der Wertpapierhändler einer Londoner Bank verspekuliert. Kreditzinsen in aller Welt orientieren sich am LIBOR, der am Londoner Interbankenmarkt gebildet wird (London Interbank Offered Rate). Rohstoffpreise werden zum Beispiel an der Chicagoer Warenterminbörse tagtäglich verbindlich für Eisen und Kautschuk, für Kakao oder Gold festgelegt. Zur Absicherung gegen Preisschwankungen werden Termingeschäfte getätigt, Optionen und Futures ausgegeben, also »Finanzderivate« erzeugt, die in den Währungsspekulationen des Jahres 1995 eine so große Bedeutung erlangten. Coca-Cola-Dosen findet man rostend in der Namib-Wüste ebenso wie in der Gosse des New Yorker Broadway oder in den blauen Donauwellen treibend und halb aus dem Schnee Kareliens lugend. Industrialisierung, Urbanisierung, Automobilisierung bilden einen globalen Lebensstil selbst dann, wenn eine Mehrheit armer Bewohner des globalen Dorfes ihn sich nicht leisten kann und neidvoll auf die Minderheit der reichen Lebensstil-Trendsetter in den Industrieländern des globalen Nordens blickt.

Freihandel, ökonomische Sachzwänge und Sozialklauseln

Auch die Systeme der sozialen Sicherheit, so verschieden sie im einzelnen ausgeprägt sein mögen, sind Antworten auf gemeinsame Problemlagen im globalen Dorf, und sie weisen derzeit ganz ähnliche Streßsymptome auf. In ihrer modernen Ausformung sind die Sozialstaaten an die »fordistische« Weise der Industrialisierung gebunden, also an die Verallgemeinerung der industriellen Arbeit und die Vertiefung der Arbeitsteilung, an Massenproduktion, Massenkonsum und massenhaften Ressourcenverbrauch. Die Abhängigkeit der Menschen vom Arbeitsmarkt ist größer als in jenen Zeiten, in denen noch familiäre Subsistenzproduktion einen relevanten Beitrag zum Lebensstandard darstellte. An deren Stelle ist in harten sozialen Auseinandersetzungen das Netz der sozialen Sicherheit erstritten worden. Der Sozialstaat ist in modernen Gesellschaften für ökonomisches Wachstum, sozialen Frieden und politische Stabilität unverzichtbar. Und doch steht er immer unter Druck, ist vom Abbau bedroht, zumal in Zeiten, in denen das ökonomische Wachstum erlahmt und das System der sozialen Sicherheit daher mit anderen Verwendungsweisen knapper Mittel heftiger als in Prosperitätsphasen konkurrieren muß.

Der Sozialstaat ist von seiner Herkunft her *Nationalstaat*. Doch die politische Macht des Nationalstaats ist angesichts des »stummen Zwangs der ökonomischen Verhältnisse« (Karl Marx) auf dem Weltmarkt heute hoffnungslos überfordert. Das vor knapp 60 Jahren theoretisch wohlbegründete Versprechen von John Maynard Keynes, mit geeigneten wirtschaftspolitischen Maßnahmen »Vollbeschäftigung in einer freien Gesellschaft« (Lord Beveridge) zu sichern, bleibt unerfüllbar, wenn die Steuerungsgrößen der Wirtschaftspolitik – Zinsen und Wechselkurse – nicht mehr durch Zentralbank und Wirtschaftskabinett, sondern auf unkontrollierten, deregulierten Devisenmärkten gebildet werden. Die »Zinssouveränität« (Fritz Scharpf) des Nationalstaats ist an anonyme globale Märkte verlorengegangen. Auch ein anderes Dilemma, dem der Sozialstaat ausgesetzt ist, kann man in allen Weltregionen wiederfinden: Die »Solidargemeinschaft« zwischen Älteren und Jüngeren, Beschäftigten und Arbeitslosen, Arbeitsfähigen und Kranken ist nicht mehr weitgehend deckungsgleich mit dem »Staatsvolk« des Nationalstaats. Einzahlungen in und Ansprüche an das soziale Sicherungssystem greifen über nationalstaatliche Grenzen hinaus. Es gibt zwar Tendenzen der Übertragung nationalstaatlich-souveräner Kompetenzen im Bereich der Sozialpolitik an supra- oder internationale und globale Instanzen. In der EU entsteht so etwas wie eine (west)europäische Sozialstaatlichkeit, freilich weniger im Gefolge von Regierungsvereinbarungen (in Maastricht ist 1991 von den Regierungschefs der EG-Länder die Bildung einer europäischen Sozialunion sogar explizit zurückgestellt worden) als durch die sozialpolitischen Entscheidungen des europäischen Sozialgerichtshofs und durch Übereinkunft der Tarifpartner im »Sozialen Dialog«.

Die »soziale Frage« ist in den internationalen Debatten schon seit geraumer Zeit auf der Agenda. Das Entwicklungsprogramm der UNO (UNDP) kümmert sich darum und resümiert die Probleme in dem jährlich herausgegebenen »Human Development Report«. Die Suche nach Strategien gegen die Arbeitslosigkeit und prekäre Beschäftigungsverhältnisse gehört zum Arbeitsauftrag der Internationalen Arbeitsorganisation (ILO). Selbst die Gipfelgespräche der Gruppe der sieben großen Industrieländer (»G 7«: USA, Japan, BRD, Frankreich, Großbritannien, Italien, Kanada) kreisten 1994 in der einstigen »fordistischen Metropole« und heutigen Industriewüste Detroit um Konzepte gegen Dauerarbeitslosigkeit. Auch während des Weltsozialgipfels der UNO in Kopenhagen standen Fragen, die traditionell die nationalen Sozialstaaten zu beantworten hatten, auf der internationalen Tagesordnung: die zunehmende Armut in der Welt, Dauerarbeitslosigkeit und ungesicherte Beschäftigungsverhältnisse von Hunderten von Millionen Menschen und die wachsende Ungleichheit zwischen Arm und Reich, Süden und Norden.

Doch sind sozialstaatliche Ersatzmaßnahmen auf supranationaler Ebene derzeit keineswegs in der Lage, den Verlust sozialstaatlicher Kompetenz der Nationalstaaten zu kompensieren. Aus dieser Not versucht man eine Tugend zu machen: Die beste Sozialpolitik, so heißt es, bestehe immer noch in der Förderung des Wachstums der Wirtschaft, und letzteres komme am ehesten zustande, wenn die Weltmärkte möglichst weitgehend dereguliert würden. »Freihandel« lautet die vielversprechende Zauberformel. Dessen Hohes Lied paraphrasiert eine Melodie, die schon die Klassiker der politischen Ökonomie gesungen haben, und es gehört zum Repertoire der 1995 neu geschaffenen Welthandelsorganisation. Auch den mächtigen G 7 dieser Welt fiel auf ihrem Detroiter Gipfel zum Thema Arbeitslosigkeit nicht viel mehr ein als ein Appell zugunsten des weltweiten Freihandels. Die Melodie des freien Handels wird selbst in der in Rio de Janeiro auf dem »Umweltgipfel« (United Nations Conference on Environment and Development) 1992 erstellten Agenda 21 (Kapitel 2) angestimmt, und die Bundesregierung stimmt in ihrer Stellungnahme zum Kopenhagener Weltsozialgipfel vom März 1995 in den Refrain ein: »Eine entscheidende Bedingung für die Verminderung der Armut ist die Öffnung der Märkte.« Soziale (und ökologische) Minimalstandards bleiben auf der Strecke. Wenig hat sich seit den GATT-Verhandlungen 1948 geändert, als die USA sich weigerten, den Artikel der Gründungscharta zu unterzeichnen, in dem Sozialklauseln zum Schutz der Arbeitnehmer gegen Sozialdumping vorgesehen waren.

Daß der freie Markt für handeltreibende Unternehmen von Vorteil sein kann, leuchtet ein. Doch setzen sich die ökonomischen Vorteile auch in soziale Sicherheit um, tragen sie, wie die Freihandelsdoktrin unterstellt, zum globalen sozialen Ausgleich bei? Ganz offensichtlich nicht unter allen Umständen. Denn die unregulierte internationale Konkurrenz ohne wirksame Sozial- oder Umweltklauseln erzwingt »vor Ort« (am »Standort«) Strukturanpassungsleistungen, die das System der sozialen Sicherheit nicht unangetastet lassen. In der »Standortdebatte« wird Klartext darüber geredet, wie die Konkurrenzfähigkeit verbessert werden kann: Wenn man die ökonomische Produktivität steigern und die Lohnstückkosten senken will, muß man sich auch des »Sozialklimbims« entledigen. In jenen Phasen, die die Menschen für sich zur Erholung und Besinnung und für die Gestaltung dessen, was »gesellschaftliches Leben« genannt wird, benötigen, werden keine Werte und keine marktfähigen Waren erzeugt; es sind, wenn man Kriterien der ökonomischen Rationalität anlegt, unproduktive Zeiten. Sie drücken, wenn die unersättlichen Maschinen stillstehen, die beschäftigt werden müssen, um das in ihnen gebundene fixe Kapital umzuschlagen (»Maschinenlaufzeiten« erhöhen!) und mit steigender Produktivität Arbeiter beschäftigungslos zu machen, auf die Kapitalrentabilität. Sie verzögern das Wachstum und sind ungünstig für die Staatseinnahmen und daher auch für die Sozialausgaben.

Dagegen hilft die Schraube der Konkurrenz, mit der immer mehr Leistung herausgepreßt werden kann. Letztlich geht es um die Senkung der Kosten und um die davon abhängige Steigerung der Rentabilität des Kapitals. Kapitaleigner, Geldvermögensbesitzer gewinnen also, so oder so. Wenn Freihandel und Weltmarktkonkurrenz die »Offenheit« einer Volkswirtschaft (die gewöhnlich als Verhältnis von Exporten und Importen zum Bruttoinlandsprodukt gemessen wird) erhöhen, dann wirken nicht nur die »Sachzwänge« des Weltmarkts in Richtung Kostensenkung, also auch in Richtung einer Verringerung der sozialen Standards. In einem exportorientierten Land steigt mit der Ausweitung der Exportüberschüsse der Gewinnanteil am Sozialprodukt. Von der Kostensenkung profitiert noch eine andere Kategorie der »Wirtschaftssubjekte«: die Konsumenten. Die durch Freihandel intensivierte Spezialisierung sorgt für im Schnitt billigere Waren weltweit. Der »Wohlstand der Nationen« steigt. Die »Nationen«, das sind im Verständnis der heutigen Freihändler vor allem die »souveränen« Konsumenten, deren Versorgung mit Waren aus aller Welt tatsächlich besser wird, sofern sie die monetäre Kaufkraft aufzubringen vermögen.

Doch die Kehrseite ist *erstens* der mit der Produktivitätssteigerung verbundene Abbau von Arbeitsplätzen, also steigende Arbeitslosigkeit, und *zweitens* die Absenkung der sozialen Standards vieler Menschen, die die gestiegene Reichhaltigkeit der Warenwelt nur im Schaufenster bewundern können. »Der Weltmarkt, der internationale Wettbewerb, gibt den Takt vor« (Vorstandsmitglied von BMW Wolfgang Betzle). Diesem folgen nahezu alle »Standorte«, so daß es geschehen kann, daß Leistung und Produktivität gesteigert, die Lohnstückkosten reduziert und die relativen Warenpreise verringert werden und dennoch die Konkurrenzfähigkeit im Vergleich mit anderen »Standorten« nicht verbessert wird. Es ist ein »Wettlauf der Besessenen« (Paul A. Krugman), in dem Standorte gegeneinandergehetzt werden. Der Wettlauf kennt keine Sieger, wohl aber Frustrierte einerseits und Sündenböcke andererseits, die – wie Japan oder die asiatischen Schwellenländer oder die Niedriglohngebiete Osteuropas – für Arbeitsplatzverluste in den westlichen Industrieländern verantwortlich gemacht werden.

Was nützen beispielsweise den Arbeitnehmern die Vorteile grö-

ßerer Märkte und niedriger Transaktionskosten (weil beispielsweise Zollformalitäten fortfallen) in Westeuropa, wenn es sogar innerhalb der EU immer noch schwierig ist, die sozialen Rechte aus
einem Land ins andere mitzunehmen, und wenn durch die Nutzung billigerer Arbeitskräfte aus Ländern mit niedrigerem Lohn-
und Sozialleistungsniveau höhere soziale Standards andernorts
unter Druck gesetzt werden können? Das Beispiel der legalen por-
tugiesischen und britischen Kolonnen auf Baustellen in Berlin oder
Köln, ganz zu schweigen von den schwarz engagierten Polen und
Rumänen, und die Debatte, die darum geführt wird, sind außerordentlich instruktiv. Sie verweisen nämlich *erstens* auf die Leich-
tigkeit, mit der Lohn- und Sozialdifferentiale durch Arbeitgeber
ausgenutzt werden können. *Zweitens* kann die pure Verteidigung
von sozialen Errungenschaften gegen Arbeitnehmer anderer Nationalität gefährlich-regressive, nämlich wohlstandschauvinistische
Denk- und Verhaltensweisen provozieren. *Drittens* wird dabei die
Dringlichkeit einer supranationalen, europäischen Sozialregelung
unterstrichen, wenn die Marktintegration par force betrieben wird.
Dem weltweiten ökonomischen Freihandel, der Offenheit fürs Kapital entspricht dann der dumpfe geistige Protektionismus gegen
mondänen Durchzug, die mentale Abschottung gegen die bösen
Konkurrenten jenseits des eigenen Standorts, der hilflose Rückzug
in den Horizont des vertrauten Sprengels, auf Region und Ethnizi-
tät, Nation und Nationalität. Standortpolitik ist also, weil durch die
Existenz des Weltmarktes hervorgerufen, etwas Modernes – und
hat zugleich zutiefst reaktionäre Züge.

Wenn nicht in die deregulierten Märkte politisch gezielt regulie-
rend eingegriffen wird, um soziale (und ökologische) Standards zu
halten und zu verbessern, ist eine globale Gesellschaftsspaltung
zwischen Gewinnern und Verlierern der Freihandelsordnung unvermeidlich. In einer Welt des Freihandels gibt es, anders als das
Theorem der komparativen Kostenvorteile aufzeigt, keineswegs
nur Gewinner. Diejenigen Unternehmen, ja ganze Länder, deren
Konkurrenzvorteil durch niedrige Löhne zustande kommt, werden
diesen selbstverständlich nutzen. Unter den Regeln des Freihandels
werden die sozialen, ökologischen und Sicherheitsstandards in
den sozialstaatlich regulierten Hochlohnländern abgesenkt. Aber

auch die kapitalreichen und technologieintensiven Länder werden ihre Konkurrenzvorteile nutzen und die Industrien in weniger entwickelten Ländern (der Dritten Welt und Ost- und Mitteleuropas) niederkonkurrieren. Es ist also keineswegs gewährleistet, daß die Welt auf dem Parcours des Freihandels den Zielen des sozialen Ausgleichs, der Verringerung der Armut und des Abbaus der Arbeitslosigkeit auch nur einen Schritt näher kommt. Nicht »Wohlstand für alle« (Erhard), sondern »Wohlstand für niemand« (Afheldt) kann die Folge sein.

Vom Prinzip Vollbeschäftigung zum »Casino-Kapitalismus«

Die Zeiten der keynesianischen Politik der Vollbeschäftigung waren, wie es rückblickend scheint, eine Ausnahmeepoche nach dem Zweiten Weltkrieg. In jenem »Goldenen Zeitalter« (wie es inzwischen leicht verklärend in den Wirtschaftswissenschaften bezeichnet wird) konnte der Sozialstaat (in der nördlichen Erdhälfte) auf das sichere Fundament der funktionierenden, weil vollbeschäftigten Arbeitsgesellschaft gegründet werden. Wer arbeiten wollte und konnte, der (oder die) hatte Gelegenheit dazu. Die Arbeit war mehrfach geschützt: durch den Sozialstaat mit seinen Leistungen in Versicherung und Fürsorge und durch die Gewerkschaften und die autonom gestaltete Tarifpolitik. Vollbeschäftigungspolitik ist also das tragende Fundament des mehrfach aufgestockten und verwinkelten Gebäudes des modernen Sozialstaats.

Das Fundament der Vollbeschäftigung aber wackelt seit Mitte der 70er Jahre, und heute geht niemand davon aus, daß es in absehbarer Zukunft das Gebäude des Sozialstaats erneut wird stützen können. Das »Goldene Zeitalter« der Wirtschaftswunder ist vorüber. Den triumphierenden Schlußpunkt setzte die »neoliberale Konterrevolution«. Seitdem haben Neoklassiker und Monetaristen mit ihrer Sichtweise von der Rationalität der Mikroökonomie im akademischen Betrieb das Sagen und den Zugang zu den Fleischtöpfen der Forschungsförderungseinrichtungen. Sie gewannen in der Politikberatung die unbeschränkte Hoheit über die Antichambres und Couloirs, hinter deren Pforten die Macht haust.

Das alles wäre, wie ein Spuk nach dem Aufwachen, längst verflogen und daher Geschichte, hätten sich nicht auch dramatische Änderungen in der Struktur der modernen Weltwirtschaft ergeben. Denn gerade wegen des Erfolgs der langen Phase der Kapitalakkumulation sind gewaltige Geldvermögen angehäuft worden, die inzwischen weltweit nach Anlage suchen. In der ökonomischen Welt der Vollbeschäftigung waren Unternehmer und Arbeiter, Investoren und Konsumenten die Hauptpersonen des Stücks mit dem sympathischen Titel »Soziale Marktwirtschaft«. Unter der Vorherrschaft der unhinterfragten Marktlogik, im »Casino-Kapitalismus« (Susan Strange), sind es die Geldvermögensbesitzer. Das sind jene Subjekte, die Sicherheit und Rendite ihrer Geldanlagen weltweit vergleichen und immer dort massiert auftreten, wo entweder Währungsrisiken gering und Zinssätze hoch sind oder saftige Aufwertungs- und andere Spekulationsgewinne locken. Kapital ist flügge geworden, oder – wie die Beobachter internationaler Geld- und Kapitalmärkte vermerken –, die »Volatilität« der Zins- und Kursbewegungen ist beträchtlich gestiegen. Zum Zwecke der Spekulation sind »innovative Finanzinstrumente« erfunden worden, die der Weltwirtschaft ein beträchtliches Potential an Instabilität beschert haben. Niemand weiß genau, wie groß dieses eigentlich ist. Man kann es erahnen, wenn, wie im Frühjahr 1995, das Gefüge der Wechselkurse von den internationalen Kapitalflüssen durcheinandergewirbelt wird und massive Auf- und Abwertungen das Kostenniveau mehr beeinflussen, als es selbst druckvoll streikende Gewerkschaften vermögen.

Seitdem die Banken den größten Teil dieser Art von Geschäften »bilanzunwirksam« abwickeln, weil sie Finanzbeziehungen direkt vermitteln und nicht mehr in der Bilanz auszuweisende Einlagen aufnehmen müssen (»disintermediation« wird dies genannt), um bilanzwirksame Kredite zu vergeben, ist die Transparenz des Banken- und Kreditsystems so sehr verlorengegangen, daß Zentralbanker ihre Stirn in Sorgenfalten legen, sobald von »Finanzderivaten« die Rede ist. Verständlich, denn deren Bestand ist in den vergangenen Jahren jährlich um mehr als 30 % gewachsen und beläuft sich auf an die 15 Trillionen (eine 15 mit zwölf Nullen) US-Dollar. Allein in der Bundesrepublik Deutschland hat sich deren Bestand von 876 Mrd. DM Ende 1986 auf 8370 Mrd. DM Ende September 1994 fast verzehnfacht. Der »Casino-Kapitalismus« boomt und bietet den windigsten Spekulanten ein expandierendes Betätigungsfeld.

Was hat der »Casino-Kapitalismus« mit dem Sozialstaat zu tun? Zunächst fällt auf, daß parallel zu den weltweit expandierenden privaten Geldvermögen auch die öffentlichen Schulden wachsen. Schon saldenmechanisch ist es unvermeidlich, daß Geldforderungen, die bedient werden wollen, Geldverpflichtungen gegenüberstehen. Die Weltwirtschaft ist hoch verschuldet. Rechnet man allein die Netto-Außenschulden der OECD-Länder, der Länder der Dritten Welt und Osteuropas zusammen, so kommt man auf den phantastischen Betrag von mehr als 2000 Mrd. US-Dollar. Die entsprechenden Guthaben sind in der Schuldenstatistik, wie sie die Weltbank oder die OECD regelmäßig publizieren, nicht zu finden; sie dürften aber in den Bilanzen der transnational operierenden Banken versteckt sein. Ein zunehmender Teil der Staatshaushalte ist daher heute dem Schuldendienst gewidmet. Die Zinszahlungen auf öffentliche Schulden übersteigen in einer Reihe von Ländern das Sozialbudget. Die globale Schuldenökonomie ist wie ein Alp, der auf dem Sozialstaat lastet.

Das erste Interesse von Geldvermögensbesitzern ist die Sicherheit ihrer Geldvermögen gegen Inflation und Währungsabwertung. Daher erwarten sie eine restriktive Geldpolitik durch die Zentralbank und eine Begrenzung der Staatsausgaben, vor allem im Sozialbereich. Denn für ihre Gesundheit sorgen die Finanzjongleure privat, die Ausbildung ihrer Kinder finanzieren sie privat, selbst für die Sicherheit ihrer privaten Villen und Kondominien sorgen sie durch private Polizei. Öffentliche Sozialpolitik? Wozu, wenn man nicht auf Arbeit angewiesen ist und das Geld für sich »arbeiten« lassen kann. Moralische Erwägungen, mit denen der soziale Ausgleich innerhalb einer Solidargemeinschaft begründet werden könnte, haben in dieser Geld-Welt nichts zu suchen. Ökonomie ist im neoliberalen Verständnis eine ganz und gar amoralische Veranstaltung. Dies hat F. A. von Hayek immer wieder hervorgehoben. Wer aus moralischen Erwägungen gegen die Marktkräfte sozialen Ausgleich durchzusetzen versucht, vermindert mit der ökonomischen Effizienz den möglichen Wohlstand aller (auch der Ärmeren), und er begibt sich obendrein doch nur auf die »Straße zur Knechtschaft«.

Von Hayek setzt sich mit diesem fundamentalistischen Radikalismus bewußt in Gegensatz zu den Klassikern der ökonomischen Wissenschaft. Immerhin schrieb Adam Smith vor seinem Werk über den »Wohlstand der Nationen« die »Theorie der moralischen Gefühle«, und überhaupt sollten die »Leidenschaften« der Kapitalverwertung durch Berücksichtigung der Interessen und Nöte des Mitmenschen moderiert, beruhigt werden. Die Klassiker wußten davon, daß eine Gesellschaft nicht nur durch Geld- und Marktbeziehungen vernetzt wird, sondern der außermarktmäßigen sozialen Beziehungsgeflechte bedarf. Karl Polanyi hat in seiner Analyse der Transformation zur Marktwirtschaft im 19. Jahrhundert die Entmoralisierung und Herauslösung (»disembedding«) der Wirtschaft aus den gesellschaftlichen Bindungen und die Unterwerfung der Gesellschaft unter die ökonomische Logik heftig kritisiert, weil dabei für Gesellschaften wichtige Solidarzusammenhänge zerstört werden können. Der unregulierte Arbeitsmarkt, so Polanyis Feststellung, sei eine »Satansmühle«, in deren Rädern diejenigen zermahlen werden, die sich nicht zu schützen vermögen. Selbst der Internationale Währungsfonds beklagt heute die Auflösung sozialer Sicherungssysteme in vielen Ländern der Dritten Welt und in den »Transformationsgesellschaften« Ost- und Mitteleuropas, weil – ganz im Gegensatz zur Hayekschen Erwartung – mit der verlorenen sozialen Sicherheit auch die Bedingungen der ökonomischen Effizienz unterminiert werden. Der Weg von der Vollbeschäftigung zum »Casino-Kapitalismus« führt auf einen Abgrund zu, in dem die Gegensätze von Arm und Reich aufeinanderstürzen können.

Globale Gesellschaftsspaltung oder solidarische Umverteilung

Die Kluft zwischen Reichtum und Armut ist in allen Gesellschaften nicht trotz, sondern wegen der Wirkungsmechanismen des Freihandels und infolge der Wandlung des ökonomischen Systems zu einem »Casino-Kapitalismus« mit globalem Ausmaß größer geworden, und sie klafft breit zwischen den Weltregionen, zwischen Norden und Süden. Im Jahre 1960 hatten die reichsten 20 % der Weltbevölkerung ein 30mal so hohes Durchschnittseinkommen wie die ärmsten 20 % der Weltbevölkerung. Das war schon eine skandalöse Lücke. Doch im Jahre 1991 ist der Abstand auf die Relation von 61 : 1 angewachsen. Auch der ansonsten nur die freundlichen Seiten der Weltwirtschaftsordnung wahrnehmende Internationale Währungsfonds mußte in seinem Weltwirtschaftausblick von 1994 festhalten, daß »es nicht so aussieht, als ob in den vergangenen 30 Jahren die armen Länder den Abstand zu den reicheren Ländern aufgeholt hätten. Es sieht vielmehr so aus, als ob die Ungleichheit zwischen den Ländern in dieser Periode größer geworden wäre...« Kein Wunder, denn aus den armen Weltregionen ist im vergangenen Jahrzehnt Kapital in die reichen Industrieländer transferiert worden, und zwar zumeist als Schuldendienst auf äußere Kredite. In ihrem »Weltentwicklungsbericht« aus dem Jahre 1990 mit dem Thema »Die Armut« schreibt die Weltbank über Indien (und andere Länder in Lateinamerika und in Afrika südlich der Sahara), daß die Zinszahlungen auf Auslandsschulden die Nettoauszahlungen der öffentlichen Entwicklungshilfe übertrafen. Wenn man den Kalkulationen der OECD, des IWF oder der Weltbank über die monetären Gewinne des Abbaus von Handelshemmnissen nach der im April 1994 abgeschlossenen Uruguay-Runde Glauben schenken kann, können sich von den Handelsgewinnen in der Größenordnung von bis zu 274 Mrd. US-Dollar die OECD-Länder zwei Drittel allein deshalb aneignen, weil der allergrößte Teil des Welthandels (etwa drei Viertel) auf den Austausch zwischen ihnen entfällt. Das restliche Drittel müssen sich die ost- und mitteleuropäischen Transformationsländer und die gesamte Dritte Welt einschließlich China und Indien teilen, sofern die Gewinne überhaupt zustande kommen.

Eine Angleichung des Einkommensniveaus in der Dritten Welt an dasjenige der »ersten Welt« ist also in weiter Ferne. Wie fern diese ist, kann folgende kleine Rechnung verdeutlichen. Ist der Anteil der Entwicklungsländer an der Weltbevölkerung 0,8, wird eine Effizienzsteigerung der Produktion von 0,5 unterstellt, wird davon

ausgegangen, daß sich die Bevölkerungszahl in der zugrunde-
gelegten Periode in den Entwicklungsländern verdoppelt, und beträgt die Relation der Einkommen zwischen Industrie- und Entwicklungsländern nur 4, dann müssen die Einkommen um
$0,8 \times 0,5 \times 2 \times 4 = 3,2$, also um mehr als das Dreifache, gesteigert
werden, um mit den Industrieländern gleichzuziehen. Legen wir
den tatsächlichen Abstand von 61 zugrunde, dann beträgt die notwendige Steigerungsrate unter sonst gleichbleibenden Annahmen
48,8. Die Verfünfzigfachung ist angesichts der ökonomischen Wirkungsmechanismen und ökologischen Schranken eine völlig unrea-
listische Zielvorgabe. Die Einkommensniveaus könnten daher nur
angeglichen und die globale Gesellschaftsspaltung gemildert werden, wenn Einkommen aus den Industrieländern zugunsten der
Dritten Welt umverteilt werden.

Die Bereitschaft dazu freilich kann nicht vorausgesetzt werden.
Die »20 : 20-Initiative« der UNO auf dem Weltsozialgipfel von 1995,
nach der 20 % der Entwicklungshilfe der Industriestaaten auf Er-
nährung, Gesundheit, Bildung konzentriert und in den Empfänger-
ländern ebenfalls 20 % der öffentlichen Ausgaben den Prioritäten
menschlicher Entwicklung gewidmet werden, war schon vor dem
Gipfel ebenso chancenlos wie die Realisierung des schon längst ver-
einbarten Ziels, 0,7 % des Sozialprodukts der reichen Industrieländer als »Entwicklungshilfe« abzuführen. Keine der Zielvorgaben,
die eine bessere Basis für weiteres Bemühen um einen globalen
Ausgleich hätten bieten können, ist wirklich erreicht worden. Die
reichen Industrieländer blockieren, weil sie ihre Transferleistungen
an den Süden erhöhen müßten. Aber auch die Entwicklungsländer
sperren sich gegen die Auflage, den Staatshaushalt für soziale
Zwecke umzuwidmen, da sie diese »Konditionalität« als Eingriff in
nationalstaatliche Souveränität empfinden (die freilich angesichts
der ökonomischen Macht der Weltfinanzmärkte löchriger als ein
Schweizer Käse ist). An dieser Frage zeigt sich auch, daß es in
»dem« Süden höchst gegensätzliche Interessen gibt. Die Kräfte, die
am Status quo festhalten und sich dabei der »externen Sachzwänge« des Weltmarkts zu ihrem Machterhalt bedienen, stehen
jenen gegenüber, die eine Änderung der sozialen Verhältnisse an-
streben.

Wenn also weder Wachstum noch Umverteilung finanzieller Ressourcen den Abstand der Einkommensniveaus zwischen den Kontinenten des »globalen Dorfes« einebnen – was dann? Wirtschafts- und Sozialpolitik sind in dieser Lage dazu verurteilt, die globale Gesellschaftsspaltung zu verfestigen, auch wenn in der Rhetorik deren Aufhebung propagiert wird. In Lateinamerika oder Afrika haben die strukturellen Anpassungsprogramme von IWF und Weltbank, der mikroökonomischen Rationalität folgend, »nationale« Ökonomien weltmarktgängig zu machen versucht und dabei die sozialen Verhältnisse, die dem Projekt der Strukturanpassung an den Weltmarkt hinderlich sind, marginalisiert oder gar zerstört. Privatisierung und Deregulierung, Währungsabwertung und Gebührenerhöhung für öffentliche Leistungen, Lohnbegrenzungen, Deflationspolitik haben sicherlich zur Dynamisierung eines Teils der Ökonomie beigetragen, aber einen anderen, in vielen Fällen größeren Teil der Gesellschaft in Armut gestürzt. Die globale Gesellschaftsspaltung wird also in den nationalen Gesellschaften fortgesetzt.

Dies gilt selbst in den am besten angepaßten »Musterländern« der Strukturreformen im sozialen Bereich. Dort, wo die Systeme der Sozialversicherung, etwa das Rentensystem, privatisiert worden sind (Chile, partiell Argentinien), ist die Gesellschaftsspaltung zwischen denen, die sich die Rentenversicherung leisten können, und den anderen, die von staatlicher Hilfe abhängig bleiben, tiefer geworden. Privatisierte Rentensysteme sind noch nicht zur Bewährungsprobe gefordert worden, die dann unweigerlich ansteht, wenn Kapitalerträge zur Finanzierung der Rentenleistungen infolge einer Finanzkrise auf internationalen Märkten ausbleiben. Der Ersatz der Solidarität zwischen den Generationen durch die Rentabilität von Kapitalfonds, also die Kapitalisierung der letzten Bereiche gesellschaftlicher Solidarität und Verantwortung, kann sich noch als teure Form der Modernisierung herausstellen.

In den ost- und mitteleuropäischen Transformationsgesellschaften hat nach konservativen Schätzungen der Weltbank die Armut inzwischen 58 Mio. Menschen erfaßt. Das sind die, die weniger als 120 US-Dollar pro Monat beziehen. Auch hier ist die Tendenz steigend, solange der freie Fall der Produktion nicht gestoppt, immer mehr Menschen in die Arbeitslosigkeit entlassen und zugleich im Zuge der institutionellen Reformen die traditionellen Netze sozialer Sicherheit durchschnitten werden. Folglich sind die Menschen auf den »informellen« Sektor verwiesen, auf den kleinen Straßenverkauf, kleine Beziehungsnetze, aber auch auf Bettelei, Prostitution und kriminelle Aktivitäten. Das ist kein Wunder, wenn in Bulgarien gerade 11%, in Tschechien 36%, in Ungarn 16%, in Polen 19%, in Slowenien 43% oder in Rußland 13% der Haushalte das Einkommen ihrer formellen Beschäftigung als ausreichend erachten, um damit überleben zu können. Im alten planwirtschaftlich-sozialistischen System wurden von den Unternehmen ein beträchtlicher Teil sozialer Funktionen vom Betriebskindergarten bis zum Ferienheim und zur Poliklinik wahrgenommen. Seitdem sie sich aber als mikroökonomische Einheiten in einer Marktwirtschaft rational zu verhalten haben, um Profite zu erzielen, unternehmen sie alles, um diese sozialen Verpflichtungen aus der geschmähten »sozialistischen Planwirtschaft« loszuwerden. Der neue, demokratische Staat ist aber nicht in der Lage, die einstmaligen sozialen Leistungen der Betriebe nun in anderer Form effizient und sozial gerecht zu organisieren und zu finanzieren. In dieser Ungleichzeitigkeit zusammenbrechender alter Strukturen der sozialen Sicherung und unzureichender Knüpfung neuer Netze geraten viele Menschen in eine Situation der absoluten oder relativen (im Vergleich zur Vor-Wende-Zeit) Verarmung. Viele andere Menschen hingegen haben ihre ökonomische Lage verbessert, sie werden reicher. Aber auf jeden neuen Reichen kommen zehn neue Arme.

In dieser Situation scheint sich ein Ausweg anzubieten: die Migration der Menschen aus den ärmeren in die reicheren Regionen. Doch werden gegen grenzüberschreitende Migrationsbewegungen jene nationalstaatlichen Barrieren errichtet, die im Falle der Waren- und Kapitalströme weitgehend abgebaut worden sind. Die nationalstaatliche Souveränität ist längst an die globalen Finanzmärkte abgetreten worden. Doch gegen arme Migranten baut sie sich mit Grenzanlagen, Asylgesetzgebung und Polizei mächtig dräuend auf. Die Staatsgewalt herrscht über ihr Territorium und die Zugangswege, sofern nicht Kapitalien, sondern Menschen sie zu passieren versuchen. UNDP hat darauf verwiesen, daß die Abschließung der nationalen Arbeitsmärkte die Ungleichheit in der Welt verstärkt. Denn die hochgradige Mobilität von Kapital in Geld- und Güterform einerseits und die unterbrochene Mobilität der Arbeit haben zur Folge, daß der in seiner Wirkung ohnehin begrenzte Ausgleich von Wohlstandsniveaus durch Wanderung überhaupt nicht zustande kommen kann. Auf diese Weise werden ökonomisch und politisch Mechanismen der Inklusion der einen und der Exklusion der anderen in die bzw. aus der Weltwirtschaft und Weltgesellschaft in Gang gesetzt. Doch trotz der Schließung der Arbeitsmärkte in den reichen Industrieländern sind etwa 35 Millionen Menschen aus dem globalen »Süden« in den »Norden« gewandert. Die Zahl der illegalen Einwanderer wird auf 15 bis 30 Millionen geschätzt. Hinzu kommen an die 20 Millionen »displaced persons« in den Entwicklungsländern selbst. Die Zahl der Umweltflüchtlinge wird in den nächsten Jahren möglicherweise auf eine dreistellige Millionenzahl anwachsen.

Um den ökonomischen Zwang (vom politischen Druck abgesehen) zur Emigration abzubauen, müssen die Lebensbedingungen der Menschen in vielen Weltregionen verbessert werden. Es geht also um die Erarbeitung der Prinzipien einer Weltsozialpolitik, die am Ende des 20. Jahrhunderts so notwendig ist wie in der ersten Hälfte des Jahrhunderts mit zwei Weltkriegen die Regelungen des Flüchtlingsstatus und des Asylrechts und wie im »golden age« der hohen Wachstumsraten nach dem Zweiten Weltkrieg die Errichtung der weltwirtschaftlichen Institutionen zur Regulierung der Handels-, Geld- und Kapitalbeziehungen, die sogar das Ende der »alten Weltordnung« überdauert haben.

Wie könnten aber die Prinzipien einer globalen Sozialpolitik, einer »Weltsozialcharta« aussehen? Im Human Development Report 1994 wird eine Agenda für den Weltsozialgipfel von Kopenhagen im Frühjahr 1995 aufgestellt, die als Ausgangspunkt weiterer Überlegungen, die im übrigen erweitert und konkretisiert in der »alternativen Deklaration von Kopenhagen« aufgegriffen werden, dienen könnte: Gefordert wird eine neue »Weltsozialcharta«, in der die Minimalziele einer ökologisch nachhaltigen und sozial ausgeglichenen Entwicklung festgehalten werden: Ausbildung für alle, Reduzierung des Analphabetismus von Erwachsenen, Gesundheitsversorgung für alle, Überwindung der Unterernährung, Familienplanung auf freiwilliger Grundlage, Gleichheit und Gleichberechtigung von Männern und Frauen in allen Lebensbereichen, sichere Trinkwasserversorgung und Abwasserentsorgung, Zugang zu Krediten, um die Beschäftigungsmöglichkeiten zu verbessern. Darüber hinaus wird die »Friedensdividende« durch Reduzierung der Militärausgaben in der Welt (jährlich 3 % würden von 1995 bis 2000 460 Mrd.US-Dollar erbringen) eingefordert. Dieser Transfer ist mehr als eine bloße Umverteilung finanzieller Ressourcen, da mit der Reduzierung der Militärausgaben eine andere Wirtschaftsstruktur und eine andere Politik im Norden und im Süden (»Konversion«) angestrebt würden. Auch Steuern auf Kapitaltransaktionen (»Tobin-Steuer«) – die Präsident Mitterrand in seiner Adresse an den Sozialgipfel unterstützt hatte – und Steuern auf Energien oder Kohlenstoffemissionen können zur Finanzierung herangezogen werden, obwohl ihr Zweck gerade kein fiskalischer, sondern ein sozialer und ökologischer sein sollte. So würden jährlich etwa 250 Mrd. US-Dollar aufgebracht, also etwa ein Prozent des Weltsozialprodukts.

Gleichgültig wie man zu den Zielen der Weltsozialcharta und zum Finanzierungsmodus (sowie zur Institutionalisierung eines »Weltsozialstaats« in der Form eines Wirtschafts- und Sozialrats der UNO) steht, über die Notwendigkeit einer neuen Weltwirtschafts- und -sozialordnung, eines »contrat social global« (Ricardo Petrella), kann kein Zweifel bestehen. Daß in dieser Tendenz die Gefahr des Autoritarismus schlummert, muß allerdings deutlich hervorgehoben werden. Denn die Anpassung der politischen Macht an die Reichweite der ökonomischen Weltwirtschaftsbeziehungen erfordert die Einsetzung einer globalen Staatlichkeit, die, selbst wenn sie benevolent fungiert, demokratisch-partizipativ von unten kaum kontrolliert werden kann.

Sollte wegen dieser Gefahr auf globale Sozialpolitik verzichtet werden? Das geht schon deshalb nicht, weil der Gesellschaft und ihren sozialen Belangen gegenüber der Ökonomie des »Casino-Kapitalismus« wieder größere Bedeutung beigemessen werden muß. Es war von Anfang an absehbar, daß das neoliberale Konzept des weltweiten, politisch und sozial unregulierten und von mikroökonomischer Rationalität gesteuerten Freihandels weder der Funktionsweise des Arbeitsmarktes noch derjenigen der Finanzmärkte angemessen ist, nicht zuletzt, weil gesellschaftliche Kompetenzen negiert, Kapazitäten übersehen, Initiativen zurückgedrängt werden. Es geraten nach den Jahren der neoliberalen Hegemonie, nach dem scheuklappenmäßigen Vertrauen in die reinen Marktkräfte wieder die sozialen Beziehungsgeflechte, die zwischen Makro- und Mikroökonomie liegen, die Kompetenz der zivilgesellschaftlichen Gestaltung ökonomischer Prozesse, die Netzwerke internationaler Solidarität, neue soziale Subjekte, Nicht-Regierungs-Organisationen ins Blickfeld. Die Gesellschaft muß sich auch das Recht herausnehmen können, sich vor den globalen ökonomischen Tendenzen zu schützen. Das ist kein Protektionismus der Starken gegen die Konkurrenten, sondern Schutz derjenigen, die unter die Räder des Freihandels geraten könnten.

Auch wenn der Globus ein Dorf geworden sein sollte, für die Errichtung und die Pflege der Netze sozialer Sicherheit ist das globale Dorf zu groß. Nach der Auflösung der Souveränität von traditionellen Nationalstaaten müssen sich moderne Sozialsysteme nicht unbedingt auf das nationalstaatliche Territorium beziehen und begrenzen, sondern größer (wie in der EU), aber unter Umständen auch kleiner sein. Jedenfalls kann das Prinzip des Freihandels und des freien Geld- und Kapitalverkehrs nicht so sehr heilige Kuh oder Götze sein, daß ihm soziale Sicherheit und ökologische Nachhaltigkeit auf einem Altar zum Opfer gebracht werden, der die Gestalt eines Banktresens hat.

Literaturhinweise

Afheldt, Horst, Wohlstand für niemand? Die Marktwirtschaft entläßt ihre Kinder, München 1994.
Altvater, Elmar, Der Preis des Wohlstands, Münster 1992.
Weltbank, Weltentwicklungsberichte (fortlaufend)
United Nations Development Program, Human Development Report, New York und Oxford 1994.
WEED: Informationsbrief Weltwirtschaft & Entwicklung (mehrere Ausgaben).

Eckhard Stratmann-Mertens
Kontrapunkt:
Solidarität in der Einen Welt und nachhaltige Entwicklung

Daß der zunehmenden Armut und Unterversorgung in Deutschland nur mit Hilfe einer Politik begegnet werden kann, die den vorhandenen Reichtum anders, nämlich gerechter, verteilt, liegt auf der Hand. Allerdings kann die sozialstaatliche Sicherung des sozialen Friedens nicht in nationalstaatlich verkürzter Perspektive angestrebt werden. Denn hält man daran fest, daß das ethische Postulat der Solidarität nur universalistisch, also für alle Menschen auf der Erde, begründet werden kann, eine gerechte Verteilung des Reichtums an Ressourcen und Gütern also auf alle Menschen bezogen werden muß, so zeitigt dies Konsequenzen für das Niveau und die Art und Weise des industriegesellschaftlichen Wohlstands und damit auch für das Niveau der sozialstaatlichen Absicherung in Deutschland.

Nord-Süd-Spaltung und nachhaltige Entwicklung

Trotz mehr als drei Jahrzehnten »Entwicklungshilfe« haben die globalen Disparitäten zugenommen: Das Durchschnittseinkommen des reichsten Fünftels der Weltbevölkerung entwickelte sich im Verhältnis zu dem des ärmsten Fünftels von 30 : 1 im Jahre 1960 auf 61 : 1 im Jahre 1991. Die oberen 20 Prozent halten einen Anteil von 84 % am Weltsozialprodukt und Welthandel, die untersten 20 Prozent gerade ein Prozent. 1,3 Milliarden Menschen leben in absoluter Armut mit weniger als 1 US-Dollar täglich zum Lebensunterhalt, ohne ausreichende Nahrung, sauberes Wasser, ausreichende gesundheitliche Versorgung und Schulbildung; die meisten von ihnen leben in Süd- und Südostasien, mehr als die Hälfte der Schwarzafrikaner/innen lebt in Armut.

Die ungleiche Verteilung des Reichtums wird nicht zuletzt ermöglicht durch eine analoge Ungleichverteilung der Ressourcen- und Umweltnutzung: Derzeit werden rund 80 % der Stoffströme (Ressourcen) weltweit für den materiellen Wohlstand der Menschen in der industrialisierten Welt in Bewegung gesetzt (einschließlich der vormals realsozialistischen Staaten und der asiatischen »Tiger«), also für ca. 20 % der Weltbevölkerung. Laut Umweltprogramm der Vereinten Nationen geht der Anstieg der CO_2-Konzentrationen in der Atmosphäre im Zeitraum von 1800–1988 zu ca. 84 % auf das Konto der Industrieländer (einschl. ehem. Sowjetunion und Osteuropa), die verbleibenden 16 % auf dasjenige der Entwicklungsländer. In gleicher Weise sind die Industrieländer auch die Hauptverantwortlichen für den Ozonabbau in der Stratosphäre: Laut UN-Angaben entfielen in der zweiten Hälfte der achtziger Jahre rund 57 % des FCKW- und Halonverbrauchs allein auf die Industrieländer in der EU, in Nordamerika und auf die ehemalige Sowjetunion, lediglich 5 % entfielen in diesem Zeitraum auf die Staaten der Südhemisphäre. Ein Mensch in den OECD-Staaten belastet die Umwelt ungefähr fünfzehn- bis dreißigmal so stark wie etwa ein Mensch in Ägypten oder auf den Philippinen.

Die Asymmetrie des Klima- und des Ozonlochproblems besteht aber nicht nur darin, daß die Industrieländer die Hauptverursacher sind; aller Voraussicht nach werden die Länder des Südens auch von den Folgen der Erwärmung der Erdatmosphäre und des sich ausbreitenden Ozonabbaus in der Stratosphäre hauptsächlich betroffen sein, mit dem pikanten Unterschied, daß diese Länder kaum die technischen und finanziellen Mittel zur Gegenwehr haben.[1]

Geht man von dem Gleichheitsprinzip aus, daß alle Menschen auf der Erde das gleiche Recht auf Entwicklung und damit gleiche Zugangs- und Nutzungsrechte zu Ressourcen und der Umwelt (Boden, Luft und Wasser) haben, dann haben die Menschen in den Industrieländern in hohem Grade Umweltschulden gegenüber den Menschen in den Entwicklungsländern angehäuft; die Entwicklungsländer haben ihre Nutzungsrechte bei weitem noch nicht ausgeschöpft, die Industrieländer (einschließlich der Staaten in Mittel- und Osteuropa) hingegen ihr Konto längst überzogen.

Die UN-Konferenz für Umwelt und Entwicklung in Rio de Janeiro 1992 hat sowohl gegen die Armut in der Welt als auch gegen den Raubbau an der Natur, insbesondere der Industrieländer, Postition bezogen. In der Abschlußerklärung der Konferenz wird eine »nachhaltige Entwicklung« (*sustainable development*) eingefordert, die sowohl die Beseitigung der Armut beinhaltet als auch gewährleistet, »daß den Entwicklungs- und Umweltbedürfnissen heutiger und künftiger Generationen in gerechter Weise entsprochen wird« (Grundsatz 3). Allerdings plädiert die Erklärung gleichzeitig für ein »offenes Weltwirtschaftssystem…, das in allen Ländern zu Wirtschaftswachstum und nachhaltiger Entwicklung führt, um die Probleme der Umweltverschlechterung besser angehen zu können« (Grundsatz 12). In der Agenda 21 (Kap. 4) wird dieser Wachstumsoptimismus insofern spezifiziert, als ein Übergang zu weniger materialintensiven Produktions- und Konsummustern gefordert wird.

Die internationale Gemeinde der Klimawissenschaftler ist sich weitgehend darin einig, daß zur Stabilisierung der globalen Umweltsituation eine Reduktion der CO_2-Emissionen global um fünfzig Prozent in den nächsten fünfzig Jahren erforderlich ist; analog dazu erscheint es plausibel, die Materialverbräuche und Stoffströme im Wirtschaftsprozeß in gleichem Umfang zu reduzieren. Stellt man dabei die oben skizzierte »Umweltverschuldung« der westlichen Industrieländer in Rechnung, ist von ihnen eine Reduktion um 80–90 %, eine »Dematerialisierung um rund einen Faktor 10« (Schmidt-Bleek) nötig: Nur dann läßt die wirtschaftliche Entwicklung der Industrieländer den sog. Entwicklungsländern hinreichend »Umweltraum«, um die gegebene Armut zu überwinden und den Einkommensabstand zu den Industrieländern nennenswert zu verringern.

Für die Industrieländer stellt sich dabei die entscheidende Frage, ob die in Rio vereinbarte global gerechte Verteilung der Entwicklungschancen und der Umweltnutzung mit einem weiteren Wirtschaftswachstum vereinbar ist. Diese Frage ist für die Zukunft des Sozialstaats um so brisanter, als der Aufbau des Sozialstaats in Deutschland ein fortwährendes wirtschaftliches Wachstum zur finanzpolitischen Voraussetzung hatte und die politische Stabilität in (West-)Deutschland auf dem wachstumsgestützten Sozialstaat basierte. Die *Frage nach der Vereinbarkeit von Wachstum und nachhaltiger Entwicklung* berührt also auch die bisherige Grundlage des Sozialstaats und der demokratischen Stabilität in Deutschland.

Weitgehend herrscht in der ökologisch orientierten Wissenschaft und Politik die Auffassung vor, ein »ökologisch verträgliches« oder »nachhaltiges Wachstum« sei möglich, indem die Energie- und Ressourcenproduktivität pro Produkt- und Dienstleistungseinheit entscheidend gesteigert werde. Die Rede ist dann von der notwendigen *Effizienzrevolution*. Diese Auffassung kann auf Erfolge bei der (relativen) Entkoppelung von Primärenergieverbrauch und Wirtschaftswachstum in Westdeutschland während der achtziger Jahre verweisen; und mit Sicherheit wären bei gezielten Anstrengungen von Wirtschaft, Politik und VerbraucherInnen weitergehende Erfolge hinsichtlich dieser Entkoppelung möglich. Dennoch ist die Effizienzrevolution kein dauerhafter Zukunftsweg für stetiges Wirtschaftswachstum:

— Die Umweltentlastungen, die auf diesem Wege erreicht werden können, werden auf Dauer durch anhaltendes Wirtschaftswachstum kompensiert, wie eine vergleichende Industrieländerstudie am Fallbeispiel Japan dargelegt hat (M. Jänicke u. a.).

— Unterstellt, die Wirtschaft wüchse in den nächsten fünfzig Jahren um jährlich 2 %, so beträgt das Bruttosozialprodukt am Ende mehr als das Zweieinhalbfache des heutigen Niveaus. Da aber der Faktor der Dematerialisierung für eine nachhaltige Entwicklung, bezogen auf das heutige Niveau des Ressourcenverbrauchs, bei 10 liegt (s. o.), müßte er dann — unter sonst gleichen Bedingungen — bei 25 liegen. Es ist offenkundig, daß damit die Grenzen der technischen Reduktionspotentiale weit überschritten sein dürften.

— Eine weitere Steigerung des Bruttosozialprodukts und des Pro-Kopf-Einkommens in den reichen Industriestaaten erhöht in den Gesellschaften des Südens und Ostens den Erwartungsdruck in Richtung auf eine nachholende Entwicklung. Diese kann aber infolge des Mangels an umweltschonenden Technologien und Kapital nur zu Lasten der menschlichen Arbeitskraft und der Umwelt in Angriff genommen werden.

Die Schlußfolgerung aus diesen Überlegungen ist so einfach wie grundlegend: Eine weltweit nachhaltige Entwicklung erfordert von den westlichen Industriestaaten der OECD den Abschied von weiterem Wirtschaftswachstum, ja ein *Schrumpfen des Bruttosozialprodukts wie des Pro-Kopf-Einkommens*. Der Verzicht auf weitere Produktions- und Einkommenssteigerungen ist für die reichen Industriestaaten ein Gebot der globalen ökologischen Stabilität und der sozialen Gerechtigkeit: Denn zur Überwindung der Armut und zur Sicherung allein der Grundbedürfnisse ist in den Ländern des Südens ein quantitatives Wirtschaftswachstum mit einer gesteigerten Inanspruchnahme von Ressourcen in absehbarer Zeit notwendig; eine zunehmende Umweltbelastung dort wird daher trotz erforderlicher Anstrengungen für den Umweltschutz unausweichlich sein. Dem norwegischen Nobelpreisträger für Wirtschaftswissenschaften (1989) T. Haavelmo ist daher zuzustimmen, wenn er in Anlehnung an die Asiatische Entwicklungsbank feststellt: »Ein erfolgreiches Erreichen globaler Gleichheitsziele über Wachstum und wirtschaftliche Effizienz... steht im Widerspruch zu den ökologischen Dimensionen der tragfähigen Entwicklung.«[2] Konsequent ist dann aber auch der nächste Schritt, daß man nämlich eine nachhaltige Entwicklung nicht dadurch erreichen kann, daß man nur am unteren Ende, also bei den armen Ländern, anhebt, ohne am oberen Ende, bei den reichen Industrieländern, zu kürzen.

Diese Konsequenz einer Solidarität durch Teilen trifft bisher u. a. deshalb auf so entschiedene Ablehnung, weil ein wirtschaftliches Schrumpfen nur als Rezession mit den negativen Folgen für den Arbeitsmarkt, die sozialen Sicherungssysteme und die politische Stabilität bekannt ist. Es käme also alles darauf an, ein Politikinstrumentarium zu entwickeln, mit Hilfe dessen der Übergang einer Wachstumsökonomie zu einer Gleichgewichtsökonomie (*steady-state-economy*, H. Daly) sozial- und demokratieverträglich gestaltet werden kann.

Rio-Folgeprozeß: Wachstum für die reichen und Brosamen für die armen Länder

Die weltpolitische Entwicklung seit Rio ist ganz und gar nicht in Richtung einer weltweit gerechten und umweltverträglichen, also einer nachhaltigen Entwicklung verlaufen. Im Gegenteil, die Weichen wurden in Richtung des Weiter-so, einer weiteren Auseinanderentwicklung zwischen reichen und armen Ländern gestellt. Den OECD-Staaten lag alles daran, die Bedingungen für ein Wirtschaftswachstum ihrer Ökonomien zu verbessern; die Methode war und ist gemäß der vorherrschenden neoliberalen Doktrin weitere Deregulierung und Liberalisierung der weltwirtschaftlichen Beziehungen. Die Marksteine seit Rio waren die Realisierung des EG-Binnenmarktes 1993 und der Abschluß der Uruguay-Runde des GATT 1994.

Der Cecchini-Bericht über den Vorteil des EG-Binnenmarkts erwartet auf mittlere Sicht für die Gemeinschaft eine deutliche Zunahme der Wirtschaftätigkeit mit einer BIP-Steigerung in einer Größenordnung von 4,5 %. Gewollte Voraussetzung für eine solche Wachstumssteigerung ist eine drastische Zunahme des Güterfernverkehrs, insbesondere auf der Straße, mit seinen verheerenden Auswirkungen auf Umwelt und Klima – allen Beteuerungen für eine nachhaltige Entwicklung zum Trotz.

Das erklärte Ziel der Abschlußvereinbarungen der Uruguay-Runde des GATT (in Marrakesch, April 1994) ist es, eine weitere Steigerung des Welthandels und damit auch der Weltproduktion anzureizen. Aufschlußreich ist eine Untersuchung der GATT-Vereinbarungen im Lichte der Rio-Konferenz und des UN-Weltsozialgipfels in Kopenhagen vom März 1995.

– Die Vereinbarungen zum Abbau von Handelshemmnissen bezwecken ein enormes Weltkonjunkturprogramm. Eine Studie der OECD und der Weltbank erwartet infolge der beschlossenen Handelsliberalisierung im Jahre 2002 einen Zuwachs des Welthandels um 274 Mrd. US-Dollar, was eine Zunahme des Welt-Sozialprodukts um 4–5 % bewirken würde. Die OECD-Wirtschaften partizipieren an diesem Handelszuwachs mit 188 Mrd. Dollar, da sie ca. drei Viertel des Welthandels untereinander abwickeln. Die restlichen 86 Mrd. Dollar, also knapp ein Drittel, teilt sich der »Rest der Welt« untereinander auf: Fast die Hälfte des erwarteten Einkommenseffektes wird der VR China zugute kommen, gefolgt von den asiatischen Ländern mit höherem Einkommen sowie − mit weitem Abstand − Lateinamerika. Der große Verlierer der GATT-Runde wird mit absoluten Einkommensverlusten Afrika sein, der Erdteil mit der heute schon höchsten Armutsquote. Auch ein Blick auf Europa ist aufschlußreich: Die Ökonomien der Europäischen Union werden mit 71 Mrd. Dollar an den Einkommensgewinnen teilhaben, die mittel- und osteuropäischen Wirtschaften einschließlich der früheren Sowjetunion nur mit ca. 3 Mrd. Dollar.

− Eine Betrachtung der Einzelabkommen der GATT-Abschlußrunde verstärkt noch den Eindruck, wer die Gewinner und Verlierer sind: Ein aktueller Bericht der Weltbank über »Globale Wirtschaftsaussichten und die Entwicklungsländer 1995« erwartet insbesondere von der Liberalisierung der Märkte für Kapital und Dienstleistungen (GATS-Abkommen) zunehmende Chancen für die Entwicklungsländer, Exporte und Investitionen kräftig zu steigern; dies wird aber nur auf angebotsstärkere Entwicklungsländer mit entsprechender Infrastruktur und dem nötigen Ausbildungsniveau zutreffen können, während gleichzeitig die Hauptgewinner − wie die Weltbank selbst konzediert − die multinationalen Konzerne sein werden.

− Bezüglich des *Textilhandels* wurde zwar das Auslaufen des Welttextilabkommens, das den Protektionismus in den westlichen Industriestaaten rechtfertigte, innerhalb von zehn Jahren vereinbart; aber das GATT-Abkommen bietet den Industrieländern die Möglichkeit, die Marktöffnung auf das Ende der zehnjährigen Übergangszeit zu konzentrieren und sie dann unter Rückgriff auf eine Schutzklausel weit über den vorgesehenen Zeitraum hinaus (bis zum Jahr 2011) zu verzögern. Ein ähnliches Bild ergibt sich beim Übereinkommen im *Agrarbereich*: Zwar werden auch hier bis 2001 für die EU die zulässigen Einfuhrzölle schrittweise um 36 % und die Exportsubventionen um 21 % abgebaut; durch den Batzen an verbleibenden Exportsubventionen können aber die aufgelaufenen Getreide- und Rindfleischberge weiterhin durch Export abgetragen werden und dadurch dazu beitragen, daß weiterhin die kleinbäuerliche Erzeugerstruktur in Entwicklungsländern durch Nahrungsmittelimporte (besonders in Afrika) zerstört wird.

Der Überblick über die GATT-Abkommen zeigt, daß durch sie die Welt in Gewinner und Verlierer geteilt, die gegebenen Unterschiede zwischen Arm und Reich verfestigt und weiter polarisiert werden, wobei insbesondere die Rohstofflieferanten in Afrika das Nachsehen haben werden. In ökologischer Hinsicht sieht es gleichfalls düster aus: Das angestrebte und erwartete Produktionswachstum, insbesondere in den reichen Industriestaaten, wird die ökologischen und sozialen Folgeschäden des Wirtschaftens weiter in die Höhe treiben. So muß man resümieren: Die GATT-Abschlußrunde ist ein Schlag ins Gesicht für das Ziel einer nachhaltigen Entwicklung, wie es gerade zwei Jahre zuvor in Rio mit großem Wirbel deklariert worden war.

Auch der Kopenhagener »Weltgipfel für soziale Entwicklung« im März 1995 hat gemessen am Resultat der GATT-Vereinbarungen keinerlei Verbesserungen gebracht. Es wurden keine völkerrechtlich verbindlichen Beschlüsse gefaßt, wohingegen die mit dem GATT-Abkommen beschlossene und seit Anfang 1995 im Amt befindliche Welthandelsorganisation (WTO) eine starke, mit Sanktionsmöglichkeiten – zumindest gegenüber ökonomisch schwächeren Staaten – ausgestattete Weltbehörde zur Überwachung und Durchsetzung der GATT-Vereinbarungen ist. Auch wurden keine sozialen Standards zugunsten der sozial und ökonomisch schwächsten Länder festgelegt, die den reichen Ländern substantielle Zugeständnisse abgefordert hätten. Weder wurde ein Schuldenerlaß für die ärmsten Schuldnerstaaten vereinbart, noch wurde die alte UN-Marke von 0,7 % des BSP für Entwicklungshilfe mit verbindlicher Terminierung versehen. Im Gegenteil: Die deutsche Bundesregierung senkte 1995 ihre Entwicklungshilfeleistungen auf knapp 0,3 %; dafür rühmte sie sich auch noch für ihre Gipfel-Zusage, das UN-Sonderprogramm gegen Kinderarbeit für weitere fünf Jahre mit insgesamt 50 Mio. DM zu finanzieren, das sind ganze 10 Mio. DM pro Jahr aus dem Entwicklungshilfeetat.

Selbst das vom Entwicklungsprogramm der Vereinten Nationen

(UNDP) für den Sozialgipfel vorgeschlagene und vielbeschworene 20 : 20-Prinzip über menschliche Entwicklung (20 % der Entwicklungshilfe und 20 % der Staatsausgaben in den Entwicklungsländern für Programme u. a. der Ernährungssicherung, der Grundschulbildung und der Gesundheitsversorgung) wurde nur für interessierte Staaten vereinbart; doch auch eine verbindliche Vereinbarung dieses Prinzips könnte – so wertvoll sie wäre – die anhaltenden ökonomischen Trends zur weiteren globalen Polarisierung von Arm und Reich nicht umkehren. Vielmehr setzt die Kopenhagener Abschlußerklärung – wie schon 1992 die Rio-Deklaration – auf die Vereinbarkeit von »dauerhaftem Wachstum und nachhaltiger Entwicklung«. Mit dem Bekenntnis, daß die Globalisierung als Folge des stark angewachsenen Handels und Kapitalflusses sowie technologischer Entwicklungen »neue Möglichkeiten für ein nachhaltiges [sustained] Wirtschaftswachstum und die Entwicklung der Weltwirtschaft, insbesondere in den Entwicklungsländern, eröffnet« (Teil I, Punkt 14), hat der Weltsozialgipfel gerade die weltwirtschaftlichen Strukturen und Trends, die für die globale soziale Krise verantwortlich sind, als Lösung angepriesen.

Daß die Überwindung von Armut und der Schutz der Umwelt bei der Weltgipfeldiplomatie lediglich Restposten darstellen, die die weitere Wachstums- und Wohlstandsmehrung der reichen Industriestaaten nicht gefährden dürfen, bestätigt schließlich auch das »Berliner Mandat« auf der *Berliner Gipfelkonferenz der Klima-Rahmenkonvention* im Anschluß an den Kopenhagener Gipfel. Führende Industriestaaten, allen voran die USA, aber auch Japan, verstanden es im Verein mit OPEC-Staaten ein weiteres Mal, verbindliche Vereinbarungen einschneidender und terminierter CO_2-Reduktionen in den Industrieländern zu verhindern. So wird schon als Erfolg herausgestellt, daß bis zur übernächsten Konferenz 1997 über ein Protokoll zur Treibhausgas-Reduktion in den Industrieländern verhandelt werden soll, ohne genaue Vorgaben für Zeithorizonte und Reduktionsziele. Immerhin wurde nach harten Verhandlungen eingeräumt, daß die Industriestaaten gegenüber den Entwicklungsländern eine besondere Verantwortung für die Treibhausgas-Reduktion haben.

Strukturanpassung für den Norden – oder:
Weniger nehmen ist besser als viel geben

Bei der Konkretisierung dessen, was Solidarität mit den unter Armut leidenden Menschen in Entwicklungsländern in einem reichen Land wie Deutschland bedeuten kann, stößt man zumeist auf Vorschläge wie finanzielle (Erhöhung der Entwicklungshilfezahlungen) oder technologische Transferleistungen. Zu letzteren gehört auch das im Rahmen des internationalen Klimaschutzes höchst umstrittene Instrument der *joint implementation* (gemeinsamen Umsetzung). Dieser Art von Vorschlägen ist gemeinsam, daß sie an der Struktur des Verhältnisses der Industrieländer zu den Entwicklungsländern nichts ändern. Insbesondere liegt schon in dem Begriff der Entwicklungshilfe ein zentrales Mißverständnis: daß nämlich das Wirtschafts- und Wohlstandsmodell der hochindustrialisierten Gesellschaften samt ihrer kapitalistisch-marktwirtschaftlichen Organisationsform das Leitbild von globaler Entwicklung sein solle. In diesem Sinne kann man dann von »Entwicklungsländern« und »Entwicklungshilfe« sprechen.

Wenn nachhaltige Entwicklung aber nicht nur die Überwindung von Armut, sondern auch eine dauerhaft umweltverträgliche und sozial gerechte Entwicklung meint, so sind die reichen Industriestaaten von einem solchen Entwicklungsstadium weiter entfernt als die sogenannten Entwicklungsländer. Aus dieser Sicht müßte man vor allem die Industriestaaten als Entwicklungsländer bezeichnen, die den Übergang zu einem nachhaltigen Entwicklungspfad noch vor sich haben.

Es ist hinlänglich bekannt, wie die sogenannten Strukturanpassungsprogramme des Internationalen Währungsfonds und der Weltbank die verschuldeten »Entwicklungsländer« zu tiefgreifenden wirtschaftlichen und gesellschaftlichen Strukturveränderungen gezwungen haben, um sie der von den reichen Industrieländern dominierten Struktur und den Gesetzen des Weltmarktes anzupassen. Es sollte deutlich geworden sein, daß mit einer Fortsetzung der vorherrschenden Weltmarktorientierung der Übergang zu einer nachhaltigen Entwicklung weder in sozialer noch in ökologischer Hinsicht möglich ist. Die entscheidenden Strukturanpassungen auf dem Wege zur Nachhaltigkeit müssen daher die Ökonomien und Gesellschaften vollziehen, die die weitere Weltmarktintegration vorantreiben und am meisten von ihr profitieren.

Zu verändern sind alle Strukturen und politisch-ökonomischen Verhaltensweisen, die es den Industriestaaten erlauben, ihren Reichtum zu Lasten der Entwicklungsländer zu sichern und zu mehren. Laut »Bericht über menschliche Entwicklung 1992« des Entwicklungsprogramms der Vereinten Nationen (UNDP) stehen den öffentlichen Entwicklungshilfezahlungen der Industrieländer 1990 in Höhe von 54 Mrd. US-Dollar jährliche Verluste der Entwicklungsländer an den Weltmarkt, d. h. an die reichen Industriestaaten, von 500 Mrd. US-Dollar gegenüber. Ursächlich für dieses krasse Mißverhältnis sind:

– Die *Gesamtverschuldung der nicht-industrialisierten Länder* ist weiterhin ansteigend. Obwohl es Anzeichen für eine Wende gibt, sind die Zahlungen für den Schuldendienst gegenüber IWF und Weltbank höher als deren Kredithilfen an diese Länder. Wegen ihres Schuldendienstes bezahlen diese Länder also mehr, als sie erhalten. Allein 1992 betrug ihr Schuldendienst 160 Mrd. Dollar – mehr als das Zweieinhalbfache der öffentlichen Entwicklungshilfe und 60 Mrd. Dollar mehr als der gesamte Zufluß an Privatkapital in diese Länder im gleichen Jahr.

– Schätzungen (UNDP 1994) ergeben, daß bei einem Abbau aller *tarifären (zollrechtlichen) und nicht-tarifären Schranken der Industriestaaten* für Güter aus der Dritten Welt die Zunahme ihrer Exporte zweimal so hoch wäre wie die Hilfe, die sie erhalten. Allein durch das Welttextilabkommen – dessen Auslaufen noch mindestens zehn Jahre auf sich warten läßt (s. o.) – verursachen die Industrie- den Nicht-Industrieländern jährliche Kosten von 50 Mrd. Dollar. Grund für die vielfältigen protektionistischen Maßnahmen des reichen Nordens gegenüber dem schwächeren Süden ist der Widerstand gegen schmerzliche Strukturanpassungen in der eigenen Wirtschaft.

– Der *Verfall der Weltmarktpreise für mineralische und agrarische Rohstoffe*, die nach wie vor für die meisten Nicht-Industrieländer die Hauptexportprodukte sind, und die damit gegebene Verschlechterung der *terms of trade* sind ein herausragender Faktor sowohl für die Armutsentwicklung in vielen Regionen der Welt als auch – korrespondierend – für Wohlstandsgewinne in den Industriestaaten. Mohssen Massarrat hat am Beispiel des ungleichgewichtigen Kaffeeweltmarktes mit Überproduktion und anhaltenden Dumpingpreisen den Süd-Nord-Einkommenstransfer für den Zeitraum 1976–1991 mit knapp 40 Mrd. Dollar berechnet.[3]

Zu den Verlusten durch die Struktur des Weltmarktes bzw. durch verweigerte Strukturanpassungen in den reichen Industriestaaten kommen weitere Verluste der Staaten des Südens durch überproportionale Belastung der globalen Umweltsituation durch die Industriestaaten (u. a. bezüglich des Treibhauseffektes und des Ozonloches). Bei Anwendung des Verursacherprinzips müssen die Hauptverursacher dafür zur Kasse gebeten werden. Schätzungen zufolge würde dies zu einem erheblichen Nord-Süd-Transfer zwischen 500 und 1000 Mrd. Dollar pro Jahr führen (UNDP 1994, S. 80), d. h., daß dadurch bis zu 5 % des Bruttosozialprodukts der reicheren Staaten an die ärmeren übertragen würde.

Diese Zahlen verdeutlichen die Größenordnung, in der die reichen Länder gegenüber den Ländern des Südens umweltverschuldet sind. Zum Vergleich: 1992 betrug die gesamte über die Jahre aufgelaufene Auslandsverschuldung der Entwicklungsländer mehr als 1500 Mrd. Dollar, also nur eineinhalbmal soviel wie die jährlichen Umweltschulden des reichen Nordens gegenüber dem Süden. Dieser Zahlenvergleich könnte jedoch in der Weise mißverstanden werden, als sei es möglich, daß sich der reiche Norden – wenn auch bei deutlichen Einkommensverlusten – ohne grundlegende Strukturanpassungen von seiner ökologischen Schuldenlast freikaufen könnte. Dies wäre ein verhängnisvoller Irrtum.

Strukturanpassung heißt, von den ökonomischen und natürlichen Ressourcen der Entwicklungsländer weniger zu nehmen. Dazu gehören u. a. ein *Schuldenerlaß* gegenüber den Nicht-Industriestaaten, eine zügige *Marktöffnung* für ihre Produkte und »gerechte« *terms of trade* mit Kompensationszahlungen an die Entwicklungsländer für Nachfragerückgänge nach Rohstoffen aufgrund von Einsparerfolgen der Industriestaaten. Nicht zuletzt gehört dazu ein Wirtschaften in den Grenzen des Umweltraums, der den Industriestaaten zusteht. Ein solcher Übergang zu einer nachhaltigen Entwicklung erfordert die Überwindung des konsumistischen Wohlstandsmodells und der naturausbeuterischen Produktionsweise im Norden.

Was dies im einzelnen heißt, mag das Beispiel Verkehr zeigen, dessen Energieverbrauch und Schadstoffemissionen wesentlich zu den (globalen) Umweltproblemen beitragen. Um etwa den niederländischen Beitrag zur Versauerung von Wäldern und Seen zu stoppen, müßten die Menschen in den Niederlanden, abgesehen vom Einsatz aller verfügbaren technischen Mittel, die Kilometerleistungen pro Kraftwagen und den Viehbestand um 50 % verringern.[4] Auch für Deutschland dürfte eine Verkehrsvermeidung beim Automobilverkehr in der Größenordnung von 50 % unausweichlich sein, soll der Übergang zu einer nachhaltigen Entwicklung gelingen. Es ist offenkundig, was dies für die autoverliebten Bundesbürger an Zumutung und Umstellung bedeutet. Und es dürfte klar sein, daß eine solch weitgehende Verkehrsvermeidung im Automobilverkehr zu einer erheblichen Schrumpfung des gewerblichen Automobilsektors führen würde, von dem ja immerhin jeder sechste Arbeitsplatz in Deutschland abhängig ist.

Das Beispiel Verkehr mag verdeutlichen, wie tief der Übergang zu einer nachhaltigen Entwicklung in das Konsumverhalten der Bundesbürger und in die Wirtschaftsstruktur eingreifen wird. Statt auf dem Weg zur Nachhaltigkeit allein auf die Karte der Effizienzrevolution und »neuer Wohlstandsmodelle« zu setzen, sind Strategien der Genügsamkeit und der Selbstbegrenzung im Konsumverhalten und in der Produktion notwendig. Sie müssen begleitet werden von Politiken, die sich konsequent von den Zielen der Wachstums-, Einkommens- und Konsumsteigerung verabschieden: Dazu brauchen wir eine Neukonzeption der Konjunktur-, Finanz- und Infrastrukturpolitik, die im Übergang zur Nachhaltigkeit auf ein stetiges Schrumpfen der Wirtschaft hin orientiert werden muß. Wir brauchen aber auch eine Tarifpolitik der Tarifparteien, die von dem Ritual jährlicher Einkommenssteigerungen auf das Ziel qualitativer Verbesserungen (vor allem Arbeitszeitverkürzung in allen Formen, Humanisierung und Demokratisierung der Arbeitswelt u. a.) umsteuert. Und auch die Sozialpolitik muß unter den Bedingungen eines Abschieds vom Wachstum neu formuliert werden.

Solidarität in der Einen Welt

Wie ist eine Überwindung von Armut und eine gerechtere Einkommens- und Vermögensverteilung im reichen Deutschland möglich, ohne die soziale und ökologische Nord-Süd-Spaltung beizubehalten? An sozialpolitische Strategien hierzulande muß das Kriterium angelegt werden, ob sie mit der überfälligen Strukturanpassung im Norden, also perspektivisch mit einem geringeren Einkommensniveau pro Kopf der Bevölkerung verträglich sind. Sozial- und Beschäftigungspolitiken, die hinsichtlich ihrer Ausgestaltung und Finanzierung ein weiteres Wachstum der hochindustrialisierten Länder verlangen, reproduzieren hingegen die globale Spaltung in Arm und Reich.

Da Einkommensarmut und Unterversorgung in diesem Land vor allem eine Folge der zunehmenden (Langzeit-)Arbeitslosigkeit sind, kommt es darauf an, Konzepte für sinnvolle Arbeit für alle zu finden, die nicht auf Wachstum und das überholte Leitbild der Vollbeschäftigung setzen. Ohne eine Verkürzung der Jahresarbeitszeit um ca. 30% auf ca. 1100 Jahresstunden innerhalb von zehn Jahren wird die Erwerbslosigkeit nicht zu überwinden sein; um die gewünschte Beschäftigungswirkung zu entfalten, ist eine solch weitgehende Arbeitszeitverkürzung allerdings nur mit einem Nominallohnverlust von 15% beim Jahreseinkommen möglich.[5]

In Verbindung mit einer solchen Neukonzeption von Erwerbsarbeit ist eine Reform der Sozialhilfe hin zu einer bedarfsorientierten Grundsicherung (Niveau bei 50% des durchschnittlichen verfügbaren Haushaltseinkommens) notwendig. Mit einem sinkenden Pro-Kopf-Einkommen der Bevölkerung infolge des Übergangs zur Nachhaltigkeit sinkt dann natürlich auch die relative Armutsschwelle (die »50%-Schwelle«) und damit das Niveau der Grundsicherung. Die finanziellen Mittel für diese sozialpolitischen Reformvorhaben müssen mittels eines Lastenausgleichs aus der vorhandenen Reichtumssubstanz in Deutschland geschöpft werden; wie bisher auf Umverteilungsstrategien aus den Zuwächsen beim Volkseinkommen zu setzen ist mit einer nachhaltigen Entwicklung unvereinbar. Durch den *Lastenausgleich* müßten die Besitzer von Sach- und Geldvermögen für einen Zeitraum von zehn

Jahren empfindlich mit einer Vermögensabgabe belastet werden. – Ob und wie für eine zugleich globale und innergesellschaftliche Solidarität demokratisch Mehrheiten gewonnen werden können, kann heute nicht beantwortet werden. Unerläßlich ist es aber, die Größe der Herausforderung aufzuzeigen, die mit Solidarität in der Einen Welt aufgegeben ist.

Anmerkungen

1 Der Einfachheit halber wird hier die Unterscheidung zwischen Norden und Süden beibehalten, obwohl sowohl hinsichtlich der nordwestlichen und -öst- lichen Industrieländer als auch stark zunehmend innerhalb der Länder des Südens differenziert werden müßte.
2 T. Haavelmo/S. Hansen, Zur Strategie des Versuchs, durch eine Ausweitung der menschlichen Aktivitäten die wirtschaftliche Ungleichheit zu verringern. In: R. Goodland u. a. (Hg.), Nach dem Brundtland-Bericht, S. 42.
3 M. Massarrat, Der Süd-Nord-Einkommenstransfer und die Fiktion des Frei- handels. Dependenz, Weltmarkt, Dumping – Preisbildung am Beispiel Kaf- fee, in: *Blätter für deutsche und internationale Politik* 12/92, S. 1492.
4 Zitiert nach J. Tinbergen/R. Hueting, Bruttosozialprodukt und Marktpreise. Falsche Signale, die die Umweltzerstörung kaschieren. In: R. Goodland u. a. (Hg.), Nach dem Brundtland-Bericht, S. 53.
5 Zur eingehenden Begründung und einkommenspolitischen Flankierung durch den Staat vgl. E. Stratmann-Mertens, Zeitwohlstand.

Literaturhinweise

Goodland, Robert/Herman Daly/Salah El Serafy/Bernd von Droste (Hg.), Nach dem Brundtland-Bericht: Umweltverträgliche wirtschaftliche Ent- wicklung, Bonn (Dt. UNESCO-Kommission) 1992.
Mayer, Jörg (Hg.), Strukturanpassung für den Norden – Modelle und Aktionspläne für eine global verträgliche Lebensweise in Deutschland, Evan- gelische Akademie Loccum, Loccumer Protokolle 61/93, 1994.
Stratmann-Mertens, Eckhard, Zeitwohlstand mit 1100 Jahresstunden. Sinn-

volle Arbeit für alle ohne Wachstum und Vollbeschäftigung, in: Wolfgang Belitz (Hg.), Wege aus der Arbeitslosigkeit, Reinbek 1995, S. 83–102.

United Nations Development Program (UNDP) (1994): Bericht über die menschliche Entwicklung 1994, Hg. der deutschen Ausgabe: Deutsche Gesellschaft für die Vereinten Nationen e. V., Bonn.

Wuppertal-Institut für Klima, Umwelt, Energie, Zukunftsfähiges Deutschland. Zwischenbericht, Wuppertal 1994.

Zu den Autorinnen und Autoren

Elmar Altvater, geb. 1938, ist Professor am Fachbereich Politische Wissenschaften der FU Berlin und Redaktionsmitglied der Zeitschrift *Prokla*. Neuere Veröffentlichungen: Sachzwang Weltmarkt (1987); Die Armut der Nationen (1987); Die Zukunft des Marktes (1992^2); Der Preis des Wohlstands oder Umweltplünderung und neue Welt(un)ordnung (1992); Gewerkschaften vor der europäischen Herausforderung (1993, zusammen mit B. Mahnkopf).

Katharina Bluhm, geb. 1961, Dr. phil., Studium der Philosophie an der Humboldt-Universität Berlin, ist Soziologin und wissenschaftliche Mitarbeiterin der Max-Planck-Arbeitsgruppe »Transformationsprozesse in den neuen Bundesländern« in Berlin. Veröffentlichungen u. a.: »Vom gescheiterten zum nachholenden Fordismus?« In: E. Senghaas/H. Lange (Hg.), DDR-Gesellschaft von innen (1992); »Strukturelle und soziale Mitgegebenheiten in der Transformation der ostdeutschen Industrie«, in: D. Ipsen/E. Nickel (Hg.), Ökonomische und rechtliche Konsequenzen der deutschen Vereinigung (1992); »Unterstützungsnetzwerk in der ostdeutschen Industrie«, in: H. Wiesenthal (Hg.), Einheit als Interessenpolitik (1995).

Thomas von Freyberg, geb. 1940, Dr. phil., studierte ev. Theologie, Pädagogik und Soziologie und ist wissenschaftlicher Mitarbeiter am Institut für Sozialforschung an der Universität Frankfurt. Neuere Veröffentlichungen: Armut in Frankfurt (1992, zusammen mit K. Koch und K. H. Petersen); Armut am Main (1994, zusammen mit P. Bartelheimer, K. Koch und K. H. Petersen); »Ausländerfeindlichkeit am Arbeitsplatz«, in: Institut für Sozialforschung (Hg.), Rechtsextremismus und Fremdenfeindlichkeit (1994).

Friedhelm Hengsbach, geb. 1937, Dr. rer. oec., ist Professor für Wirtschafts- und Gesellschaftsethik an der Philosophisch-Theologischen Hochschule Sankt Georgen in Frankfurt am Main und Leiter des dortigen Oswald-von-Nell-Breuning-Instituts. Neuere Veröffentlichungen: Strukturentgiftung. Kirchliche Soziallehre im Kontext von Arbeit, Umwelt, Weltwirtschaft (1990); Wirtschaftsethik (1991); »Der Gesellschaftsvertrag der Nachkriegszeit ist aufgekündigt«, in: H. Heitmeyer (Hg.), Was hält eine multiethnische Gesellschaft zusammen? (1995); »Ein Bildersturm gegen die Massenarbeitslosigkeit«, in: Wege aus der Arbeitslosigkeit (1995), »Warum die soziale Sicherung brüchig wird und warum nicht«, in: *Arbeit und Technik* (1995).

Hans Joas, geb. 1948 in München, Dr. phil., ist Professor für Soziologie unter besonderer Berücksichtigung Nordamerikas am John-F.-Kennedy-Institut der FU Berlin. Neuere Veröffentlichungen: Pragmatismus und Gesellschaftstheorie (1992); Die Kreativität des Handelns (1992); Der Zusammenbruch der DDR (1993, als Hg., zusammen mit M. Kohli); Gewalt in den USA (1994, als Hg., zusammen mit W. Knöbl).

Matthias Möhring-Hesse, geb. 1961, Theologe und Soziologe, arbeitet am Oswald-von-Nell-Breuning-Institut für Wirtschafts- und Gesellschaftsethik der Philosophisch-Theologischen Hochschule Sankt Georgen in Frankfurt am Main. Veröffentlichungen u. a.: Jenseits Katholischer Soziallehre. Neue Entwürfe christlicher Gesellschaftsethik (1993, zusammen mit F. Hengsbach und B. Emunds [Hg.]); »Humanisierung der Arbeit« durch betriebliche Rationalisierung (1993); »Globale Gerechtigkeit durch interkulturelle Sensibilität«, in: A. Habisch/U. Pöner (Hg.), Signale der Solidarität (1994, zusammen mit F. Hengsbach).

Sybille Raasch, geb. 1949, Prof. Dr. jur., ist Dozentin für öffentliches Recht an der Hochschule für Wirtschaft und Politik Hamburg und war wissenschaftliche Mitarbeiterin am Bundesverfassungsgericht Karlsruhe. Veröffentlichungen u. a.: Frauenquoten und Männerrechte (1991); Geschlechteremanzipation durch Erwerbsarbeit oder Lohn für Hausarbeit? (1992); Arbeit 2000 (1994, zusammen mit H. Matthies u. a.).

Bert Rürup, geb. 1943 in Essen, Dipl. Kaufm., Dr. rer. pol., Dr. hc., ist Professor für Volkswirtschaftslehre – insbesondere Finanzwissenschaft – an der TH Darmstadt und Herausgeber der Reihe »Wirtschaft« im Fischer Taschenbuch Verlag. Diverse Gastprofessuren. Zahlreiche Veröffentlichungen, u. a.: Wirtschaftliche und gesellschaftliche Perspektiven der Bundesrepublik Deutschland (1989); Fischer Wirtschaftslexikon (1995).

Gerhard Schulze, geb. 1944, ist Professor für Methoden der empirischen Sozialforschung an der Universität Bamberg. Neuere Veröffentlichungen: Die Erlebnisgesellschaft. Kultursoziologie der Gegenwart (1992); »Gehen ohne Grund. Eine Skizze zur Kulturgeschichte des Denkens«, in: A. Kuhlmann (Hg.), Philosophische Ansichten der Kultur der Moderne (1994).

Eckhard Stratmann-Mertens, geb. 1948, Studium der Politikwissenschaften, Geschichte und ev. Theologie; ist Teilzeitlehrer und freier Wissenschaftler im ÖKOREGIO-Büro für ökologische Wirtschafts- und Regionalentwicklung Bochum. Veröffentlichungen u. a.: Wachstum – Abschied von einem Dogma (1991, zusammen mit R. Hickel und J. Priewe [Hg.]); Neuaufbau ohne Vorbild. Alternativen für den ökonomischen Aufbau und Ecksteine für den ökologischen Umbau in den Neuen Bundesländern (1991, zusammen mit N. Roske); Von der Kohle zur Sonne – ein Aufriß zur Steinkohle-Konversion. Studie des ÖKOREGIO-Büros (1995²).

Mechthild Veil, geb. 1944, Dr. phil., Sozialwissenschaftlerin und Frauenforscherin. Vertretungsprofessur an der Fachhochschule Frankfurt am Main, Fachbereich Sozialarbeit. Zur Zeit freiberuflich tätig. Veröffentlichungen u. a.: Frauen-Alterssicherung. Lebensläufe von Frauen und ihre Benachteiligung im Alter (1991; zusammen mit Claudia Gather, Ute Gerhard und Karin Prinz); Am modernen Frauenleben vorbei. Verliererinnen und Gewinnerinnen der Rentenreform (1992; zusammen mit Ute Gerhard und Karin Prinz).